W0285213

FONDANT CHOCOLAT-CRÈME DE MARRONS

Ingrédients :
Chocolat pâtissier (100 g)
Beurre (100 g)
Crème de marrons vanillée (380 g)
Œufs battus (3)
Fécule de maïs (3 c. à soupe)
Huile
Eau (20 cl)
Sel

Pour 6 personnes
Préparation 15 min
Cuisson 25 min
Très facile
Coût €

1er
JANVIER
JOUR DE L'AN

DESSERTS

FONDANT CHOCOLAT-CRÈME DE MARRONS

Ingrédients :
Chocolat pâtissier (100 g)
Beurre (100 g)
Crème de marrons vanillée (380 g)
Œufs battus (3)
Fécule de maïs (3 c. à soupe)
Huile
Eau (20 cl)
Sel

Pour 6 personnes
Préparation 15 min
Cuisson 25 min
Très facile
Coût €

1er
JANVIER
JOUR DE L'AN

1. Faites fondre le **chocolat** et le **beurre** au bain-marie.
2. Dans un saladier, mélangez la **crème de marrons**, les **œufs**, une pincée de **sel**, la **fécule de maïs** et le mélange **beurre-chocolat**.
3. Versez la pâte dans un moule huilé de 18 cm de diamètre. Filmez-le soigneusement avec du film alimentaire spécial cuisson.
4. Insérez la cuve dans le robot et versez l'**eau**. Placez le panier vapeur dans la cuve et posez le moule à l'intérieur.
5. **Sélectionnez le menu manuel, mode cuisson sous pression, puis programmez la minuterie à 00 : 20, départ immédiat.** Fermez et verrouillez la cuve.
6. Lorsque le voyant rouge est éteint, ouvrez, laissez refroidir et conservez au réfrigérateur.
7. Laissez reposer à température ambiante avant de servir.

VELOUTÉ DE PETITS POIS

Ingrédients :
Oignons nouveaux verts et blancs (4)
Eau (40 cl)
Cube de bouillon (1)
Petits pois surgelés (400 g)
Tiges de menthe effeuillées (2)
+ quelques feuilles pour le service
Sel, poivre

Pour 4 personnes
Préparation 5 min
Cuisson 6 min
Très facile
Coût €

1. Émincez les **oignons verts** et les **oignons blancs** séparément. Réservez le **vert**.
2. Insérez la cuve dans le robot et ajoutez les **petits pois** encore congelés et le **blanc des oignons** dans la cuve.
3. Délayez le cube de bouillon dans l'eau, ajoutez-le. Salez légèrement et poivrez.
4. **Sélectionnez le menu manuel, mode cuisson sous pression, puis programmez la minuterie à 00 : 06, départ immédiat.** Fermez et verrouillez.

2 JANVIER
St Basile

5. Lorsque le voyant rouge est éteint, ouvrez, ajoutez les **tiges de menthe** et mixez à l'aide d'un mixeur plongeant (veillez à ce qu'il soit équipé d'une paroi de protection autour de l'hélice pour ne pas endommager la cuve).

6. Servez accompagné du **vert des oignons** et décoré de quelques **feuilles de menthe**.

SPAGHETTI À LA CARBONARA

Ingrédients :
Lardons (150 g)
Spaghetti ou autres pâtes à 8 min de cuisson (300 g)
Eau (20 cl)
Crème fraîche (4 c. à soupe)
Jaunes d'œufs (4)
Sel, poivre

Pour 4 personnes
Préparation 3 min
Cuisson 14 min
Très facile
Coût €

1. Insérez la cuve dans le robot et mettez-y les **lardons**.
2. **Sélectionnez le menu manuel, mode cuisson classique, fonction dorer.**
3. Remuez à l'aide d'une cuillère en bois le temps du préchauffage, puis laissez dorer 3 minutes. Réservez.
4. Ajoutez les **spaghetti**, l'**eau**, salez et poivrez.
5. **Mettez le robot en mode cuisson sous pression et programmez la minuterie à 00 : 05, départ immédiat.** Fermez et verrouillez la cuve.

6. Lorsque le voyant rouge est éteint, ouvrez l'appareil, ajoutez les **lardons**, la **crème fraîche** et les **jaunes d'œufs**, mélangez.

7. **Passez en mode cuisson classique, fonction mijoter** pendant 3 minutes.

8. Servez sans attendre parsemé de gruyère ou de parmesan.

POULET BROCOLI-CACAHUÈTES

Ingrédients :
Blancs de poulet (4)
Gousses d'ail (4)
Huile de tournesol (3 c. à soupe)
Brocoli (500 g)
Fécule de maïs (2 c. à café)
Sauce soja (3 c. à soupe)
Eau (10 cl)
Cacahuètes grillées salées (100 g)
Coriandre (quelques feuilles)

Pour 4 personnes
Préparation 5 min
Cuisson 7 min
Très facile
Coût €

4
JANVIER
St Odilon

1. Coupez les **blancs de poulet** en lamelles. Épluchez et émincez les **gousses d'ail**.
2. Insérez la cuve dans le robot. **Sélectionnez le menu manuel, mode cuisson classique, fonction dorer.**
3. À la fin du préchauffage, versez l'**huile** et faites dorer les **lamelles de poulet** avec l'**ail** pendant environ 3 minutes.
4. Détaillez le **brocoli en fleurettes** et ajoutez-les dans la cuve.
5. Ajoutez la **fécule** délayée avec la **sauce soja** et l'**eau.**
6. **Revenez en mode cuisson sous pression et programmez la minuterie à 00:04, départ immédiat.** Fermez et verrouillez.
7. Lorsque le voyant rouge est éteint, ouvrez l'appareil, parsemez de **cacahuètes concassées** et de **feuilles de coriandre**. Servez aussitôt.

CASSOLETTE DE LA MER

Ingrédients :
Échalote (1)
Oignon (1/2)
Huile (1 c. à soupe)
Champignons de Paris frais (50 g)
Blanc de poireau (1 petit)
Carottes (2)
Pavé de saumon (1)
Pavé de cabillaud (1)
Noix de saint-jacques (8)
Moules surgelées (100 g)
Crevettes décortiquées (200 g)
Fumet de poisson en poudre (2 c. à café)
Eau (20 cl)
Court-bouillon (1 cube)
Curry (1 c. à café rase)
Vin blanc (35 cl)
Crème fraîche (2 c. à soupe)
Gruyère râpé
Sel, poivre

Pour 4 personnes
Préparation 10 min
Cuisson 13 min
Très facile
Coût €€

1. Épluchez et émincez l'**échalote** et le **demi-oignon**. Insérez la cuve dans le robot et **sélectionnez le menu manuel, mode cuisson classique, fonction dorer.**

2. À la fin du préchauffage, faites dorer l'**échalote** et le **demi-oignon** dans l'**huile** pendant 3 minutes.

3. Détaillez les **champignons**, les **blancs de poireaux** et les **carottes** en rondelles. Ajoutez-les dans la cuve.

4. Ajoutez les **poissons** coupés en dés, les **noix de saint-jacques**, les **moules** et les **crevettes** décortiquées.

5. Diluez le **fumet de poisson** en poudre dans l'**eau**, ainsi que le **cube de court-bouillon** et le **curry**. Ajoutez le **vin blanc.** Salez et poivrez.

6. **Passez en mode cuisson sous pression, programmez la minuterie à 00 : 10, départ immédiat.** Fermez et verrouillez la cuve.

7. Lorsque le voyant rouge est éteint, ouvrez la cuve, ajoutez un peu de **crème fraîche** et du **gruyère** râpé. Servez sans attendre.

TOASTS DE PAIN D'ÉPICES

Ingrédients :
Miel (100 g)
Cassonade (20 g)
Farine de blé (75 g)
Farine de seigle (50 g)
Levure chimique (5 g)
Mélange d'épices spécial pain d'épices (2 g)
Œuf (1)
Orange (zeste d'1)
Citron (zeste d'1)
Eau (20 cl)

Pour 4 personnes
Préparation 10 min
Cuisson 30 min
Facile
Coût €€

1. Insérez la cuve dans le robot. **Sélectionnez le menu manuel, mode cuisson classique, fonction dorer,** et faites fondre le **miel** avec la **cassonade** pendant quelques secondes.
2. Ajoutez les **farines** tamisées, la **levure chimique**, le mélange d'**épices**, l'**œuf** et les **zestes**, puis mélangez délicatement avec une cuillère en bois.

3. Versez la préparation dans un moule de 18 cm de diamètre. Filmez-le avec du film alimentaire spécial cuisson.

4. Lavez la cuve du robot, séchez-la et replacez-la dans l'appareil. Versez l'eau. Déposez le panier vapeur avec le moule à l'intérieur.

5. **Mettez le robot en mode cuisson sous pression et programmez la minuterie à 00 : 30, départ immédiat.** Fermez et verrouillez la cuve.

6. Lorsque le voyant rouge est éteint, ouvrez l'appareil et laissez reposer.

7. Détaillez le **pain d'épices** en tranches et tartinez-les selon votre goût de foie gras, de fromage frais à l'ail et aux fines herbes avec du saumon fumé, de fromage de chèvre avec des rondelles de chorizo… et dégustez.

CRÈME DE BROCOLI

Ingrédients :
Échalote (1)
Brocoli (500 g)
Eau (20 cl)
Crème fraîche entière (10 cl)
Croûtons grillés (quelques)
Sel

Pour 4 personnes
Préparation 10 min
Cuisson 8 min
Très facile
Coût €

7
JANVIER
St Raymond

1. Épluchez l'**échalote**, émincez-la finement. Détaillez le **brocoli** en morceaux, en gardant toutes les parties (fleurettes et pied).
2. Insérez la cuve dans le robot et placez-y le **brocoli** et l'**échalote**. Ajoutez l'**eau** et salez.
3. **Mettez le robot en mode cuisson sous pression et programmez la minuterie à 00 : 08, départ immédiat.** Fermez et verrouillez la cuve.
4. Lorsque le voyant rouge est éteint, ouvrez et mixez à l'aide d'un mixeur plongeant jusqu'à obtenir une crème bien lisse (veillez à ce qu'il soit équipé d'une paroi de protection autour de l'hélice pour ne pas endommager la cuve).
5. Ajoutez un filet de **crème fraîche** et des **croûtons grillés**. Servez bien chaud.

DÉS DE PORC AU CARAMEL

Ingrédients:
Échine de porc (2 kg)
Sauce soja (15 cl)
Quatre-épices (2 c. à soupe)
Gros oignon (1)
Ail (1 gousse)
Huile d'arachide (2 c. à soupe)
Cassonade (100 g)

Pour 6 personnes
Préparation 15 min
Cuisson 41 min
Marinade 12 h
Facile
Coût €

1. Détaillez le **porc** en gros dés.
2. Dans un grand plat creux, mélangez la **sauce soja** et les **épices.**
3. Ajoutez les dés de **porc**. Mélangez bien à la main, en prenant soin d'enrober les morceaux de sauce de tous côtés.
4. Filmez le plat soigneusement et laissez mariner au réfrigérateur pendant au moins 12 heures.
5. Épluchez l'**oignon** et la **gousse d'ail**. Émincez-les finement.

6. Insérez la cuve dans le robot. **Sélectionnez le menu manuel, mode cuisson classique, fonction dorer.**

7. Faites chauffer 1 c. à soupe d'**huile** pendant la durée du préchauffage, ajoutez l'**oignon** émincé, laissez-le rissoler 5 minutes, puis réservez.

8. Égouttez les **dés de porc**. Ajoutez-les dans la cuve avec 1 c. à soupe d'**huile**. Réservez la marinade.

9. Faites rissoler pendant 3 minutes les **dés de porc** sur toutes les faces, toujours en **mode cuisson classique, fonction dorer.**

10. Ajoutez l'**oignon** rissolé, l'**ail** émincé, la marinade et mélangez. Ajoutez la **cassonade**, mélangez à nouveau.

11. **Passez en mode cuisson sous pression et programmez la minuterie à 00 : 30, départ immédiat.** Fermez et verrouillez.

12. Lorsque le voyant rouge est éteint, ouvrez l'appareil, mélangez et servez bien chaud.

PURÉE PANAIS-POMMES DE TERRE

Ingrédients :
Pommes de terre (400 g)
Panais (200 g)
Eau (20 cl)
Lait entier (15 cl)
Crème fraîche épaisse (1 c. à soupe)
Noix muscade (1 pincée)
Sel, poivre

Pour 4 personnes
Préparation 10 min
Cuisson 15 min
Très facile
Coût €

1. Épluchez les **pommes de terre** et les **panais**. Coupez-les en morceaux.
2. Insérez la cuve dans le robot et versez-y l'**eau**. Placez le panier vapeur dans la cuve et mettez-y **pommes de terre** et **panais**.
3. **Sélectionnez le menu manuel, mode cuisson sous pression, puis programmez la minuterie à 00 : 15, départ immédiat.** Fermez et verrouillez la cuve.

4 Lorsque le voyant rouge est éteint, ouvrez, sortez les **pommes de terre** et les **panais**, mettez-les dans un saladier.

5 Ajoutez le lait, la **crème fraîche** et la **noix muscade**.

6 Salez, poivrez et mixez jusqu'à obtenir la texture d'une purée. Servez bien chaud.

CRÈME RENVERSÉE

Ingrédients :
Vanille (1 gousse)
Lait entier (75 cl)
Sucre en poudre (100 g)
Œufs (5)
Caramel liquide (4 c. à soupe)
Eau (20 cl)

Pour 4 personnes
Préparation 10 min
Cuisson 18 min
Facile
Coût €

10
JANVIER
St Guillaume

1. Coupez la **gousse de vanille** et prélevez-en les **graines**.
2. Dans une casserole, faites chauffer le **lait** avec le **sucre**, la **gousse** et les **graines de vanille**.
3. Battez les **œufs** dans un saladier.
4. Retirez la **gousse de vanille** du **lait** et versez celui-ci sur les **œufs**. Mélangez.
5. Versez une couche de **caramel liquide** au fond d'un moule de 18 cm de diamètre. Ajoutez l'appareil **œufs-lait vanillé**.
6. Filmez le moule soigneusement avec du film alimentaire spécial cuisson.
7. Insérez la cuve dans le robot. Versez l'eau. Placez le panier vapeur avec le moule à l'intérieur.
8. **Sélectionnez le menu manuel, mode cuisson sous pression, puis programmez la minuterie à 00 : 15, départ immédiat.** Fermez et verrouillez la cuve.
9. Lorsquc lc voyant rouge est éteint, ouvrez, laissez refroidir et dégustez.

PAVÉS DE HADDOCK AUX POIREAUX

Ingrédients :
Blancs de poireaux (2)
Fécule de maïs (1 c. à café)
Crème liquide entière (10 cl)
Eau (4 c. à soupe)
Haddock (4 pavés de 150 g chacun)
Sel, poivre

Pour 4 personnes
Préparation 5 min
Cuisson 6 min
Très facile
Coût €

1. Coupez les **blancs de poireaux** en rondelles.
2. Dans un récipient, délayez la **fécule** avec la **crème liquide**.
3. Ajoutez l'**eau**.
4. Insérez la cuve dans le robot. Versez le mélange dedans.
5. Ajoutez les rondelles de **poireaux**, puis les **pavés de haddock**. Salez et poivrez.

11 JANVIER
St Paulin

6. **Réglez le robot sur le menu manuel, mode cuisson sous pression, puis programmez la minuterie à 00 : 06, départ immédiat.** Fermez et verrouillez.

7. Lorsque le voyant rouge est éteint, ouvrez, rectifiez l'assaisonnement si nécessaire, mélangez et dégustez sans attendre avec du riz blanc.

CRÈME BRÛLÉE AU FOIE GRAS

Ingrédients :
Foie gras de canard mi-cuit (100 g)
Crème liquide (10 cl)
Eau (20 cl)
Cassonade (2 c. à café)

Pour 4 personnes
Préparation 5 min
Cuisson 12 min
Très facile
Coût €€€

1. Coupez le **foie gras** en petits morceaux, écrasez-les à la fourchette.
2. Passez la purée obtenue dans une passoire fine, réservez.
3. Dans une casserole, faites bouillir la **crème liquide** avec la purée de **foie gras**.
4. Versez le mélange dans 4 ramequins individuels.
5. Filmez les ramequins soigneusement avec du film alimentaire spécial cuisson.
6. Placez la cuve dans le robot-cuiseur, ajoutez l'**eau**.

12
JANVIER
Ste Tatiana

7. Placez le panier vapeur dans la cuve du robot, avec les ramequins à l'intérieur.
8. **Sélectionnez le menu manuel, mode cuisson sous pression, puis programmez la minuterie à 00 : 08, départ immédiat.** Fermez et verrouillez.
9. Lorsque le voyant rouge est éteint, ouvrez et laissez refroidir.
10. Saupoudrez de **cassonade**, puis faites caraméliser à l'aide d'un chalumeau de cuisine juste avant de servir. Dégustez.

SOUPE AUX 7 LÉGUMES

Ingrédients :

Pommes de terre (400 g)
Potiron (200 g)
Poireau (1)
Oignon (1)
Céleri (1 branche)
Carotte (1)
Navet (1)
Bouillon de légumes (1 cube)
Eau (40 cl)
Bouquet garni (1)
Sel, poivre

Pour 4 personnes
Préparation 15 min
Cuisson 7 min
Très facile
Coût €

13
JANVIER
Ste Yvette

1. Pelez les **pommes de terre** et le **potiron**. Coupez-les en cubes.
2. Ôtez la première feuille du **poireau**, rincez-le et coupez-le en rondelles.
3. Pelez l'**oignon** et émincez-le finement.
4. Coupez le **céleri** en tranches.
5. Pelez la **carotte** et coupez-la en rondelles.
6. Pelez le **navet** et coupez-le en cubes.
7. Insérez la cuve dans le robot. Placez-y tous les légumes.
8. Diluez le **cube de bouillon de légumes** dans l'**eau** et ajoutez-le dans la cuve. Ajoutez le **bouquet garni**. Salez et poivrez.
9. **Sélectionnez le menu manuel, mode cuisson sous pression, et programmez la minuterie à 00 : 07, départ immédiat.** Fermez et verrouillez.
10. Lorsque le voyant rouge est éteint, ouvrez l'appareil, mélangez et servez aussitôt. N'hésitez pas à saupoudrer de petites amandes effilées
11. Vous pouvez également mixer la soupe à l'aide d'un mixeur plongeant (veillez à ce qu'il soit équipé d'une paroi de protection autour de l'hélice pour ne pas endommager la cuve).

VERRINES DE PORC AUX PRUNEAUX

Ingrédients:
Ail (3 gousses)
Pruneaux (75 g)
Rillettes de porc (90 g)
Échine de porc hachée (250 g)
Lardons nature (90 g)
Armagnac (3 cl)
Chapelure (45 g)
Eau (20 cl)
Muscade (1 pincée)
Sel, poivre

Pour 4 personnes
Préparation 15 min
Cuisson 12 min
Réfrigération 12 h
Facile
Coût €€

1. Pelez, dégermez et hachez finement les gousses d'**ail**.
2. Dénoyautez les **pruneaux**, taillez-les en petits dés.
3. Dans un récipient, mélangez les **rillettes**, l'**échine de porc** et les **lardons**.
4. Ajoutez l'**ail**, les **pruneaux**, l'**Armagnac**, et la **chapelure**, mélangez bien.
5. Salez, poivrez et ajoutez une pincée de **noix muscade**, mélangez.

6. Versez le mélange dans 4 verrines, en tassant bien. Filmez soigneusement avec du film alimentaire spécial cuisson.
7. Insérez la cuve dans le robot. Ajoutez l'**eau**. Placez dans la cuve le panier vapeur avec les verrines à l'intérieur.
8. **Sélectionnez le menu manuel, mode cuisson sous pression, puis programmez la minuterie à 00 : 12, départ immédiat.** Fermez et verrouillez.
9. Lorsque le voyant rouge est éteint, ouvrez et laissez refroidir. Placez ensuite 12 heures au frais avant de déguster.

GÂTEAU CARAMÉLISÉ AUX POMMES

Ingrédients :
Pommes Golden (2)
Œufs (2)
Sucre en poudre (75 g)
Farine (75 g)
Levure chimique (1 sachet)
Sucre vanillé (1 sachet)
Beurre fondu (90 g)
Eau (40 cl)
Caramel liquide

Pour 6 personnes
Préparation 8 min
Cuisson 40 min
Repos 10 min
Très facile
Coût €

1. Épluchez les **pommes**, coupez-les en petits dés.
2. Dans un saladier, mélangez les **œufs** avec le **sucre**, la **farine** et la **levure**.
3. Ajoutez le **sucre vanillé**, 75 g de **beurre fondu** et les **dés de pommes**.
4. Insérez la cuve dans le robot. Ajoutez l'**eau**.
5. Beurrez un moule de 18 cm de diamètre, nappez-en le fond avec du **caramel liquide**.

15
JANVIER
St Rémi

6. Versez l'appareil dans le moule et filmez-le soigneusement avec du film alimentaire spécial cuisson.

7. Placez le panier vapeur dans la cuve avec le moule filmé à l'intérieur.

8. **Sélectionnez le menu manuel, mode cuisson sous pression, puis programmez la minuterie à 00 : 40, départ immédiat.** Fermez et verrouillez.

9. Lorsque le voyant rouge est éteint, ouvrez et laissez refroidir 10 minutes avant de démouler. Dégustez.

BŒUF AUX CAROTTES

Ingrédients:
Bœuf (800 g)
Oignon (1)
Huile (1 c. à soupe)
Ail en chemise (2 gousses)
Lard fumé (1 tranche)
Laurier (2 feuilles)
Eau (10 cl)
Vin blanc (10 cl)
Carottes (4)
Olives noires (quelques)
Bouillon de bœuf (1 cube)
Sel, poivre

Pour 4 personnes
Préparation 12 min
Cuisson 14 min
Facile
Coût €€

16
JANVIER
St Marcel

1. Coupez le **bœuf** en gros cubes.
2. Pelez l'**oignon**, hachez-le.
3. Insérez la cuve dans le robot cuiseur. Versez-y l'**huile**, l'**oignon** et l'**ail**.
4. **Sélectionnez le menu manuel, mode cuisson classique, fonction dorer.**
5. Remuez à l'aide d'une cuillère en bois le temps du préchauffage.
6. Coupez la **tranche de lard** en **lardons**. Ajoutez-les dans la cuve, avec le **bœuf** et le **laurier.**
7. Salez, poivrez et faites revenir 3 minutes en remuant régulièrement.
8. Versez l'**eau** et le **vin blanc.**
9. Pelez les **carottes**, coupez-les en petits tronçons. Ajoutez-les dans la cuve ainsi que les olives.
10. Émiettez le **cube de bouillon**, ajoutez-le.
11. **Passez le robot en mode cuisson sous pression et programmez la minuterie à 00 : 08, départ immédiat.** Fermez et verrouillez la cuve.
12. Lorsque le voyant rouge est éteint, ouvrez l'appareil, mélangez et servez sans attendre avec des tagliatelles par exemple.

ÉTUVÉE D'ENDIVES AU FENOUIL

Ingrédients :
Endives (3)
Fenouil (1 gros bulbe)
Huile d'olive (1 c. à soupe)
Miel (2 c. à café)
Thym (3-4 brins)
Orange (1)
Sel, poivre

Pour 4 personnes
Préparation 5 min
Cuisson 15 min
Très facile
Coût €

1. Nettoyez les **endives**, coupez-les en deux dans le sens de la longueur.
2. Nettoyez le **fenouil** et coupez-le en huit.
3. Insérez la cuve dans le robot. **Sélectionnez le menu manuel, mode cuisson classique, fonction dorer.**
4. À la fin du préchauffage, ajoutez l'**huile** et faites dorer les **légumes** en remuant régulièrement.
5. Laissez cuire 5 minutes, puis ajoutez le **miel** et les **feuilles de thym**. Poursuivez la cuisson pendant 5 minutes.

17
JANVIER
Ste Roseline

6 Pressez le jus de l'**orange**, prélevez-en le **zeste**. Ajoutez-les dans la cuve.

7 Laissez cuire, **toujours en mode cuisson classique, fonction dorer, pendant 5 minutes** supplémentaires.

8 Salez, poivrez et servez sans attendre.

RIZ PILAF À LA MAROCAINE

Ingrédients :
Oignon (1)
Huile d'olive (1 c. à soupe)
Ail en chemise (2 gousses)
Riz long grain à 20 min de cuisson (200 g)
Abricots secs (60 g)
Raisins secs (30 g)
Ras el-hanout (1 c. à café)
Bouillon de légumes (1 cube)
Eau (45 cl)
Pois chiches (120 g)
Harissa (1/2 c. à café)
Amandes effilées (1 c. à soupe)
Persil (4 tiges)
Sel, poivre

Pour 4 personnes
Préparation 5 min
Cuisson 19 min
Facile
Coût €

1. Épluchez l'**oignon**, coupez-le en petits cubes.
2. Insérez la cuve dans le robot cuiseur. Versez-y l'**huile**, l'**oignon** et l'**ail**.
3. **Sélectionnez le menu manuel, mode cuisson classique, fonction dorer.**

4. Remuez à l'aide d'une cuillère en bois le temps du préchauffage.
5. Ajoutez le **riz**.
6. Coupez les **abricots secs** en quatre, ajoutez-les avec les **raisins secs** et le **ras el-hanout**. Salez et poivrez.
7. Laissez cuire 1 minute en remuant.
8. Délayez le **cube de bouillon** dans l'**eau**, ajoutez-le et mélangez.
9. **Passez le robot en mode cuisson sous pression et programmez la minuterie à 00 : 10, départ immédiat.** Fermez et verrouillez la cuve.
10. Lorsque le voyant rouge est éteint, ouvrez l'appareil, ajoutez les pois chiches, mélangez et **passez en mode maintien au chaud pour 5 minutes.**
11. Ajoutez l'**harissa**, mélangez. Parsemez d'**amandes effilées** et de **persil** que vous aurez préalablement ciselé. Servez et dégustez.

CAVIAR D'AUBERGINE

Ingrédients :
Aubergines (800 g)
Olives noires dénoyautées (50 g)
Ail (2 gousses)
Oignon (1)
Paprika (1 c. à soupe)
Cumin (1 c. à soupe)
Huile d'olive (10 cl)
Sel, poivre

Pour 4 personnes
Préparation 10 min
Cuisson 7 min
Repos 2 h
Facile
Coût €

19
JANVIER
St Marius

1. Épluchez les **aubergines**, coupez-les en morceaux.
2. Coupez les **olives** en petits morceaux.
3. Épluchez et écrasez les **gousses d'ail**.
4. Épluchez et émincez l'**oignon.**
5. Insérez la cuve dans le robot cuiseur. Versez-y les **aubergines**, les **olives**, l'**ail** et l'**oignon.**
6. Ajoutez l'**huile**, le **paprika** et le **cumin.** Salez et poivrez.
7. **Sélectionnez le menu manuel, mode cuisson sous pression, et programmez la minuterie à 00 : 07, départ immédiat.** Fermez et verrouillez.
8. Lorsque le voyant rouge est éteint, ouvrez et mixez à l'aide d'un mixeur plongeant (veillez à ce qu'il soit équipé d'une paroi de protection autour de l'hélice pour ne pas endommager la cuve).
9. Versez dans des bocaux en verre, laissez reposer 2 heures et servez tartiné sur des toasts grillés.

PINTADE À LA GRENADE ET AUX NOIX

Ingrédients :
Cerneaux de noix (150 g)
Jus de grenade (25 cl)
Huile d'olive (4 c. à soupe)
Oignons (2)
Cuisses de pintade (4 belles)
Cannelle (2 c. à café)
Grenades (Pulpe de 2 petites)
Sel, poivre

Pour 4 personnes
Préparation 5 min
Cuisson 18 min
Facile
Coût €€

1. Mixez les **noix** avec le **jus de grenade**.
2. Insérez la cuve dans le robot.
Sélectionnez le menu manuel, mode cuisson classique, fonction dorer.
3. Versez l'**huile,** attendez la fin du préchauffage et faites dorer les **oignons** et les **cuisses de pintade** pendant 4 minutes.
4. Salez, poivrez et ajoutez le mélange **noix-jus de grenade**, puis la **cannelle**.
5. **Toujours en menu manuel, passez au mode cuisson sous pression et programmez la minuterie à 00 : 08, départ immédiat.**

6. Fermez et verrouillez.

7. Lorsque le voyant rouge est éteint, **ouvrez** l'appareil, **repassez en mode cuisson classique, fonction dorer, pour 3 minutes,** jusqu'à ce que le jus épaississe.

8. Rectifiez l'assaisonnement. Prélevez la **pulpe de deux grenades**, parsemez-en le plat. Servez et dégustez sans attendre.

FONDUE DE POIREAUX À L'ANGLAISE

Ingrédients :
Blancs de poireaux (2)
Pommes de terre (4 belles)
Beurre (30 g)
Bière blonde (15 cl)
Moutarde forte (1c. à soupe)
Crème liquide entière (15 cl)
Cheddar râpé (150 g)
Sel, poivre

Pour 4 personnes
Préparation 10 min
Cuisson 12 min
Très facile
Coût €

1. Coupez les **blancs de poireaux** en rondelles. Épluchez et coupez les **pommes de terre** en rondelles.
2. Insérez la cuve dans le robot. **Réglez celui-ci sur le menu manuel, mode cuisson classique, fonction dorer.**
3. Sans attendre la fin du préchauffage, ajoutez le **beurre** et faites blondir les **poireaux** pendant 3 minutes.

21 JANVIER
Ste Agnès

4. Ajoutez la **bière** et faites-la réduire de moitié pendant 2 minutes.
5. Ajoutez les rondelles de **pommes de terre,** la **moutarde** et la **crème**. Salez et poivrez.
6. **Revenez en mode cuisson sous pression et programmez la minuterie à 00 : 07, départ immédiat.** Fermez et verrouillez.
7. Lorsque le voyant rouge est éteint, ouvrez l'appareil, ajoutez le **cheddar râpé** et servez aussitôt.

TERRINE AUX DEUX SAUMONS

Ingrédients :
Saumon frais (300 g)
Blancs d'œufs (2)
Ricotta (1 pot)
Saumon fumé (100 g + 3 tranches)
Piment d'Espelette
Eau (20 cl)
Aneth (quelques brins)
Sel, poivre

Pour 8 personnes
Préparation 15 min
Cuisson 30 min
Moyen
Coût €€

22
JANVIER
St Vincent

1. Mixez le **saumon frais**, ajoutez les **blancs d'œufs**. Salez, poivrez et mixez à nouveau.
2. Incorporez 3 c. à soupe de **ricotta**, assaisonnez et réservez.
3. Mixez le **saumon fumé**, ajoutez le reste de **ricotta** et une pincée de **piment**.
4. Mettez dans le fond d'un moule à terrine la moitié de l'appareil au **saumon frais**.
5. Ajoutez au-dessus l'appareil au **saumon fumé** et terminez par le reste de préparation au **saumon frais**.
6. Filmez le moule soigneusement avec du film alimentaire spécial cuisson, déposez-le dans le panier vapeur, dans la cuve du robot. Ajoutez l'eau.
7. **Sélectionnez le menu manuel, mode cuisson sous pression, puis programmez la minuterie à 00 : 30, départ immédiat.** Fermez et verrouillez.
8. Lorsque le voyant rouge est éteint, ouvrez et laissez refroidir avant de démouler.
9. Décorez le dessus de la terrine avec des **tranches de saumon fumé** et des **brins d'aneth**. Dégustez sur des toasts de pain grillés.

PÂTE À TARTINER CHOCOLAT-NOISETTES

Ingrédients :
Chocolat au lait (120 g)
Chocolat noir (60 g)
Beurre (10 g)
Lait concentré sucré ou non (100 g)
Poudre de noisettes (60 g)
Huile de tournesol (4 c. à soupe)

Pour 1 pot
Préparation 10 min
Cuisson 10 min
Réfrigération 4 h
Facile
Coût €

1. Cassez le **chocolat au lait** et le **chocolat noir** en morceaux.
2. Insérez la cuve dans le robot. **Sélectionnez le menu manuel, mode cuisson classique, fonction dorer.**
3. Mettez le **chocolat au lait** et le **beurre** dans la cuve et laissez fondre pendant la durée du préchauffage
4. Ajoutez les morceaux de **chocolat noir** et laissez fondre pendant 3 minutes en remuant avec une cuillère en bois.

5. Ajoutez le **lait concentré**, puis mélangez.
6. Ajoutez la **poudre de noisettes**, puis l'**huile,** sans cesser de remuer.
7. Quand la préparation commence à buller, arrêtez le robot et enlevez la cuve.
8. Mélangez énergiquement avec une cuillère en bois, puis versez dans un pot en verre fermant hermétiquement.
9. Laissez refroidir, puis placez au réfrigérateur pour au moins 4 heures.
10. Dégustez au goûter sur du pain frais, des toasts ou avec des crêpes.

CHOUX DE BRUXELLES ET LARDONS

Ingrédients :
Oignons (2)
Lardons (200 g)
Choux de Bruxelles (600 g)
Orange (jus d'1)
Eau (15 cl)
Orange (zeste d'1)
Sel, poivre

Pour 4 personnes
Préparation 10 min
Cuisson 13 min
Très facile
Coût €

1. Épluchez les **oignons** et émincez-les finement.
2. Insérez la cuve dans le robot. **Sélectionnez le menu manuel, mode cuisson classique, fonction dorer.**
3. Sans attendre la fin du préchauffage, faites revenir les **lardons** et les **oignons**.
4. Épluchez les **choux de Bruxelles** et ajoutez-les dans la cuve.
5. Ajoutez le **jus d'orange** et l'**eau.** Salez et poivrez.

6. **Toujours en menu manuel, passez au mode cuisson sous pression et programmez la minuterie à 00:10, départ immédiat.** Fermez et verrouillez.

7. Lorsque le voyant rouge est éteint, ouvrez l'appareil, mélangez et ajoutez le **zeste d'orange.** Dégustez sans attendre.

DINDE CITRON-ROMARIN

Ingrédients :
Oignon (1)
Ail (1 gousse)
Dinde (800 g)
Huile de tournesol (1 c. à soupe)
Romarin (1 tige)
Vin blanc (10 cl)
Bouillon de volaille (1 cube)
Citron jaune (1/2)
Sel, poivre

Pour 4 personnes
Préparation 5 min
Cuisson 11 min
Facile
Coût €

25
JANVIER
Conv. de St Paul

1. Pelez et émincez finement l'**oignon**. Épluchez et hachez l'**ail** grossièrement.
2. Coupez la **dinde** en gros morceaux.
3. Insérez la cuve dans le robot. **Réglez celui-ci sur le menu manuel, mode cuisson classique, fonction dorer.**
4. Versez l'**huile**, l'**oignon**, l'**ail**, le **romarin** et les **cubes de dinde** dans la cuve, remuez avec une cuillère en bois le temps du préchauffage.
5. À la fin du préchauffage, poursuivez la cuisson pendant 3 minutes en remuant de temps en temps.
6. Ajoutez le **vin** et le **cube de bouillon** émietté.
7. Coupez le **citron** en quatre, salez et poivrez.
8. **Sélectionnez le menu manuel, mode cuisson sous pression, et programmez la minuterie à 00 : 05, départ immédiat.** Fermez et verrouillez.
9. Lorsque le voyant rouge est éteint, ouvrez l'appareil, mélangez et savourez.

SOUPE D'ENDIVES AU BLEU D'AUVERGNE

Ingrédients :
Endives (800 g)
Pomme de terre (1 grosse)
Bleu d'Auvergne (150 g)
Bouillon de volaille (1 cube)
Eau (75 cl)

Pour 4 personnes
Préparation 5 min
Cuisson 10 min
Très facile
Coût €

1. Nettoyez et taillez les **endives** en tronçons.
2. Épluchez la **pomme de terre** et coupez-la en morceaux.
3. Insérez la cuve dans le robot. Placez-y les **endives**, les morceaux de **pommes de terre** et le **bleu.**
4. Diluez le **cube de bouillon** dans l'eau et ajoutez le mélange dans la cuve.
5. **Sélectionnez le menu manuel, mode cuisson sous pression, et programmez la minuterie à 00 : 10, départ immédiat.** Fermez et verrouillez.

26
JANVIER
Ste Paule

6. Lorsque le voyant rouge est éteint, ouvrez et mixez à l'aide d'un mixeur plongeant (veillez à ce qu'il soit équipé d'une paroi de protection autour de l'hélice pour ne pas endommager la cuve).
7. Servez bien chaud.

CHILI CON CARNE

Ingrédients :
Oignon (1)
Ail (2 gousses)
Huile d'olive (1 c. à soupe)
Bœuf haché (500 g)
Haricots rouges en conserve (250 g)
Pulpe de tomate en conserve (400 g)
Cumin en poudre (2 c. à café)
Paprika (2 c. à café)
Sel, poivre

Pour 4 personnes
Préparation 5 min
Cuisson 18 min
Facile
Coût €€

1. Épluchez l'**oignon** et les **gousses d'ail**. Émincez-les finement.
2. Insérez la cuve dans le robot. **Sélectionnez le menu manuel, mode cuisson classique, fonction dorer.**
3. Versez l'**huile**, et laissez-la chauffer le temps du préchauffage.

4. Ajoutez l'**oignon** et l'**ail**, et laissez dorer pendant 3 minutes.
5. Ajoutez la **viande hachée**, faites-la revenir pendant 5 minutes.
6. Ajoutez les **haricots rouges** égouttés, la **pulpe de tomate**, le **cumin** et le **paprika**. Salez et poivrez.
7. **Réglez le robot sur le menu manuel, mode cuisson sous pression, et programmez la minuterie à 00 : 07, départ immédiat.** Fermez et verrouillez.
8. Lorsque le voyant rouge est éteint, ouvrez l'appareil, mélangez délicatement et dégustez.

CHOUCROUTE GARNIE

Ingrédients :
Palette fumée (300 g)
Oignon (1)
Lard (4 tranches)
Choucroute cuite (400 g)
Baies de genièvre (1/2 c. à café)
Laurier (2 feuilles)
Vin blanc sec (20 cl)
Pommes de terre (400 g)
Saucisses de Francfort (4)
Poivre

Pour 4 personnes
Préparation 5 min
Cuisson 30 min
Facile
Coût €€

28
JANVIER
S^t Th. d'Aquin

1. Coupez la **palette fumée** en tranches. Pelez l'**oignon** et émincez-le finement.
2. Insérez la cuve dans le robot. **Sélectionnez le menu manuel, mode cuisson classique, fonction dorer.**
3. Déposez les **tranches de lard** et de **palette** au fond de la cuve avec l'**oignon**. Remuez avec une cuillère en bois le temps du préchauffage.
4. Ajoutez la **choucroute** et les **baies de genièvre.** Poivrez. Mélangez pendant 2 minutes.
5. Ajoutez le **vin blanc** et les **pommes de terre**.
6. **Toujours sur le menu manuel, passez en mode cuisson sous pression et programmez la minuterie à 00 : 15, départ immédiat.** Fermez et verrouillez.
7. Lorsque le voyant rouge est éteint, ouvrez l'appareil et ajoutez les **saucisses.**
8. **Toujours sur le menu manuel, passez en mode maintien au chaud pendant 10 minutes** avant de déguster.

RISOTTO AU CHOCOLAT

Ingrédients :
Riz Arborio (200 g)
Cannelle en poudre (1 c. à café rase)
Beurre (40 g)
Lait entier (50 cl)
Chocolat noir (100 g)
Sucre en poudre (125 g)

Pour 4 personnes
Préparation 3 min
Cuisson 15 min
Facile
Coût €

1. Insérez la cuve dans le robot. **Sélectionnez le menu manuel, mode cuisson classique, fonction dorer.**
2. Placez-y le **riz**, la **cannelle** et le **beurre**. Laissez dorer 3 minutes sans attendre la fin du préchauffage.
3. **Passez le robot en mode cuisson classique, fonction mijoter**. Ajoutez progressivement le **lait.**
4. **Réglez le robot sur le menu manuel, mode cuisson sous pression, puis programmez la minuterie à 00 : 10, départ immédiat.** Fermez et verrouillez.

5. Pendant ce temps, cassez le **chocolat** en petits morceaux.
6. Lorsque le voyant rouge est éteint, ouvrez et ajoutez les morceaux de **chocolat** et le **sucre**.
7. Mélangez avec délicatesse et servez sans attendre.

GRATIN DAUPHINOIS

Ingrédients :
Pommes de terre à chair ferme (800 g)
Lait entier (25 cl)
Crème liquide (20 cl)
Gruyère râpé (100 g)
Beurre (30 g)
Sel, poivre

Pour 4 personnes
Préparation 12 min
Cuisson 20 min
Très facile
Coût €

1. Épluchez les **pommes de terre**. Coupez-les en tranches fines.
2. Insérez la cuve dans le robot.
3. Dans un saladier, mélangez le **lait** et la **crème**.
4. Versez un tiers du mélange **lait-crème** dans la cuve. Tapissez le fond avec un tiers des tranches de **pommes de terre**. Salez et poivrez.
5. Versez un deuxième tiers de mélange **lait-crème**, ajoutez une couche de **pommes de terre.** Salez et poivrez.

30
JANVIER
Ste Martine

6. Versez le dernier tiers du mélange **lait-crème** et une dernière couche de tranches de **pommes de terre.** Salez et poivrez.

7. Les **pommes de terre** doivent disparaître sous le mélange.

8. **Sélectionnez le menu manuel, mode cuisson sous pression et programmez la minuterie à 00 : 15, départ immédiat.** Fermez et verrouillez.

9. Lorsque le voyant rouge est éteint, ouvrez l'appareil, versez dans un plat allant au four. Recouvrez de **gruyère râpé**, ajoutez le **beurre** coupé en morceaux.

10. Enfournez 5 min sous le gril du four préchauffé, le temps de faire gratiner, puis dégustez.

VELOUTÉ DE CHOU-FLEUR

Ingrédients :
Chou-fleur (500 g)
Pommes de terre (250 g)
Oignon (1)
Bouillon de légumes (1 cube)
Eau (30 cl)
Lait (30 cl)
Curry en poudre (1/2 c. à café)
Crème fraîche (1 c. à soupe)
Sel, poivre

Pour 4 personnes
Préparation 15 min
Cuisson 10 min
Très facile
Coût €

31
JANVIER
Ste Marcelle

1. Détaillez le **chou-fleur** en bouquets.
2. Pelez les **pommes de terre** et coupez-les en morceaux.
3. Pelez l'**oignon** et émincez-le grossièrement.
4. Insérez la cuve dans le robot. Placez les **légumes** à l'intérieur.
5. Délayez le **cube de bouillon** dans l'**eau** et versez-le dans la cuve. Ajoutez le **lait** et le **curry.** Salez et poivrez.
6. **Sélectionnez le menu manuel, mode cuisson sous pression, et programmez la minuterie à 00 : 10, départ immédiat.** Fermez et verrouillez.
7. Lorsque le voyant rouge est éteint, ouvrez et mixez à l'aide d'un mixeur plongeant jusqu'à obtenir une texture bien lisse (veillez à ce qu'il soit équipé d'une paroi de protection autour de l'hélice pour ne pas endommager la cuve).
8. Ajoutez la **crème fraîche** et servez bien chaud avec des croûtons grillés.

FILET MIGNON MIEL-ROMARIN

Ingrédients :
Filet mignon de porc (1)
Bouillon de volaille (1 cube)
Eau (15 cl)
Oignons (2)
Vin blanc (10 cl)
Miel liquide (1 c. à soupe)
Romarin (2 branches)
Sel, poivre

Pour 4 personnes
Préparation 5 min
Cuisson 20 min
Facile
Coût €

1. Insérez la cuve dans le robot. **Sélectionnez le menu manuel, mode cuisson classique, fonction dorer.**
2. À la fin du préchauffage, faites colorer le **filet mignon** sur toutes ses faces pendant 2 minutes.
3. Délayez le **cube de bouillon de volaille** dans l'**eau**.
4. Épluchez et émincez les **oignons**, ajoutez-les dans la cuve avec le **vin blanc** et le **bouillon de volaille**. Salez et poivrez.

1er FÉVRIER
Ste Ella

5. **Toujours sur le menu manuel, passez en mode cuisson sous pression, et programmez la minuterie à 00 : 15, départ immédiat.** Fermez et verrouillez.

6. Lorsque le voyant rouge est éteint, **ouvrez l'appareil et remuez à l'aide** d'une cuillère en bois.

7. Ajoutez le **miel** et le **romarin** effeuillé. **Passez en mode cuisson classique, fonction mijoter, et laissez réduire la sauce pendant 3 minutes.**

8. Servez sans attendre.

CRÊPES TATIN

Ingrédients :
Pommes (6)
Cassonade (100 g)
Beurre demi-sel (10 g)
Eau (20 cl)
Crêpes (4)
Crème fraîche épaisse (50 g)

Pour 4 personnes
Préparation 8 min
Cuisson 22 min
Facile
Coût €

1. Coupez les **pommes** en gros quartiers.
2. Insérez la cuve dans le robot. **Sélectionnez le menu manuel, mode cuisson classique, fonction dorer.**
3. À mi-préchauffage, saupoudrez la **cassonade** au fond de la cuve et laissez blondir.
4. Une fois la couleur caramel obtenue, ajoutez le **beurre**, puis les quartiers de **pommes**.
5. Laissez dorer 8 minutes. Ajoutez l'**eau**.

6 **Passez en mode cuisson sous pression, programmez la minuterie à 00 : 10, départ immédiat.** Les quartiers doivent être cuits mais ne pas s'écraser.

7 Sur 4 assiettes, disposez une **crêpe** à plat et placez des quartiers de **pomme** au centre.

8 Repliez les bords en laissant une fenêtre au milieu. Ajoutez un peu de **sauce** et une petite cuillerée de **crème fraîche**.

9 Servez tiède.

DAUBE PROVENÇALE

Ingrédients :
Bœuf à braiser (1 kg)
Oignons (2)
Lard (100 g)
Carottes (300 g)
Huile d'olive (1 c. à soupe)
Farine (1 c. à soupe)
Orange (zeste d'1)
Thym (3 branches)
Laurier (2 feuilles)
Vin rouge (30 cl)
Sel, poivre

Pour 4 personnes
Préparation 15 min
Cuisson 43 min
Moyen
Coût €€

3
FÉVRIER
St Blaise

1. Coupez le **bœuf** en gros cubes.
2. Épluchez les **oignons**, coupez-les en 4.
3. Coupez le **lard** en allumettes.
4. Épluchez les **carottes**, coupez-les en tronçons.
5. Insérez la cuve dans le robot cuiseur. **Sélectionnez le menu manuel, mode cuisson classique, fonction dorer.**
6. À la fin du préchauffage, ajoutez le **lard** et faites-le revenir 3 minutes dans l'**huile**.
7. Ajoutez les **cubes de bœuf** et faites-les dorer pendant 5 minutes.
8. Ajoutez la **farine**, mélangez bien à l'aide d'une cuillère en bois.
9. Ajoutez les tronçons de **carottes**, le **zeste d'orange**, le **thym**, le **laurier** et le **vin**. Salez et poivrez.
10. **Mettez le robot en mode cuisson sous pression et programmez la minuterie à 00 : 30, départ immédiat.** Fermez et verrouillez la cuve.
11. Lorsque le voyant rouge est éteint, **repassez en mode cuisson classique, fonction dorer, et laissez la sauce réduire pendant 5 minutes.**
12. Servez bien chaud avec des navets ou des pommes de terre.

ŒUFS COCOTTE AUX ASPERGES

Ingrédients :
Beurre (15 g)
Crème fraîche épaisse (4 c. à soupe bombées)
Noix muscade râpée (4 pincées)
Asperges blanches en conserve (120 g)
Œufs bio extra-frais (4 gros)
Parmesan râpé (40 g)
Eau (20 cl)
Ciboulette (quelques brins)
Sel, poivre

Pour 4 personnes
Préparation 10 min
Cuisson 6 min
Très facile
Coût €

1. Beurrez quatre ramequins de 9 cm de diamètre, déposez un peu de **crème fraîche** au fond, assaisonnez avec le **sel**, le **poivre** et les deux tiers de la **noix muscade**.
2. Égouttez les **asperges**, coupez-les en tronçons. Réservez les pointes et répartissez le reste dans les ramequins.
3. Cassez 1 **œuf** dessus, en prenant soin de conserver le **jaune** intact.

4. Recouvrez avec le reste de **crème fraîche**.
5. Ajoutez les **pointes d'asperges**, le reste de **muscade** et le **parmesan**. Rectifiez l'assaisonnement si besoin.
6. Filmez les ramequins avec du film alimentaire spécial cuisson et déposez-les dans le panier vapeur du robot (ils peuvent se chevaucher).
7. **Versez l'eau dans la cuve et placez le panier dans la cuve.** Sélectionnez le **menu manuel, mode cuisson sous pression, puis programmez la minuterie à 00 : 06, départ immédiat.** Fermez et verrouillez.
8. Lorsque le voyant rouge est éteint, ouvrez l'appareil, ôtez le film, parsemez les œufs cocotte de **ciboulette** ciselée et servez-les bien chauds, avec une tranche de pain grillé.

TRAVERS DE PORC À LA CHINOISE

Ingrédients :
Travers de porc (800 g)
Bouillon de volaille (1 cube)
Eau (20 cl)
Ail en chemise (2 gousses)
Mélange cinq-épices (1 c. à café)
Sauce soja (1 c. à soupe)
Miel liquide (2 c. à soupe)
Oignons nouveaux (2 petits)
Sel, poivre

Pour 4 personnes
Préparation 10 min
Cuisson 24 min
Facile
Coût €

1. Détaillez le **porc** en gros dés.
2. Délayez le **cube de bouillon** dans l'**eau**.
3. Insérez la cuve dans le robot. Mettez-y les **travers**, le **bouillon de volaille**, l'**ail**, les **épices** et la **sauce soja**. Salez et poivrez.
4. **Réglez le robot en mode cuisson sous pression et programmez la minuterie à 00 : 20, départ immédiat.** Fermez et verrouillez.

5. Lorsque le voyant rouge est éteint, ouvrez l'appareil et ôtez le jus de cuisson.

6. **Passez en mode cuisson classique, fonction dorer**, et faites revenir les **travers** durant le temps du préchauffage.

7. Ajoutez le **miel** et les **oignons nouveaux** coupés en fines rondelles. Laissez cuire pendant 1 minute, en remuant régulièrement avec une cuillère en bois.

8. Servez sans attendre.

BANANES RHUM-VANILLE

Ingrédients :
Bananes (6 petites)
Beurre (25 g)
Sucre de canne (75 g)
Citron vert (zeste et jus d'1)
Vanille (1 gousse)
Rhum ambré (3 c. à soupe)
Eau bouillante (20 cl)

Pour 4 personnes
Préparation 10 min
Cuisson 1 h 30
Très facile
Coût €

6
FÉVRIER
St Gaston

1. Pelez les **bananes** et coupez-les en deux dans le sens de la longueur.
2. Insérez la cuve dans le robot. **Sélectionnez le menu manuel, mode cuisson classique, fonction dorer.**
3. À la fin du préchauffage, mettez dans la cuve le **beurre**, le **sucre**, le **zeste** et le **jus de citron**.
4. Remuez à l'aide d'une cuillère en bois jusqu'à ce que le **beurre** ait fondu.
5. Fendez la **gousse de vanille** en deux et grattez les **graines**. Ajoutez-les dans la cuve.
6. Versez-y le **rhum** et l'**eau** bouillante.
7. Ajoutez les **bananes** sans les superposer. Elles ne doivent pas dépasser du liquide.
8. **Sélectionnez le menu manuel, mode cuisson classique, fonction mijoter.** Fermez et verrouillez la cuve. Laissez cuire 1 h 30.
9. Dégustez chaud ou tiède, avec une boule de glace à la vanille et arrosé du jus de cuisson.

PHO AU BŒUF

Ingrédients :
Gingembre (1 racine de 4 cm)
Oignon (1)
Plat de côtes de bœuf (1,2 kg)
Étoiles de badiane (2)
Eau (2 l)
Aiguillette de bœuf (300 g)
Menthe (8 tiges)
Coriandre (8 tiges)
Ciboules (2)
Nouilles de riz (500 g)
Sel, poivre

Pour 4 personnes
Préparation 20 min
Cuisson 50 min
Facile
Coût €€

1. Pelez la **racine de gingembre** et l'**oignon**. Coupez-les en dés grossiers.
2. Insérez la cuve dans le robot. Placez-y le **plat de côtes**, l'**oignon**, le **gingembre** ainsi que les **étoiles de badiane**. Salez et poivrez.
3. Ajoutez l'**eau**.

4. **Sélectionnez le menu manuel, mode cuisson sous pression, puis programmez la minuterie à 00 : 45, départ immédiat.** Fermez et verrouillez.
5. Pendant la cuisson, tranchez l'**aiguillette** très finement.
6. Lavez la **menthe** et la **coriandre**, puis hachez-les.
7. Émincez les **ciboules**.
8. En fin de cuisson, lorsque le voyant rouge est éteint, ouvrez et plongez les **nouilles** dans la cuve.
9. **Passez en mode maintien au chaud pour 5 minutes.**
10. Ajoutez les **herbes**, les lamelles de **bœuf** cru et les ciboules émincées.
11. Servez et dégustez aussitôt.

SOUPE DE MANDARINES AU CARAMEL

Ingrédients :
Sucre (200 g)
Miel liquide (40 g)
Beurre (40 g)
Crème liquide (8 cl)
Clémentines (8)
Badiane (1 étoile)
Cannelle (1 bâton)
Eau (85 cl)
Caramel liquide

Pour 4 personnes
Préparation 5 min
Cuisson 5 min
Facile
Coût €

1. Insérez la cuve dans le robot. Versez-y 150 g de **sucre**, le **miel** et le **beurre**.
2. **Sélectionnez le menu manuel, mode cuisson classique, fonction dorer.**
3. Laissez cuire jusqu'à une belle coloration caramel. Ajoutez la **crème** et mélangez. Réservez.
4. Lavez les **mandarines**. Coupez-les en quatre, et placez-les dans la cuve.
5. Ajoutez le **sucre** restant, les **épices** et l'**eau**.

6. **Passez en mode cuisson sous pression, programmez la minuterie à 00 : 05, départ immédiat.**
7. Lorsque le voyant rouge est éteint, ouvrez l'appareil, laissez refroidir.
8. Servez les **fruits** dans leur **sirop** et nappés de **caramel liquide**. Dégustez avec des madeleines faites maison.

FARFALLE JAMBON-PETITS POIS

Ingrédients :
Jambon (1 tranche épaisse de 200 g)
Eau (70 cl)
Farfalles (200 g)
Petits pois extra-fins surgelés (200 g)
Fromage frais (4 portions)
Sel, poivre

Pour 4 personnes
Préparation 5 min
Cuisson 10 min
Très facile
Coût €

9
FÉVRIER
Ste Apolline

1. Coupez le **jambon** en petits morceaux.
2. Insérez la cuve dans le robot. Ajoutez l'**eau**, les **pâtes** et les **petits pois**.
3. Sélectionnez **le menu manuel, mode cuisson sous pression, puis programmez la minuterie à 00 : 07, départ immédiat.** Fermez et verrouillez la cuve.
4. Lorsque le voyant rouge est éteint, ouvrez, ajoutez les portions de **fromage frais**, les morceaux de **jambon**.
5. Salez, poivrez et mélangez bien.
6. **Toujours en menu manuel**, refermez le couvercle et **passez en mode maintien au chaud pour 3 minutes,** le temps que les pâtes absorbent la totalité du bouillon.
7. En fin de cuisson, ouvrez le couvercle, rectifiez l'assaisonnement si nécessaire et servez sans attendre.

PAIN AUX POIREAUX

Ingrédients :
Blancs de poireaux (2)
Oignon (1)
Beurre (10 g)
Curry (1 pincée)
Crème liquide (25 cl)
Œufs (4)
Eau (30 cl)
Sel, poivre

Pour 4 personnes
Préparation 15 min
Cuisson 30 min
Repos 10 min
Facile
Coût €

1. Détaillez les **poireaux** en rondelles.
2. Épluchez et émincez l'**oignon**.
3. Insérez la cuve dans le robot.
Sélectionnez le menu manuel, mode cuisson classique, fonction dorer.
4. À la fin du préchauffage, ajoutez le **beurre** et faites colorer les rondelles de **poireaux** et l'**oignon** pendant 5 minutes.
5. Ajoutez le **curry**, mélangez et réservez.
6. Nettoyez la cuve.
7. Dans un saladier, mélangez la **crème**, les **œufs**, le **sel** et le **poivre**.

8. Ajoutez le mélange **poireaux-oignon** dans le saladier et mélangez.
9. Versez le mélange dans un moule de 18 cm de diamètre. Filmez avec du film alimentaire spécial cuisson.
10. Versez l'**eau** dans la cuve, placez-y le panier vapeur avec le moule à l'intérieur.
11. **Mettez le robot en mode cuisson sous pression et programmez la minuterie à 00 : 25, départ immédiat.** Fermez et verrouillez la cuve.
12. Lorsque le voyant rouge est éteint, ouvrez l'appareil et laissez reposer 10 minutes.
13. Coupez en tranches et dégustez.

SAUTÉ DE PORC AUX PANAIS

Ingrédients :
Rouelle de porc (800 g)
Panais (600 g)
Huile de tournesol (1 c. à soupe)
Beurre (30 g)
Vin blanc doux (15 cl)
Moutarde à l'ancienne (2 c. à soupe)
Crème liquide (10 cl)
Eau (15 cl)
Persil haché (2 c. à soupe)
Poivre

Pour 4 personnes
Préparation 10 min
Cuisson 15 min
Facile
Coût €

1. Coupez le **porc** en cubes.
2. Lavez les **panais**, épluchez-les et coupez-les en rondelles.
3. Insérez la cuve dans le robot. **Sélectionnez le menu manuel, mode cuisson classique, fonction dorer.**
4. Attendez la fin du préchauffage et faites dorer le **porc** dans l'**huile** et le **beurre** environ 3 minutes.

5. Versez le **vin blanc** et laissez réduire de moitié pendant environ 2 minutes.
6. Ajoutez les **panais**, la **moutarde**, la **crème** et l'**eau**.
7. **Passez en mode cuisson sous pression et programmez la minuterie à 00 : 10, départ immédiat.** Fermez et verrouillez.
8. Lorsque le voyant rouge est éteint, ouvrez l'appareil ou **passez en mode maintien au chaud**.
9. Poivrez et servez, parsemé de persil.

CHAMPIGNONS FARCIS JAMBON-BOURSIN

Ingrédients :
Champignons à farcir (8 gros)
Jambon (2 tranches)
Boursin (1 pot de 250 g)
Crème fraîche (2 c. à soupe)
Eau (20 cl)
Ciboulette (quelques brins)
Poivre

Pour 4 personnes
Préparation 10 min
Cuisson 6 min
Facile
Coût €

1. Nettoyez les **champignons** à l'aide d'un chiffon doux.
2. Ôtez-en les pieds. Mixez-les avec le **jambon** dans un saladier.
3. Ajoutez le **boursin**, la **crème fraîche** et une pincée de **poivre**, mélangez.
4. Farcissez les **têtes des champignons** avec ce mélange.
5. Insérez la cuve dans le robot. Ajoutez l'**eau**. Placez les **têtes de champignons** farcies dans le panier vapeur, dans la cuve.
6. **Sélectionnez le menu manuel, mode cuisson sous pression, puis programmez la minuterie à 00 : 06, départ immédiat**. Fermez et verrouillez la cuve.
7. Lorsque le voyant rouge est éteint, ouvrez et servez immédiatement saupoudré de **ciboulette ciselée**.

CLÉMENTINES MENTHE-PIGNONS

Ingrédients :
Clémentines (8)
Beurre (10 g)
Eau (25 cl)
Sucre (160 g)
Menthe (12 feuilles)
Pignons de pin (20 g)

Pour 4 personnes
Préparation 10 min
Cuisson 1 min
Réfrigération 2 h
Très facile
Coût €

1. Prélevez les **suprêmes des clémentines**.
2. Insérez la cuve dans le robot. **Sélectionnez le menu manuel, mode cuisson classique, fonction dorer.**
3. Laissez fondre le **beurre** et faites-y dorer les **pignons**. Réservez-les.
4. Versez l'**eau** dans la cuve, ajoutez le **sucre** puis la moitié des **feuilles de menthe** et les **suprêmes de clémentines**.
5. **Passez en mode cuisson sous pression, programmez la minuterie à 00 : 01, départ immédiat.**

6. Lorsque le voyant rouge est éteint, ouvrez, laissez refroidir à l'air libre, dans le sirop, puis placez au moins 2 heures au réfrigérateur.

7. Au moment de servir, ajoutez les **pignons** et le reste des **feuilles de menthe.**

NOIX DE SAINT-JACQUES RÔTIES AU CHABLIS

Ingrédients :
Blancs de poireaux (200 g)
Potimarron (80 g)
Noix de saint-jacques (6 ou 8 selon la taille)
Beurre (10 g)
Chablis (20 cl)
Mélange quatre-épices (1 pincée)
Piment d'Espelette (1 pincée)
Crème fraîche entière épaisse (2 c. à soupe)
Sel, poivre

Pour 2 personnes
Préparation 10 min
Cuisson 8 min
Très facile
Coût €€€

1. Lavez les **blancs de poireaux** et le **potimarron**, coupez-les en carrés de 5 cm.
2. Salez les **noix de saint-jacques.**
3. Insérez la cuve dans le robot. **Sélectionnez le menu manuel, mode cuisson classique, fonction dorer.**

4. Attendez la fin du préchauffage et faites revenir les **noix de saint-jacques** 1 minute sur chaque face avec le **beurre**. Retirez-les.

5. Ajoutez les **légumes**. Laissez étuver 2 minutes, toujours **en fonction dorer.**

6. Déglacez avec le **vin**. Ajoutez le **quatre-épices** et le **piment**. Salez et poivrez.

7. Passez en **fonction cuisson sous pression, puis programmez la minuterie à 00 : 04, départ immédiat.** Fermez et verrouillez.

8. Lorsque le voyant rouge est éteint, ouvrez l'appareil, ajoutez la **crème**, mélangez et replacez les **noix de saint-jacques** sur les **légumes**.

9. **Repassez en mode cuisson classique, fonction cuisson douce et laissez réchauffer 1 minute** avant de servir.

OMELETTE AUX POMMES DE TERRE

Ingrédients :
Pommes de terre (600 g)
Huile d'olive (1 c. à soupe)
Œufs (6 gros)
Eau (20cl)
Persil (1 demi-bouquet)
Sel, poivre

Pour 4 personnes
Préparation 10 min
Cuisson 25 min
Très facile
Coût €

15
FÉVRIER
St Claude

1. Épluchez et coupez les **pommes de terre** en tranches.
2. Ciselez le **persil**.
3. Insérez la cuve dans le robot. Versez-y l'**huile d'olive** et ajoutez les **pommes de terre**.
4. **Sélectionnez le menu manuel, mode cuisson classique, fonction dorer.** Laissez cuire pendant 5 minutes, en remuant de temps en temps. Réservez-les dans un saladier.
5. Dans un récipient, battez les **œufs,** salez, poivrez, puis mélangez avec les **pommes de terre** et le **persil**. Salez et poivrez.
6. Placez le panier vapeur dans la cuve. Tapissez-le de papier sulfurisé. Versez-y la préparation. Ajoutez l'**eau**.
7. **Sélectionnez le menu manuel, mode cuisson sous pression, puis programmez la minuterie à 00 : 20, départ immédiat.** Fermez et verrouillez.
8. Lorsque le voyant rouge est éteint, ouvrez l'appareil et dégustez sans attendre.

JAMBALAYA DE LOUISIANE

Ingrédients :
Blancs de poulet (3)
Poivrons verts (2)
Chorizo (500 g)
Oignons (2)
Ail (2 gousses)
Céleri (2 branches)
Huile d'olive (4 c. à soupe)
Bouillon de volaille (1 cube)
Eau (35 cl)
Riz blanc longs grains (250 g)
Pulpe de tomate (1 boîte de 400 g)
Paprika (1 c. à café)
Thym (2 branches)
Laurier (2 feuilles)
Crevettes cuites (20 grosses)
Sel, poivre

Pour 4 personnes
Préparation 20 min
Cuisson 45 min
Moyen
Coût €€

1. Taillez les **blancs de poulet** et les **poivrons** en lanières.
2. Coupez le **chorizo** en rondelles.
3. Épluchez les **oignons** et les **gousses d'ail**. Émincez-les finement.
4. Pelez le **céleri** et coupez-le en morceaux.

16
FÉVRIER
Ste Julienne

5. Insérez la cuve dans le robot. **Réglez celui-ci sur le menu manuel, mode cuisson classique, fonction dorer.**
6. Faites chauffer l'**huile** pendant la durée du préchauffage, puis faites revenir les **morceaux de poulet** pendant 4 minutes.
7. Ajoutez le **chorizo**, les **oignons**, l'**ail**, le **céleri** et les **poivrons.** Mélangez et poursuivez la cuisson pendant 8 minutes.
8. Délayez le **cube de bouillon** dans l'**eau**. Ajoutez-le dans la cuve avec le **riz**, la **pulpe de tomate**, le **paprika**, le **thym** et le **laurier.** Salez et poivrez. Mélangez.
9. **Passez en fonction cuisson sous pression, puis programmez la minuterie à 00 : 25, départ immédiat.** Fermez et verrouillez.
10. Lorsque le voyant rouge est éteint, ouvrez l'appareil, ajoutez les **crevettes.**
11. Refermez, **placez en mode maintien au chaud** pendant 5 minutes.
12. Servez bien chaud.

SAUTÉ DE BŒUF AU CHOU CHINOIS

Ingrédients :
Rumsteck (800 g)
Champignons shiitakés (150 g)
Champignons de Paris (150 g)
Huile d'olive (1 c. à soupe)
Gingembre en poudre (1 c. à café)
Sauce nuoc-mâm (1 c. à soupe)
Choux chinois (2)
Eau (20 cl)
Sel, poivre

Pour 4 personnes
Préparation 10 min
Cuisson 15 min
Facile
Coût €€

1. Coupez le **rumsteck** en petits cubes.
2. Émincez les **champignons**.
3. Insérez la cuve dans le robot. **Sélectionnez le menu manuel, mode cuisson classique, fonction dorer.**
4. Laissez chauffer l'**huile** et faites-y revenir les cubes de **bœuf** et les **champignons** pendant 2 minutes.
5. Ajoutez le **gingembre** et la **sauce nuoc-mâm**, mélangez bien à l'aide d'une cuillère en bois. Salez légèrement et poivrez.

6. Coupez les **choux chinois** en lamelles et ajoutez-les dans la cuve. Ajoutez l'**eau**.

7. **Passez en fonction cuisson sous pression, puis programmez la minuterie à 00 : 10, départ immédiat.** Fermez et verrouillez.

8. Lorsque le voyant rouge est éteint, ouvrez l'appareil, mélangez et dégustez sans attendre.

SOUPE VICHYSSOISE

Ingrédients :
Blancs de poireaux (3)
Pommes de terre (3)
Oignon (1)
Beurre (30 g)
Bouillon de légumes (1 cube)
Eau (50 cl)
Crème liquide (10 cl)
Pain (quelques croûtons)
Sel, poivre

Pour 4 personnes
Préparation 10 min
Cuisson 15 min
Très facile
Coût €

18
FÉVRIER
Ste Bernadette

1. Coupez les **poireaux** en tronçons.
2. Épluchez les **pommes de terre** et coupez-les en gros cubes.
3. Épluchez l'**oignon** et émincez-le finement.
4. Insérez la cuve dans le robot. **Sélectionnez le menu manuel, mode cuisson classique, fonction dorer.**
5. Laissez fondre le **beurre** et faites-y revenir l'**oignon** et les **poireaux** pendant 5 minutes.
6. Délayez le **cube de bouillon** dans l'**eau** et versez-le dans la cuve.
7. Ajoutez les **pommes de terre**. Salez et poivrez.
8. **Passez en fonction cuisson sous pression, puis programmez la minuterie à 00 : 10, départ immédiat.** Fermez et verrouillez.
9. Lorsque le voyant rouge est éteint, ouvrez et mixez à l'aide d'un mixeur plongeant (veillez à ce qu'il soit équipé d'une paroi de protection autour de l'hélice pour ne pas endommager la cuve).
10. Ajoutez un filet de **crème** et servez bien chaud avec des croûtons.

AIGUILLETTES DE POULET CURRY ET CURCUMA

Ingrédients :
Aiguillettes de poulet (500 g)
Oignon (1)
Fond de veau (1 c. à soupe)
Eau (20 cl)
Huile (1 c. à soupe)
Curry (2 c. à soupe)
Curcuma (1 c. à café)
Crème liquide légère (10 cl)
Maïzena (2 c. à café)
Sel, poivre

Pour 4 personnes
Préparation 10 min
Cuisson 20 min
Facile
Coût €

1. Découpez les **aiguillettes** en dés.
2. Épluchez et émincez l'**oignon**.
3. Diluez le **fond de veau** dans l'**eau**.
4. Insérez la cuve dans le robot. **Sélectionnez le menu manuel, mode cuisson classique, fonction dorer.**
5. Laissez chauffer l'**huile** et faites-y revenir les dés de **poulet** pendant 5 minutes. Réservez.

6. Ajoutez l'**oignon**, faites-le dorer pendant 3 minutes.
7. Remettez les **dés de poulet**.
8. Ajoutez le **fond de veau** dilué dans l'**eau** dans la cuve, avec les **épices.** Salez et poivrez.
9. Passez en **fonction cuisson sous pression, puis programmez la minuterie à 00 : 05, départ immédiat.** Fermez et verrouillez.
10. Lorsque le voyant rouge est éteint, ouvrez l'appareil et ôtez la moitié du **bouillon.**
11. Ajoutez la **crème liquide**, la **Maïzena** et mélangez.
12. **Passez en mode cuisson classique, fonction mijoter, pendant 4 minutes** pour que la sauce épaississe, puis dégustez bien chaud avec des pâtes ou du riz.

BOUILLON DE POULET

Ingrédients :
Blancs de poulet (2)
Carottes (3)
Gingembre (50 g)
Oignon (1)
Huile (10 cl)
Riz thaï (50 g)
Eau (80 cl)
Estragon (1 bouquet)
Sel

Pour 4 personnes
Préparation 10 min
Cuisson 15 min
Très facile
Coût €

1. Coupez les **blancs de poulet** en lamelles fines.
2. Épluchez les **carottes** et le **gingembre.** Coupez-les en rondelles.
3. Épluchez et émincez l'**oignon**.
4. Insérez la cuve dans le robot. **Sélectionnez le menu manuel, mode cuisson classique, fonction dorer.**
5. Laissez chauffer l'**huile** et faites-y revenir le **poulet** pendant 5 minutes avec les **carottes**, l'**oignon**, le **riz** et le **gingembre**.

20
FÉVRIER
Ste Aimée

6. Salez et mélangez. Ajoutez l'**eau** et une partie de l'**estragon** effeuillé.
7. **Passez en mode cuisson sous pression, puis programmez la minuterie à 00 : 07, départ immédiat.** Fermez et verrouillez.
8. Lorsque le voyant rouge est éteint, ouvrez, ajoutez le reste des **feuilles d'estragon**.
9. Rectifiez l'assaisonnement si nécessaire et servez bien chaud.

COUSCOUS DE LÉGUMES

Ingrédients :
Oignons (2)
Carottes (2)
Courgettes (2)
Navets (2)
Huile d'olive (1 c. à soupe)
Ras el-hanout (1 c. à soupe)
Pois chiches (200 g)
Bouillon de légumes (1 cube)
Eau (60 cl)
Fenouil (3 bulbes)
Semoule moyenne (250 g)

Pour 4 personnes
Préparation 12 min
Cuisson 26-31 min
Très facile
Coût €

21
FÉVRIER
St Pierre-Damien

1. Épluchez et émincez les oignons.
2. Épluchez les carottes, les courgettes et les navets. Coupez-les en morceaux.
3. Insérez la cuve dans le robot. **Sélectionnez le menu manuel, mode cuisson classique, fonction dorer.**
4. Faites revenir les **oignons** avec l'**huile** pendant la durée du préchauffage.
5. Ajoutez les légumes et le **ras el-hanout** et mélangez. Laissez dorer 2 minutes.
6. Délayez le **cube de bouillon** dans l'**eau** et versez-le dans la cuve. Ajoutez les pois chiches.
7. **Passez en mode cuisson sous pression, puis programmez la minuterie à 00 : 06, départ immédiat.** Fermez et verrouillez.
8. Lorsque le voyant rouge est éteint, ouvrez et **sélectionnez le mode cuisson classique, fonction mijoter, pendant 5 minutes.**
9. Retirez les **légumes**, réservez le **bouillon**.
10. Versez la **semoule** dans la cuve, humectez-la avec une louche de **bouillon** et faites-la mijoter 10 à 15 minutes. Ajoutez les **légumes** et servez sans attendre.

RILLETTES DE THON

Ingrédients :
Thon (2 boîtes moyennes)
Fromage frais (6 portions)
Crème fraîche (1 c. à soupe)
Ail (1 gousse)
Persil (1/2 bouquet)
Eau (20 cl)
Sel, poivre

Pour 4 personnes
Préparation 5 min
Cuisson 7 min
Repos quelques heures
Facile
Coût €

1. Mélangez le **thon** et le **fromage frais**. Ajoutez la **crème fraîche** et mélangez.
2. Épluchez et ciselez finement la **gousse d'ail**. Ajoutez-la et mélangez.
3. Ciselez le **persil**. Ajoutez-le et mélangez.
4. Mettez le mélange dans un moule de 18 cm de diamètre, tassez bien. Filmez le moule soigneusement avec du film alimentaire spécial cuisson.
5. Insérez la cuve dans le robot. Ajoutez l'**eau**.

6. Placez le moule dans le panier vapeur, dans la cuve.
7. **Sélectionnez le menu manuel, mode cuisson sous pression, puis programmez la minuterie à 00 : 07, départ immédiat**. Fermez et verrouillez la cuve.
8. Lorsque le voyant rouge est éteint, ouvrez, laissez refroidir et placez au frais quelques heures.
9. Dégustez tartiné sur du pain frais.

SUPRÊMES DE PINTADE ET CÈPES

Ingrédients :
Échalotes (2)
Cèpes (300 g)
Beurre doux (20 g)
Suprêmes de pintade (4)
Maïzena (2 c. à soupe)
Vin blanc (20 cl)
Eau (10 cl)
Crème fraîche liquide (20 cl)
Sel, poivre

Pour 4 personnes
Préparation 5 min
Cuisson 22 min
Moyen
Coût €€

1. Pelez et émincez les **échalotes**.
2. Essuyez les **cèpes** et coupez-les en morceaux.
3. Insérez la cuve dans le robot. **Sélectionnez le menu manuel, mode cuisson classique, fonction dorer.**
4. Laissez fondre le **beurre** et faites-y revenir les **suprêmes de pintade** côté peau pendant 3 minutes.

5. Saupoudrez de **Maïzena**, ajoutez les **échalotes** et les **cèpes,** puis laissez dorer encore 2 minutes.
6. Ajoutez le **vin blanc**, salez et poivrez. **Laissez réduire pendant 2 minutes.**
7. **Ajoutez l'eau et passez en mode cuisson sous pression, puis programmez la minuterie à 00 : 15, départ immédiat.** Fermez et verrouillez.
8. Lorsque le voyant rouge est éteint, ouvrez, ajoutez la **crème fraîche liquide**, rectifiez l'assaisonnement et servez avec du riz blanc ou des tagliatelles fraîches.

CHOCOLAT CHAUD

Ingrédients :
Chocolat noir pâtissier (90 g)
Lait demi-écrémé (60 cl)
Sucre vanillé (1 sachet)
Crème liquide (10 cl)

Pour 4 personnes
Préparation 5 min
Cuisson 10 min
Très facile
Coût €

24
FÉVRIER
St Modeste

1. Coupez-le **chocolat** en morceaux.
2. Insérez la cuve dans le robot. Versez-y les morceaux de **chocolat**.
3. Ajoutez 2 c. à soupe de **lait**.
4. **Sélectionnez le menu manuel, mode cuisson classique, fonction dorer.**
5. Laissez fondre le **chocolat** en remuant délicatement à l'aide d'une cuillère en bois pendant 5 minutes.
6. Quand le mélange est bien lisse, ajoutez le **sucre vanillé** et le reste du **lait**, puis mélangez.
7. Ajoutez la **crème liquide** et mélangez.
8. **Toujours en mode cuisson classique, passez en fonction cuisson douce** et laissez chauffer le chocolat pendant 5 minutes
9. Servez bien chaud.

SALADE TIÈDE DE CHOU-FLEUR AU SÉSAME

Ingrédients :
Chou-fleur (1)
Eau (20 cl)
Sauce nuoc-mâm (1 c. à soupe)
Vinaigre de riz (3 c. à soupe)
Huile de tournesol (3 c. à soupe)
Citronnelle en poudre (1 c. à soupe)
Coriandre (1 bouquet)
Graines de sésame torréfiées (2 c. à soupe)
Sel, poivre

Pour 4 personnes
Préparation 5 min
Cuisson 8 min
Très facile
Coût €

1. Détaillez le **chou-fleur** en fleurettes.
2. Insérez la cuve dans le robot. Versez-y l'**eau.**
3. Déposez le **chou-fleur** dans le panier vapeur au fond de la cuve.

25 FÉVRIER
St Roméo

4. **Sélectionnez le menu cuisson sous pression, puis programmez la minuterie à 00 : 08, départ immédiat.** Fermez et verrouillez.
5. Pendant ce temps, mélangez dans un bol la **sauce nuoc-mâm**, le **vinaigre de riz**, l'**huile** et la **citronnelle**.
6. Salez, poivrez, ajoutez la **coriandre** ciselée et les **graines de sésame**, mélangez.
7. Lorsque le voyant rouge est éteint, ouvrez et rectifiez l'assaisonnement si nécessaire.
8. Servez tiède avec la vinaigrette.

FLAN VANILLE-CLÉMENTINE

Ingrédients :
Œufs (6)
Sucre (3 c. à soupe)
Lait (60 cl)
Crème liquide (20 cl)
Vanille (1 gousse)
Clémentine (zeste d'1)
Eau (40 cl)

Pour 4 personnes
Préparation 5 min
Cuisson 20 min
Facile
Coût €

1. Dans un bol, fouettez les **œufs** et le **sucre.**
2. Insérez la cuve dans le robot.
Sélectionnez le menu manuel, mode cuisson classique, fonction mijoter.
3. Faites chauffer le **lait** et la **crème** avec la **gousse de vanille** fendue en deux pendant 8 minutes.
4. Lorsque le **mélange vanillé** est chaud, versez-le sur l'**appareil œufs-sucre**.
5. Retirez la **gousse**, raclez les **graines de vanille** et incorporez-les au mélange.
6. Ajoutez le **zeste de clémentine.**

7. Versez dans un moule de 18 cm de diamètre. Filmez-le avec un film alimentaire spécial cuisson.
8. **Revenez au mode manuel, mode cuisson sous pression.**
9. Placez le moule dans le panier vapeur, ajoutez l'**eau,** puis **programmez la minuterie à 00 : 12, départ immédiat.** Fermez et verrouillez.
10. Attendez que le voyant rouge s'éteigne avant d'ouvrir et servez.

VERRINES DE SAINT-JACQUES

Ingrédients :
Noix de saint-jacques (8 belles)
Poisson blanc (120 g)
Chapelure (30 g)
Crème liquide (8 cl)
Blancs d'œufs (2)
Persil (1 c. à soupe)
Aneth (1 c. à soupe)
Beurre (20 g)
Piment doux en poudre (1 pincée)
Sel, poivre

Pour 4 personnes
Préparation 20 min
Cuisson 13 min
Réfrigération 2 h
Moyen
Coût €€

27
FÉVRIER
Ste Honorine

1. Coupez les **noix de saint-jacques** en dés.
2. Émiettez le **poisson** en prenant soin de bien enlever toutes les arêtes.
3. Dans un saladier, mélangez le **poisson** avec la **chapelure**, la **crème liquide** et les **blancs d'œufs.** Mixez le tout.
4. Lavez et ciselez le **persil** et l'**aneth,** et ajoutez-les avec le **piment**. Salez, poivrez et mélangez.
5. Ajoutez les **noix de saint-jacques** sans mixer. Mélangez délicatement.
6. Beurrez quatre verrines. Répartissez-y le mélange. Filmez soigneusement avec du film alimentaire spécial cuisson.
7. Insérez la cuve dans le robot et ajoutez l'eau. **Sélectionnez le menu manuel, mode cuisson sous pression, puis programmez la minuterie à 00 : 13, départ immédiat**. Fermez et verrouillez la cuve.
8. Lorsque le voyant rouge est éteint, ouvrez, laissez refroidir et placez au frais au moins 2 heures avant de déguster.

SOUPE POMMES DE TERRE-MORUE

Ingrédients :
Blancs de poireaux (2)
Oignon (1 gros)
Ail (2 gousses)
Pommes de terre (600 g)
Bouquet garni (1)
Bouillon de légumes (1 cube)
Eau (30 cl)
Morue dessalée (400 g)
Sel, poivre

Pour 4 personnes
Préparation 15 min
Cuisson 11 min
Très facile
Coût €

1. Émincez les **blancs de poireaux**. Pelez l'**oignon**, coupez-le en cubes. Hachez grossièrement les **gousses d'ail**.
2. Placez-les dans la cuve.
3. **Sélectionnez le menu manuel, mode cuisson classique, fonction dorer.** Laissez cuire pendant 5 minutes sans attendre la fin du préchauffage en remuant avec une cuillère en bois.
4. Épluchez les **pommes de terre**. Coupez-les en gros cubes.

5. Ajoutez-les dans la cuve avec le **bouquet garni** et le **cube de bouillon** dilué dans l'**eau**.

6. Déposez la **morue** par-dessus et **passez en fonction cuisson sous pression, puis programmez la minuterie à 00 : 06, départ immédiat.** Fermez et verrouillez.

7. Lorsque le voyant rouge est éteint, ouvrez et retirez le **bouquet garni**.

8. Ôtez la peau et les arêtes des morceaux de **morue**. Défaites-les grossièrement. Réservez-les.

9. Salez, poivrez ajoutez le beurre et mixez les **légumes** à l'aide d'un mixeur plongeant (veillez à ce qu'il soit équipé d'une paroi de protection autour de l'hélice pour ne pas endommager la cuve).

10. Remettez la **morue** effilochée et servez bien chaud.

BOUDIN NOIR, POMMES ET POMMES DE TERRE

Ingrédients :
Boudins noirs (4)
Pommes golden (2)
Pommes de terre (400 g)
Huile de tournesol (2 c. à soupe)
Oignon émincé (100 g)
Eau (7 cl)
Sel, poivre

Pour 4 personnes
Préparation 10 min
Cuisson 9 min
Très facile
Coût €

1. Piquez les **boudins noirs**.
2. Épluchez les **pommes** et coupez-les en six quartiers chacune.
3. Épluchez les **pommes de terre** et coupez-les en gros cubes.
4. Insérez la cuve dans le robot. **Sélectionnez le menu manuel, mode cuisson classique, fonction dorer.**
5. À la fin du préchauffage, versez l'**huile** et faites colorer l'**oignon** environ 3 minutes, en remuant.

1er MARS
St Aubin

6. Ajoutez l'**eau**, les **pommes de terre**, les **pommes** et le **boudin**. Salez et poivrez.
7. **Sélectionnez le mode cuisson sous pression et programmez la minuterie à 00 : 06, départ immédiat.** Fermez et verrouillez.
8. Lorsque le voyant rouge est éteint, ouvrez, mélangez et servez aussitôt.

RÔTI DE BŒUF

Ingrédients :
Thym (1 branche)
Fleur de sel
Rôti de bœuf (1 de 1,2 kg)
Oignons (2)
Huile d'olive (1 c. à café)
Eau (20 cl)
Poivre

Pour 4 personnes
Préparation 5 min
Cuisson 11 min
Très facile
Coût €€

2
MARS
St Charles le Bon

1. Mélangez le **thym** émietté avec de la **fleur de sel** et du **poivre**. Roulez le **rôti** dans ce mélange.
2. Pelez et émincez les **oignons**.
3. Insérez la cuve dans le robot. **Sélectionnez le menu manuel, mode cuisson classique, fonction dorer.**
4. À la fin du préchauffage, versez l'**huile** et faites revenir les **oignons** pendant environ 3 minutes.
5. Ajoutez le **rôti** et faites-le dorer 1 minute de chaque côté.
6. Ajoutez l'eau.
7. **Passez en mode cuisson sous pression et programmez la minuterie à 00 : 07, départ immédiat.** Fermez et verrouillez.
8. Lorsque le voyant rouge est éteint, ouvrez et servez aussitôt.

LOTTE AU CURRY

Ingrédients:
Queue de lotte (750 g)
Échalotes (2)
Légumes selon saison (carottes, brocoli, pois gourmands, maïs...)
Huile de tournesol (1 c. à soupe)
Huile de sésame (1 c. à soupe)
Curry thaï (2 c. à soupe)
Cassonade (2 c. à café)
Sauce nuoc-mâm (1 c. à soupe)
Lait de coco (40 cl)

Pour 4 personnes
Préparation 10 min
Cuisson 12 min
Facile
Coût €€

1. Coupez la **lotte** en gros cubes.
2. Pelez et émincez les **échalotes**.
3. Lavez les **légumes**.
4. Insérez la cuve dans le robot. **Sélectionnez le menu manuel, mode cuisson classique, fonction dorer.**

3
MARS
St Guénolé

5. Ajoutez l'**huile de tournesol** et l'**huile de sésame**, et laissez chauffer le temps du préchauffage.
6. Ajoutez le **curry** et faites revenir les **échalotes** pendant 2 minutes, en remuant sans arrêt.
7. Ajoutez la **cassonade**, la **sauce nuoc-mâm**, le **lait de coco** et les **légumes**. Ajoutez les morceaux de **lotte** par-dessus.
8. **Passez en mode cuisson sous pression et programmez la minuterie à 00 : 04, départ immédiat.** Fermez et verrouillez.
9. Lorsque le voyant rouge est éteint, ouvrez l'appareil, mélangez et **passez en mode maintien au chaud pour 3 minutes,** le temps que la sauce réduise.

GÂTEAU DE SEMOULE

Ingrédients :
Semoule fine (150 g)
Lait (1 l)
Sucre de canne (100 g)
Œufs (3)
Extrait de vanille (1 c. à café)
Huile (1 c. à soupe)
Caramel liquide (30 g)
Eau (20 cl)

Pour 6 personnes
Préparation 5 min
Cuisson 20 min
Facile
Coût €

1. Insérez la cuve dans le robot. **Sélectionnez le menu manuel, mode cuisson classique, fonction dorer.**
2. Versez dans la cuve la **semoule** avec le **lait** et le **sucre de canne**. Faites chauffer pendant 5 minutes, sans attendre la fin du préchauffage.
3. Ajoutez les **œufs**, l'**extrait de vanille** et mélangez bien.
4. Huilez un moule de 18 cm de diamètre, tapissez-en le fond avec le **caramel**.

4
MARS
St Casimir

5. Versez la préparation à la **semoule** dans le moule. Filmez soigneusement avec du film alimentaire spécial cuisson.
6. Lavez la cuve, versez-y l'eau.
7. Placez le moule dans le panier vapeur à l'intérieur de la cuve.
8. **Sélectionnez le menu manuel, mode cuisson sous pression, puis programmez la minuterie à 00 : 15, départ immédiat.** Fermez et verrouillez la cuve.
9. Lorsque le voyant rouge est éteint, ouvrez, laissez refroidir à température ambiante et dégustez.

BEIGNETS AU NUTELLA

Ingrédients :

Farine (500 g)
Levure de boulanger (30 g)
Œufs (2)
Sucre en poudre (3 c. à soupe)
Beurre (100 g)
Lait (15 à 20 cl)
Nutella
Huile
Sucre glace
Sel

Pour 10 beignets
Préparation 10 min
Cuisson quelques min
Repos 2 h 30
Moyen
Coût €

5
MARS
St Olive

1. Mélangez **farine**, **levure**, **œufs**, **sucre**, **beurre**, **lait** et **sel**, jusqu'à obtenir une **pâte** moelleuse.
2. Laissez lever au chaud 1 h 30.
3. Étalez la **pâte** sur une surface farinée et découpez des disques de 1 cm d'épaisseur.
4. Posez dessus une cuillerée de **Nutella** et repliez les disques en boule. Mouillez les bords de façon qu'ils restent soudés.
5. Laissez lever 1 heure.
6. Insérez la cuve dans l'appareil. **Sélectionnez le menu manuel, mode cuisson classique, fonction dorer**
7. Versez un peu d'**huile** au fond de la cuve, attendez la fin du préchauffage et faites dorer vos **beignets** par cinq pendant quelques minutes.
8. Une fois qu'ils sont bien dorés, égouttez les **beignets**, saupoudrez-les de s**ucre glace** et dégustez aussitôt.

HACHÉ DE BŒUF À LA TEXANE

Ingrédients :
Huile de sésame (1 c. à café)
Bœuf haché (600 g)
Maïs (1 grande boîte)
Tomates pelées (1 grande boîte)
Piment doux (1)
Piment d'Espelette (1 c. à café)
Gombos (500 g)
Eau (20 cl)
Sel, poivre

Pour 4 personnes
Préparation 10 min
Cuisson 16 min
Facile
Coût €€

1. Insérez la cuve dans le robot. **Sélectionnez le menu manuel, mode cuisson classique, fonction dorer.**
2. Faites chauffer l'**huile** le temps du préchauffage, puis faites-y revenir le **bœuf haché** pendant 5 minutes.
3. Ajoutez le **maïs** égoutté, les **tomates** pelées et leur **jus**.
4. Émincez le **piment doux**, ajoutez-le.
5. Saupoudrez de **piment d'Espelette**. Salez et poivrez.

6. Ajoutez les **gombos** et l'**eau**.
7. **Passez en mode cuisson sous pression et programmez la minuterie à 00 : 08, départ immédiat.** Fermez et verrouillez.
8. Lorsque le voyant rouge est éteint, ouvrez l'appareil, remuez et servez bien chaud.

PAPILLOTES DE CABILLAUD PIMENTÉ

Ingrédients :

Racine de gingembre (1 de 5 cm)
Piments doux rouges (2)
Citrons verts (2 petits)
Cabillaud (4 beaux pavés)
Ail (1 gousse)
Purée de piment (1 c. à soupe)
Coriandre (1 bouquet)
Huile d'olive (2 c. à soupe)
Eau (20 cl)
Sel, poivre

Pour 4 personnes
Préparation 10 min
Cuisson 8 min
Très facile
Coût €

1. Pelez le **gingembre** et les **piments doux**, coupez-les en fine julienne.
2. Coupez les **citrons** en fins bâtonnets.
3. Posez chaque **pavé de cabillaud** sur une feuille de papier sulfurisé. Salez et poivrez.
4. Épluchez la **gousse d'ail** et émincez-la très finement. Mélangez-la avec la **purée de piment**. Badigeonnez les **pavés de cabillaud** avec ce mélange.

7
MARS
Ste Félicité

5. Répartissez les lanières de **citron**, de **gingembre** et de **piment** dans chaque papillote.
6. Ajoutez des **feuilles de coriandre** et arrosez d'**huile d'olive**.
7. Refermez soigneusement les papillotes.
8. Insérez la cuve dans le robot et versez-y l'**eau**. Placez le panier vapeur dans la cuve et mettez-y les papillotes.
9. **Sélectionnez le menu manuel, mode cuisson sous pression, puis programmez la minuterie à 00 : 08, départ immédiat.** Fermez et verrouillez la cuve.
10. Lorsque le voyant rouge est éteint, ouvrez, sortez les papillotes et dégustez sans attendre.

BRANDADE PARMENTIÈRE

Ingrédients :
Pommes de terre (600 g)
Ail (4 gousses)
Bouquet garni (1)
Eau (20 cl)
Morue dessalée (800 g)
Lait (10 cl)
Huile d'olive
(2 c. à soupe + 1 filet)
Poivre

Pour 4 personnes
Préparation 20 min
Cuisson 11 min
Facile
Coût €

8
MARS
St Jean de Dieu

1. Épluchez les **pommes de terre** et coupez-les en gros dés.
2. Hachez grossièrement les **gousses d'ail**.
3. Insérez la cuve dans le robot et mettez-y les **pommes de terre**, l'**ail** et le **bouquet garni**.
4. Ajoutez l'eau. **Sélectionnez le mode manuel, mode cuisson sous pression, puis programmez la minuterie à 00 : 06, départ immédiat.** Fermez et verrouillez.
5. Lorsque le voyant rouge est éteint, ouvrez l'appareil et retirez le **bouquet garni**. Ôtez la peau et les arêtes de la **morue**. Effilochez-la finement à la fourchette.
6. Retirez les **pommes de terre** et écrasez-les à la fourchette.
7. Faites chauffer le **lait** dans une casserole.
8. Dans un saladier, mélangez les **pommes de terre** écrasées et la **morue** effilochée avec le **lait** chaud et l'**huile d'olive**. Poivrez.
9. Arrosez d'un filet d'**huile d'olive** et servez aussitôt.

VERRINES DE CAROTTES AU CUMIN

Ingrédients :
Œufs (2)
Fromage frais (40 g)
Beurre (30 g)
Carottes (180 g)
Graines de sésame grillées (15 g)
Cumin en poudre (1 c. à café)
Pain de mie (60 g)
Eau (20 cl)
Sel, poivre

Pour 4 personnes
Préparation 15 min
Cuisson 15 min
Facile
Coût €

1. Dans un récipient, mélangez les **œufs** et le **fromage frais**. Ajoutez le **beurre**. Salez et poivrez.
2. Râpez les **carottes** finement. Ajoutez-les et mélangez.
3. Saupoudrez des **graines de sésame**, ajoutez le **cumin** et mélangez.
4. Coupez le **pain de mie** en petits dés, ajoutez-les et mélangez.

5. Répartissez l'appareil dans des verrines, fermez-les soigneusement avec du film alimentaire spécial cuisson.
6. Insérez la cuve dans le robot. Ajoutez l'**eau**. Placez dans la cuve le panier vapeur avec les verrines à l'intérieur.
7. **Sélectionnez le menu manuel, mode cuisson sous pression, puis programmez la minuterie à 00 : 15, départ immédiat.** Fermez et verrouillez.
8. Lorsque le voyant rouge est éteint, ouvrez et dégustez.

SOUPE AUX ÉPINARDS ET LENTILLES CORAIL

Ingrédients :
Oignon (1)
Huile de tournesol (2 c. à soupe)
Curry en poudre (2 c. à café)
Épinards en branches surgelés (200 g)
Lentilles corail (100 g)
Lait de coco (20 cl)
Eau (50 cl)
Sel, poivre

Pour 4 personnes
Préparation 5 min
Cuisson 15 min
Très facile
Coût €

1. Épluchez l'**oignon**, émincez-le finement.
2. Insérez la cuve dans le robot. **Sélectionnez le menu manuel, mode cuisson classique, fonction dorer.**
3. Sans attendre la fin du préchauffage, ajoutez l'**huile** et faites blondir l'**oignon** pendant 3 minutes.
4. Ajoutez le **curry** et mélangez.
5. Ajoutez les **épinards**, les **lentilles**, le **lait de coco** et l'**eau**. Salez, poivrez et mélangez.

6. **Revenez en mode cuisson sous pression et programmez la minuterie à 00 : 12, départ immédiat.** Fermez et verrouillez.
7. Lorsque le voyant rouge est éteint, ouvrez l'appareil et rectifiez l'assaisonnement si nécessaire.
8. **Passez en mode maintien au chaud quelques minutes** et dégustez.

MACCHERONI AU FROMAGE

Ingrédients :
Fécule de maïs (1 c. à café)
Moutarde forte (2 c. à café)
Lait (40 cl)
Eau (50 cl)
Maccheroni (300 g)
Cheddar (150 g)
Sel, poivre

Pour 4 personnes
Préparation 5 min
Cuisson 9 min
Très facile
Coût €

11
MARS
Ste Rosine

1. Dans un récipient, mélangez la **fécule de maïs** avec la **moutarde**.
2. Ajoutez le **lait** petit à petit, puis l'**eau**.
3. Insérez la cuve dans le robot et versez-y le mélange.
4. Ajoutez les **maccheroni**. Salez et poivrez.
5. **Sélectionnez le menu manuel, mode cuisson sous pression, puis programmez la minuterie à 00 : 04, départ immédiat.** Fermez et verrouillez la cuve.
6. Pendant ce temps, râpez le **cheddar**.
7. Lorsque le voyant rouge est éteint, ouvrez, ajoutez le **cheddar**.
8. **Refermez et passez en mode maintien au chaud pendant 5 minutes** avant de déguster.
9. Vous pouvez également mettre les **maccheroni** à gratiner sous le grill du four quelques minutes dans un plat adapté pour plus de gourmandise.

CARBONADE DE JOUE DE BŒUF

Ingrédients:
Farine (1 c. à soupe)
Joue de bœuf (1 kg)
Oignons (2)
Bière (40 cl)
Huile de tournesol (2 c. à soupe)
Beurre (30 g)
Lardons (200 g)
Cassonade (1 c. à soupe)
Moutarde (1 c. à soupe)
Pain d'épices (2 tranches)
Sel, poivre

Pour 4 personnes
Préparation 10 min
Cuisson 46 min
Moyen
Coût €€

1. Dans un récipient, versez la **farine**.
2. Détaillez la **joue de bœuf** en gros cubes. Salez et poivrez. Ajoutez dans le récipient et mélangez bien pour bien enrober chaque morceau.
3. Pelez et hachez les **oignons**.
4. Versez la **bière** dans une casserole et portez à ébullition. Faites-la flamber.

5 Insérez la cuve dans le robot. **Sélectionnez le menu manuel, mode cuisson classique, fonction dorer.**

6 Faites chauffer l'**huile** et le **beurre** le temps du préchauffage, puis faites revenir les **morceaux de bœuf** avec les **lardons** et les **oignons** pendant environ 5 minutes.

7 Ajoutez la **cassonade**, la **moutarde** et la **bière flambée**. Mélangez bien.

8 Émiettez le **pain d'épices**, ajoutez-le dans la cuve.

9 **Sélectionnez le menu manuel, mode cuisson sous pression, puis programmez la minuterie à 00 : 30, départ immédiat.** Fermez et verrouillez la cuve.

10 Lorsque le voyant rouge est éteint, ouvrez, mélangez et **passez en mode maintien au chaud pendant 3 minutes** avant de déguster.

GARBURE LANDAISE

Ingrédients :

Haricots blancs secs (150 g)
Oignon (1)
Chou vert (300 g)
Carottes (2)
Canard (2 cuisses confites)
Ail en chemise (1 gousse)
Bouquet garni (1)
Eau
Sel, poivre

Pour 4 personnes
Préparation 10 min
Cuisson 47 min
Trempage 12 h
Facile
Coût €€

1. La veille, faites gonfler les **haricots** dans l'**eau** froide pendant 12 heures minimum.
2. Le jour même, pelez et émincez l'**oignon** finement.
3. Hachez le **chou** grossièrement.
4. Pelez les **carottes** et coupez-les en dés.
5. Insérez la cuve dans le robot. **Réglez celui-ci sur le menu manuel, mode cuisson classique, fonction dorer.**

13
MARS
Ste Rodrigue

6. À la fin du préchauffage, faites dorer les **cuisses de canard** côté peau pendant 5 minutes. Réservez.
7. Ajoutez dans la **graisse de canard** l'**oignon**, les **gousses d'ail** et les **carottes**. Faites-les dorer pendant 2 minutes.
8. Ajoutez les **haricots** égouttés et le **bouquet garni**.
9. Couvrez d'eau à hauteur, salez et poivrez.
10. **Passez en mode cuisson sous pression et programmez la minuterie à 00 : 30, départ immédiat.** Fermez et verrouillez.
11. Pendant ce temps effilochez les **cuisses de canard**.
12. Lorsque le voyant rouge est éteint, ouvrez l'appareil, ajoutez le **chou** et le **canard**, couvrez d'**eau** à hauteur et **relancez le minuteur à 00 : 10.**
13. Lorsque le voyant rouge est éteint, ouvrez l'appareil, salez et dégustez.

CARROT CAKE

Ingrédients :

Beurre mou (70 g)
Sirop d'agave (4 c. à soupe)
Œufs (3)
Lait (10 cl)
Carottes (100 g)
Gingembre en poudre (1 c. à café)
Farine (90 g)
Levure chimique (1 sachet)
Eau (20 cl)

Pour 4 personnes
Préparation 15 min
Cuisson 30 min
Repos 10 min
Très facile
Coût €

14 MARS
Ste Mathilde

1. Dans un saladier, mélangez 60 g de **beurre** et le sirop d'**agave**.
2. Ajoutez les **œufs** un à un et mélangez.
3. Ajoutez le **lait**, mélangez.
4. Épluchez les **carottes**, râpez-les et ajoutez-les. Mélangez.
5. Ajoutez le **gingembre**, puis la **farine** et la **levure**. Mélangez.
6. Insérez la cuve dans le robot. Ajoutez l'**eau**.
7. Beurrez un moule de 18 cm de diamètre.
8. Versez l'appareil dans le moule et filmez-le soigneusement.
9. Placez le panier vapeur dans la cuve avec le moule filmé à l'intérieur.
10. **Sélectionnez le menu manuel, mode cuisson sous pression, puis programmez la minuterie à 00 : 30, départ immédiat.** Fermez et verrouillez.
11. Lorsque le voyant rouge est éteint, ouvrez et laissez refroidir 10 minutes avant de démouler. Dégustez.

SAUTÉ DE CREVETTES À L'ANETH

Ingrédients :
Ail (2 gousses)
Crevettes (16 grosses)
Ananas (4 tranches)
Courgette (1)
Huile de sésame (1 c. à soupe)
Purée de piment (1 c. à café)
Lait de coco (20 cl)
Aneth (1 bouquet)
Sel, poivre

Pour 4 personnes
Préparation 15 min
Cuisson 8 min
Facile
Coût €€

1. Pelez les **gousses d'ail** et écrasez-les.
2. Décortiquez les **crevettes**.
3. Coupez les tranches d'**ananas** et la **courgette** en dés.
4. Insérez la cuve dans le robot. **Sélectionnez le menu manuel, mode cuisson classique, fonction dorer.**

5 Dès le début du préchauffage, ajoutez l'**huile** et faites revenir pendant 2 minutes l'**ail** écrasé, les **crevettes**, les dés d'**ananas** et la **purée de piment**. Mélangez.

6 Ajoutez le **lait de coco**, la moitié des **feuilles d'aneth**. Salez et poivrez.

7 **Sélectionnez le menu manuel, mode cuisson sous pression, puis programmez la minuterie à 00 : 06, départ immédiat.** Fermez et verrouillez la cuve.

8 Lorsque le voyant rouge est éteint, ouvrez, ajoutez le reste des **feuilles d'aneth** et dégustez sans attendre.

SALADE PIÉMONTAISE

Ingrédients :
Pommes de terre (6)
Eau (20 cl)
Tomates cerises (8)
Jambon blanc (2 tranches épaisses)
Cornichons (10)
Mayonnaise (2 c. à soupe)
Crème fraîche (2 c. à soupe)
Échalote (1)
Sel, poivre

Pour 4 personnes
Préparation 10 min
Cuisson 10 min
Très facile
Coût €

1. Épluchez les **pommes de terre**, coupez-les en dés et déposez-les dans le panier vapeur.
2. Insérez la cuve dans le robot. Versez l'**eau** et placez le panier.
3. **Sélectionnez le menu manuel, mode cuisson sous pression, et programmez la minuterie à 00 : 10, départ immédiat.** Fermez et verrouillez.

4. Lorsque le voyant rouge est éteint, ouvrez l'appareil et laissez refroidir.
5. Réservez dans un saladier.
6. Pendant ce temps, coupez les **tomates** en quatre, les tranches de **jambon** en dés et les **cornichons** en rondelles.
7. Ajoutez-les dans le saladier.
8. Mélangez la **mayonnaise** et la **crème fraîche**.
9. Épluchez l'**échalote**, émincez-la et ajoutez-la dans la sauce.
10. Salez, poivrez et mélangez.
11. Versez la sauce sur le contenu du saladier, mélangez délicatement et placez au frais jusqu'au moment de servir.

SOUPE À L'OSEILLE

Ingrédients :
Oseille (1 kg)
Pommes de terre (4 grosses)
Beurre (50 g)
Bouillon de légumes (1 cube)
Eau (20 cl)
Crème fraîche épaisse (200 g)
Sel, poivre

Pour 4 personnes
Préparation 10 min
Cuisson 13 min
Très facile
Coût €

17
MARS
St Patrick

1. Lavez et équeutez l'**oseille**.
2. Épluchez les **pommes de terre** et coupez-les en quatre.
3. Insérez la cuve dans le robot. **Sélectionnez le menu manuel, mode cuisson classique, fonction dorer.**
4. Sans attendre la fin du préchauffage, ajoutez le **beurre** et faites suer l'**oseille** pendant 3 minutes.
5. Ajoutez les **pommes de terre**.
6. Délayez le **cube de bouillon** dans l'**eau** et ajoutez-le. Salez et poivrez.
7. **Sélectionnez le mode cuisson sous pression et programmez la minuterie à 00 : 10, départ immédiat.** Fermez et verrouillez.
8. Lorsque le voyant rouge est éteint, ouvrez, ajoutez la **crème** et mixez à l'aide d'un mixeur plongeant (veillez à ce qu'il soit équipé d'une paroi de protection autour de l'hélice pour ne pas endommager la cuve).
9. Servez bien chaud.

ROUGAIL DE MORUE

Ingrédients :
Gousses d'ail (3)
Oignons nouveaux (4)
Citron vert (1)
Huile d'olive (1 c. à soupe)
Morue dessalée (800 g)
Tomates (6)
Curcuma (1 c. à café)
Gingembre moulu (1 c. à café)
Massalé (2 c. à café)
Sel, poivre

Pour 4 personnes
Préparation 15 min
Cuisson 8 min
Facile
Coût €

1. Épluchez et écrasez l'**ail**. Émincez les **oignons nouveaux**. Coupez le **citron** en fines lanières.
2. Insérez la cuve dans le robot. **Sélectionnez le menu manuel, mode cuisson classique, fonction dorer.**
3. Dès le début du préchauffage, ajoutez l'**huile** et faites revenir pendant 5 minutes l'**ail**, les **oignons nouveaux** et le **citron**. Mélangez.

4. Émiettez la **morue**, ajoutez-la et mélangez.
5. Coupez les **tomates** en petits dés, ajoutez-les.
6. Ajoutez les **épices**, salez et poivrez.
7. **Sélectionnez le menu manuel, mode cuisson sous pression, puis programmez la minuterie à 00 : 03, départ immédiat.** Fermez et verrouillez la cuve.
8. Lorsque le voyant rouge est éteint, ouvrez, mélangez et dégustez sans attendre.

BŒUF STROGONOFF

Ingrédients :
Oignon rouge (1)
Gîte de bœuf (800 g)
Huile de tournesol (1 c. à soupe)
Ail en chemise (2 gousses)
Bouillon de bœuf (1 cube)
Eau (15 cl)
Vin blanc (5 cl)
Champignons de Paris (300 g)
Concentré de tomates (1 c. à café)
Paprika (1 c. à café)
Crème fraîche (2 c. à soupe)
Sel, poivre

Pour 4 personnes
Préparation 10 min
Cuisson 36 min
Facile
Coût €€

1. Pelez et émincez l'**oignon**.
2. Coupez le **bœuf** en lamelles.
3. Insérez la cuve dans le robot. **Sélectionnez le menu manuel, mode cuisson classique, fonction dorer.**
4. Mettez l'**huile**, l'**ail** et l'**oignon** dans la cuve. Remuez le temps du préchauffage à l'aide d'une cuillère en bois.

19
MARS
St Joseph

5. Ajoutez les lamelles de **bœuf**, laissez-les dorer pendant 3 minutes, en remuant de temps en temps.
6. Diluez le **cube de bouillon** dans l'**eau** et ajoutez-le dans la cuve avec le **vin blanc**.
7. Coupez les **champignons de Paris** en deux, ajoutez-les et mélangez.
8. Ajoutez le **concentré de tomates** et le **paprika**, salez et poivrez. Mélangez.
9. **Sélectionnez le menu manuel, mode cuisson sous pression, puis programmez la minuterie à 00 : 30, départ immédiat.** Fermez et verrouillez la cuve.
10. Lorsque le voyant rouge est éteint, ouvrez, ajoutez la **crème**, mélangez et servez.

HACHIS PARMENTIER

Ingrédients :
Oignon (1)
Huile d'olive
Bœuf haché (500 g)
Pommes de terre (8)
Eau (20 cl)
Crème liquide (20 cl)
Gruyère râpé (50 g)
Beurre (30 g)
Sel, poivre

Pour 4 personnes
Préparation 4 min
Cuisson 31 min
Très facile
Coût €

1. Épluchez et émincez l'**oignon** très finement.
2. Insérez la cuve dans le robot. **Sélectionnez le menu manuel, mode cuisson classique, fonction dorer.**
3. Faites chauffer un filet d'**huile d'olive** le temps du préchauffage, ajoutez la **viande**, salez, poivrez et laissez dorer 3 minutes. Réservez.
4. Épluchez les **pommes de terre**, coupez-les en morceaux.

5. Nettoyez la cuve, puis versez l'eau à l'intérieur.
6. Mettez les **pommes de terre** dans le panier vapeur à l'intérieur de la cuve.
7. **Sélectionnez le menu manuel, mode cuisson sous pression, puis programmez la minuterie à 00 : 10, départ immédiat.** Fermez et verrouillez la cuve.
8. Lorsque le voyant rouge est éteint, ouvrez, égouttez les **pommes de terre** et écrasez-les en purée.
9. Ajoutez progressivement la **crème liquide**. Salez, poivrez et mélangez.
10. Mettez la **viande hachée** dans un plat allant au four. Recouvrez-la de purée.
11. Parsemez de **gruyère râpé** et de morceaux de **beurre**.
12. Passez sous le gril du four pendant 15 minutes.
13. Servez bien chaud.

RIZ AU LAIT

Ingrédients:
Vanille (1/2 gousse)
Lait entier (50 cl)
Riz rond (100 g)
Sucre en poudre (40 g)
Caramel liquide

Pour 4 personnes
Préparation 5 min
Cuisson 15 min
Très facile
Coût €

1. Fendez la **gousse de vanille** en deux et grattez les **graines**.
2. Insérez la cuve dans le robot. Versez le **lait** et ajoutez le **riz**, mélangez.
3. Ajoutez les **graines de vanille** et le **sucre**, mélangez.
4. **Sélectionnez le menu manuel, mode cuisson sous pression, puis programmez la minuterie à 00 : 10, départ immédiat.** Fermez et verrouillez la cuve.

5. Lorsque le voyant rouge est éteint, ouvrez, laissez reposer le **lait** dans la cuve encore chaude pendant 5 minutes.
6. Une fois le lait complètement absorbé, mélangez.
7. Ajoutez du **caramel liquide** et dégustez.

RIBS CARAMÉLISÉS

Ingrédients :
Sauce soja salée (4 c. à soupe)
Sauce soja sucrée (4 c. à soupe)
Sauce barbecue (6 c. à soupe)
Travers de porc (1 kg)
Eau (10 cl)

Pour 4 personnes
Préparation 10 min
Cuisson 20 min
Marinade 2 h
Très facile
Coût €

23
MARS
St Victorien

1. Mélangez les **trois sauces** dans un plat creux.
2. Détaillez le **travers de porc** et mettez les morceaux à mariner dans les sauces en mélangeant régulièrement pour que les morceaux s'imprègnent bien.
3. Insérez la cuve dans le robot. Ajoutez l'**eau**. Versez les **travers** et la **marinade**.
4. **Sélectionnez le menu manuel, mode cuisson sous pression, puis programmez la minuterie à 00 : 10, départ immédiat.** Fermez et verrouillez.
5. Lorsque le voyant rouge est éteint, ouvrez, **sélectionnez le menu manuel, mode cuisson classique, fonction dorer.**
6. Laissez cuire 10 minutes, le temps de réduire et de faire caraméliser la sauce.
7. Dégustez.

CHAUD-FROID POMME CANNELLE

Ingrédients :
Pommes (4 grosses)
Miel liquide (2 c. à café)
Cannelle en poudre (3 c. à café)
Calvados (1 c. à café)
Eau (20 cl)
Spéculoos (4)
Glace à la vanille (4 boules)

Pour 4 personnes
Préparation 10 min
Cuisson 13 min
Facile
Coût €

1. Pelez les **pommes** et coupez-les en petits dés.
2. Dans un saladier, mélangez les **dés de pomme** et le **miel**.
3. Ajoutez la **cannelle**, mélangez.
4. Ajoutez le **calvados**, mélangez.
5. Versez le mélange dans quatre verrines, en tassant bien. Filmez soigneusement avec du film alimentaire spécial cuisson.

6. Insérez la cuve dans le robot. Ajoutez l'**eau**. Placez dans la cuve le panier vapeur avec les verrines dedans.
7. **Sélectionnez le menu manuel, mode cuisson sous pression, puis programmez la minuterie à 00 : 13, départ immédiat.** Fermez et verrouillez.
8. Lorsque le voyant rouge est éteint, ouvrez et sortez les verrines.
9. Émiettez les **spéculoos**.
10. Ajoutez une boule de **glace à la vanille** et un **spéculoos** émietté par verrine. Dégustez sans attendre.

SAUTÉ DE LÉGUMES AU SIROP D'ÉRABLE

Ingrédients :
Cresson (150 g)
Carottes (4)
Panais (2)
Huile d'olive (1 c. à soupe)
Origan (1 c. à café)
Sirop d'érable (1 c. à soupe)
Sel, poivre

Pour 4 personnes
Préparation 12 min
Cuisson 16 min
Très facile
Coût €

1. Lavez et équeutez le **cresson**.
2. Pelez les **carottes** et les **panais**, coupez-les en rondelles.
3. Insérez la cuve dans le robot. **Sélectionnez le menu manuel, mode cuisson classique, fonction dorer.**
4. Faites chauffer l'**huile d'olive** le temps du préchauffage, ajoutez les **carottes** et les panais.
5. Salez, poivrez et laissez dorer 10 minutes.
6. Ajoutez l'**origan** et le **sirop d'érable**.

25
MARS
St Humbert

7 **Sélectionnez le menu manuel, mode cuisson sous pression, puis programmez la minuterie à 00 : 03, départ immédiat.** Fermez et verrouillez la cuve.

8 Lorsque le voyant rouge est éteint, ouvrez et ajoutez le **cresson**. Mélangez et servez sans attendre.

PETITS FLANS AU SURIMI

Ingrédients :
Bâtonnets de surimi (12)
Œufs (3)
Crème (3 c. à soupe)
Persil râpé (1 c. à soupe)
Eau (20 cl)
Sel, poivre

Pour 4 personnes
Préparation 3 min
Cuisson 20 min
Réfrigération 12 h
Facile
Coût €

26
MARS
Ste Larissa

1. Effilochez les **bâtonnets de surimi**.
2. Dans un saladier, battez les **œufs** avec la **crème** et le **persil**.
3. Ajoutez le **surimi**, salez et poivrez.
4. Versez le mélange dans des verrines. Filmez soigneusement avec du film alimentaire spécial cuisson.
5. Insérez la cuve dans le robot. Ajoutez l'**eau**. Placez dans la cuve le panier vapeur avec les verrines à l'intérieur.
6. **Sélectionnez le menu manuel, mode cuisson sous pression, puis programmez la minuterie à 00 : 20, départ immédiat.** Fermez et verrouillez.
7. Lorsque le voyant rouge est éteint, ouvrez et laissez refroidir. Placez ensuite 12 heures au frais avant de déguster.

SOUPE MAROCAINE AUX ÉPICES

Ingrédients :
Agneau (150 g)
Oignon (1)
Ail (3 gousses)
Céleri (3 branches)
Persil (4 tiges)
Coriandre (4 tiges)
Huile d'olive (1 c. à soupe)
Pois chiches cuits (200 g)
Cheveux d'ange (150 g)
Pulpe de tomate (350 g)
Curcuma (1 c. à café)
Gingembre moulu (1 c. à café)
Eau (20 cl)
Sel, poivre

Pour 4 personnes
Préparation 15 min
Cuisson 18 min
Facile
Coût €

1. Coupez l'**agneau** en gros cubes.
2. Pelez et émincez finement l'**oignon**, les **gousses d'ail** et le **céleri**.
3. Ciselez le **persil** et la **coriandre**.
4. Insérez la cuve dans le robot. **Sélectionnez le menu manuel, mode cuisson classique, fonction dorer.**

5. Laissez chauffer l'**huile** pendant la durée du préchauffage, puis faites revenir les **morceaux d'agneau** avec l'**oignon**, le **persil** et le **céleri** pendant 5 minutes.
6. Ajoutez l'**ail**, les **pois chiches**, les **cheveux d'ange** et la **pulpe de tomat**e, mélangez.
7. Ajoutez le **curcuma** et le **gingembre**. Salez et poivrez.
8. Ajoutez l'eau. **Passez en mode cuisson sous pression et programmez la minuterie à 00 : 10, départ immédiat.** Fermez et verrouillez.
9. Lorsque le voyant rouge est éteint, ouvrez, rectifiez l'assaisonnement si nécessaire et dégustez bien chaud.

COMPOTÉE DE PRUNES ET PAMPLEMOUSSE

Ingrédients :
Prunes (500 g)
Pamplemousse rose (1)
Cannelle (1 bâton)
Sucre de canne (30 g)
Rhum (20 cl)
Eau (10 cl)

Pour 4 personnes
Préparation 5 min
Cuisson 4 min
Très facile
Coût €

1. Lavez les **prunes**, dénoyautez-les et coupez-les en quatre.
2. Pelez le **pamplemousse** à vif et prélevez les **suprêmes**.
3. Insérez la cuve dans le robot. Ajoutez les **prunes**, la **cannelle** et le **sucre**, mélangez.
4. Ajoutez le **rhum** et l'**eau**, mélangez.
5. **Sélectionnez le menu manuel, mode cuisson sous pression, puis programmez la minuterie à 00 : 04, départ immédiat.** Fermez et verrouillez la cuve.

6 Lorsque le voyant rouge est éteint, ouvrez, mélangez et versez le contenu dans un saladier.

7 Ajoutez les **suprêmes de pamplemousse** et dégustez tiède.

ÉPINARDS À LA CRÈME

Ingrédients:
Lait (15 cl)
Crème liquide entière (10 cl)
Maïzena (1 c. à soupe)
Épinards en branches surgelés (500 g)
Gruyère râpé (selon goût)
Sel, poivre

Pour 4 personnes
Préparation 5 min
Cuisson 4 min
Très facile
Coût €

29
MARS
Ste Gladys

1. Dans un récipient, mélangez le **lait**, la **crème** et la **Maïzena**.
2. Insérez la cuve dans le robot. Versez le mélange **lait-crème** à l'intérieur.
3. Ajoutez les **épinards**. Salez et poivrez.
4. **Réglez le robot sur le menu manuel, mode cuisson sous pression, et programmez la minuterie à 00 : 04, départ immédiat. Fermez et verrouillez.**
5. Lorsque le voyant rouge est éteint, ouvrez et parsemez de **gruyère râpé**. Servez sans attendre.

VEAU À LA NORMANDE

Ingrédients :
Sauté de veau (800 g)
Pomme (1)
Pommes de terre (4)
Carottes (2)
Champignons de Paris (300 g)
Eau (15 cl)
Crème liquide (50 cl)
Calvados (5 cl)
Sel, poivre

Pour 4 personnes
Préparation 15 min
Cuisson 20 min
Facile
Coût €€

1. Coupez le **veau** en dés.
2. Pelez la **pomme**, les **pommes de terre** et les **carottes**. Coupez-les en dés.
3. Ôtez le pied des **champignons**, coupez-les en deux.
4. Insérez la cuve dans le robot. Versez-y l'eau.
5. Ajoutez la **pomme**, les **pommes de terre** et les **carottes**. Salez et poivrez.

6. Ajoutez la **crème** et le **calvados**. Mélangez.

7. **Sélectionnez le menu manuel, mode cuisson sous pression, et programmez la minuterie à 00 : 20, départ immédiat. Fermez et verrouillez.**

8. Lorsque le voyant rouge est éteint, ouvrez et mélangez. Dégustez sans attendre.

PAPILLOTES DE DAURADE CLÉMENTINE-FENOUIL

Ingrédients :
Clémentines (7)
Fenouil (1 bulbe)
Huile d'olive (1 c. à soupe)
Filets de daurade (4)
Eau (20 cl)
Sel

Pour 4 personnes
Préparation 5 min
Cuisson 5 min
Très facile
Coût €€

1. Pressez quatre **clémentines**.
2. Pelez à vif et prélevez les **suprêmes** des trois autres.
3. Émincez finement le **fenouil**.
4. Dans un récipient, mélangez l'**huile**, le **jus de clémentine** et le **fenouil**. Salez.
5. Répartissez le mélange dans des carrés de papier sulfurisé de 30 cm de côté.
6. Placez un filet de **daurade** dans chaque papillote avec le quart des **suprêmes**.
7. Refermez soigneusement les papillotes.

8. Insérez la cuve dans le robot. Ajoutez l'**eau**. Déposez le panier vapeur avec les papillotes à l'intérieur. (Elles peuvent se superposer.)
9. **Sélectionnez le menu manuel, mode cuisson sous pression, et programmez la minuterie à 00 : 05, départ immédiat.** Fermez et verrouillez.
10. Lorsque le voyant rouge est éteint, ouvrez et servez sans attendre.

VEAU AUX CAROTTES

Ingrédients :
Sauté de veau (1,2 kg)
Carottes (1 kg)
Ail (1 gousse)
Oignons (2)
Beurre (20 g)
Huile d'olive (1 c. à soupe)
Farine (1 c. à soupe)
Vin blanc (25 cl)
Thym (2 branches)
Sel, poivre

Pour 4 personnes
Préparation 15 min
Cuisson 43 min
Facile
Coût €€

1er AVRIL
St Hugues

1. Coupez le **sauté de veau** en gros cubes.
2. Épluchez les **carottes**, coupez-les en rondelles.
3. Pelez l'**ail** et les **oignons**, émincez-les finement.
4. Insérez la cuve dans le robot. **Sélectionnez le menu manuel, mode cuisson classique, fonction dorer.**
5. Laissez fondre le **beurre**, ajoutez l'**huile**, et faites revenir les morceaux de **veau** sur toutes les faces pendant 10 minutes.
6. Saupoudrez de **farine**, ajoutez l'ail et l'**oignon**, puis mélangez.
7. Mouillez avec le **vin blanc**, salez et poivrez. Ajoutez le **thym** et les **carottes**, mélangez.
8. **Passez en mode cuisson sous pression, puis programmez la minuterie à 00 : 30, départ immédiat.** Fermez et verrouillez.
9. Lorsque le voyant rouge est éteint, ouvrez, rectifiez l'assaisonnement si nécessaire et servez bien chaud, avec du riz blanc ou des pommes de terre vapeur.

SAUMON SAUCE CHAMPAGNE

Ingrédients :
Oignon (1)
Beurre (80 g)
Champagne (70 cl)
Pavés de saumon (4)
Champignons (200 g)
Crevettes roses décortiquées (300 g)
Crème épaisse (5 c. à soupe)
Sel, poivre

Pour 4 personnes
Préparation 5 min
Cuisson 24 min
Facile
Coût €€

1. Épluchez et émincez l'**oignon**.
2. Insérez la cuve dans le robot. **Sélectionnez le menu manuel, mode cuisson classique, fonction dorer.**
3. Laissez fondre le **beurre** le temps du préchauffage, puis faites revenir l'**oignon** pendant 3 minutes.
4. Quand l'**oignon** est doré, **passez en mode cuisson classique, fonction mijoter**, ajoutez le **champagne** puis les **pavés de saumon**.

2
AVRIL
Ste Sandrine

5. Laissez cuire 10 minutes, jusqu'à ce que le poisson soit opaque. Réservez au chaud.
6. **Revenez à la fonction dorer** et laissez réduire la sauce de moitié 8 minutes, puis ajoutez les **champignons**, les **crevettes** et la **crème**. Salez et poivrez.
7. Une fois la **sauce** bien réduite, remettez-y les **pavés de saumon** et servez sans attendre.

PAIN DE VEAU À L'ITALIENNE

Ingrédients :
Jambon cru italien (4 tranches)
Filet de veau (280 g)
Lardons (60 g)
Pecorino au poivre (40 g)
Ail (1 gousse)
Pain rassis (30 g)
Persil (1/2 bouquet)
Citron (zeste d'1/2)
Eau (20 cl)
Sel, poivre

Pour 4 personnes
Préparation 15 min
Cuisson 7 min
Facile
Coût €€

1. Chemisez quatre verrines avec la moitié du **jambon**.
2. Hachez le reste de **jambon** avec le **veau** et les **lardons**.
3. Taillez le **pecorino** en petits dés.
4. Pelez et émincez l'**ail** très finement.
5. Émiettez le **pain rassis**.
6. Ciselez le **persil**.

7 Dans un saladier, mélangez le **hachis de viandes** avec le **pecorino**, le **citron** et le **pain rassis**. Salez et poivrez.

8 Répartissez le mélange dans les verrines.

9 Filmez-les soigneusement avec du film alimentaire spécial cuisson et déposez-les dans le panier vapeur du robot.

10 Versez l'eau dans la cuve et placez le panier dans la cuve. **Sélectionnez le menu manuel, mode cuisson sous pression, puis programmez la minuterie à 00 : 07, départ immédiat.** Fermez et verrouillez.

11 Lorsque le voyant rouge est éteint, ouvrez l'appareil, parsemez de **persil** ciselé et servez tiède ou froid.

CRÈME D'ASPERGES

Ingrédients :
Asperges vertes (600 g)
Échalotes (2)
Huile d'olive (3 c. à soupe)
Bouillon de légumes (1 cube)
Eau (60 cl)
Fromage de chèvre frais (150 g)
Ciboulette (6 brins)
Sel, poivre

Pour 4 personnes
Préparation 10 min
Cuisson 13 min
Très facile
Coût €

4
AVRIL
St Isidore

1. Épluchez les **asperges**, coupez-les en tronçons. Épluchez les **échalotes**, émincez-les très finement.
2. Insérez la cuve dans le robot. **Sélectionnez le menu manuel, mode cuisson classique, fonction dorer.**
3. Laissez chauffer 2 c. à soupe d'**huile** et faites-y revenir les **échalotes** pendant 3 minutes.
4. Délayez le **cube de bouillon** dans l'**eau**. Ajoutez-le dans la cuve ainsi que les tronçons d'**asperges**.
5. **Passez en mode cuisson sous pression, puis programmez la minuterie à 00 : 07, départ immédiat.** Fermez et verrouillez.
6. Pendant ce temps, mélangez dans un récipient le **chèvre** frais avec le restant d'**huile d'olive**, la **ciboulette** ciselée et le **poivre**. Réservez.
7. Lorsque le voyant rouge est éteint, ouvrez, rectifiez l'assaisonnement si nécessaire et mixez les **légumes** à l'aide d'un mixeur plongeant (veillez à ce qu'il soit équipé d'une paroi de protection autour de l'hélice pour ne pas endommager la cuve).
8. Répartissez la **crème d'asperges** dans des assiettes à soupe, puis déposez de la préparation au **chèvre** sur chacune d'elles et servez sans attendre.

CÔTES DE BLETTES AUX ANCHOIS

Ingrédients :
Blettes (1 kg)
Ail (4 gousses)
Huile d'olive (4 c. à soupe)
Filets d'anchois (6)
Eau (10 cl)
Sel, poivre

Pour 4 personnes
Préparation 10 min
Cuisson 13 min
Très facile
Coût €

1. Retirez le vert des **blettes**. Coupez les côtes en tronçons.
2. Pelez et ciselez l'**ail**.
3. Insérez la cuve dans le robot. **Sélectionnez le menu manuel, mode cuisson classique, fonction dorer.**
4. Laissez chauffer l'**huile**, avec les **anchois** et l'**ail**, pendant le temps du préchauffage.
5. Ajoutez les **côtes de blettes**. Salez et poivrez.

6 **Ajoutez l'eau et passez en mode cuisson sous pression, puis programmez la minuterie à 00 : 10, départ immédiat.** Fermez et verrouillez.

7 Lorsque le voyant rouge est éteint, ouvrez, mélangez, rectifiez l'assaisonnement et servez bien chaud.

PAPILLOTES ANANAS-MANDARINES

Ingrédients :
Ananas frais (1)
Mandarines (4)
Cassonade (2 c. à soupe)
Pralin (1 c. à café)
Huile de noisette (1 c. à café)
Eau (20 cl)

Pour 4 personnes
Préparation 15 min
Cuisson 18 min
Très facile
Coût €

1. Épluchez l'**ananas** et coupez-le en quartiers.
2. Pelez les **mandarines** et défaites-les en quartiers.
3. Répartissez les quartiers d'**ananas** dans quatre feuilles de papier sulfurisé de 30 cm de côté.
4. Mélangez le **sucre** et le **pralin**. Saupoudrez les **ananas** avec la moitié du mélange.
5. Fermez les papillotes en aumônière à l'aide d'une ficelle de cuisine.

6
AVRIL
St Marcellin

6. Insérez la cuve dans le robot. **Sélectionnez le menu manuel, mode cuisson classique, fonction dorer.**
7. Laissez chauffer l'**huile de noisette** pendant la durée du préchauffage, ajoutez le reste du mélange **sucre-pralin** et faites-y revenir les **quartiers de mandarine** pendant 3 minutes. Réservez-les.
8. Nettoyez la cuve.
9. Versez l'eau dans la cuve, placez-y le panier vapeur avec les papillotes à l'intérieur.
10. **Passez en mode cuisson sous pression, programmez la minuterie à 00 : 12, départ immédiat.**
11. Lorsque le voyant rouge est éteint, ouvrez l'appareil, ajoutez les **quartiers de mandarine** et servez avec une boule de glace à la vanille.

POULET DOMINICAL

Ingrédients :
Beurre (50 g)
Poulet (1 de 1 kg)
Pommes de terre (12 petites)
Mélange d'épices spécial poulet (1 c. à soupe)
Bouillon de volaille (1 cube)
Eau (20 cl)
Sel, poivre

Pour 4 personnes
Préparation 10 min
Cuisson 48 min
Très facile
Coût €

7 AVRIL
St J.-B. de La Salle

1. Insérez la cuve dans le robot. **Sélectionnez le menu manuel, mode cuisson classique, fonction dorer.**
2. Laissez fondre le **beurre** pendant la durée du préchauffage et faites-y revenir le **poulet** sur toutes les faces pendant 10 minutes.
3. Lavez les **pommes de terre** et placez-les autour du **poulet**. Salez, poivrez et saupoudrez d'**épices**.
4. Délayez le **cube de bouillon** dans l'eau et versez-le dans la cuve.
5. **Passez en mode cuisson sous pression, puis programmez la minuterie à 00 : 35, départ immédiat.** Fermez et verrouillez.
6. Lorsque le voyant rouge est éteint, ouvrez, rectifiez l'assaisonnement si nécessaire et dégustez.

CHILI VÉGÉTARIEN

Ingrédients :
Oignon (1)
Gousses d'ail (2)
Poivron rouge (1)
Haricots rouges en conserve (800 g)
Maïs en conserve (200 g)
Huile d'olive (4 c. à soupe)
Tomates concassées en conserve (400 g)
Mélange d'épices mexicaines (1 c. à soupe)
Eau (20 cl)
Tabasco (quelques gouttes)
Sel, poivre

Pour 4 personnes
Préparation 10 min
Cuisson 18 min
Facile
Coût €

1. Pelez l'**oignon** et l'**ail**. Émincez-les.
2. Épépinez le **poivron** et coupez-le en petits dés.
3. Égouttez les **haricots** et le **maïs**.
4. Insérez la cuve dans le robot. Versez-y l'huile. **Sélectionnez le menu manuel, mode cuisson classique, fonction dorer.**

8
AVRIL
Ste Julie

5. Laissez chauffer l'**huile** pendant la durée du préchauffage et faites-y revenir l'**oignon** avec le **poivron** et l'**ail** pendant 3 minutes environ.

6. Ajoutez les **tomates**, les **épices**, les **haricots** et le **maïs**. Salez, poivrez et mélangez.

7. Ajoutez l'eau.

8. **Passez en mode cuisson sous pression, puis programmez la minuterie à 00 : 12, départ immédiat.** Fermez et verrouillez.

9. Lorsque le voyant rouge est éteint, ouvrez, ajoutez du **Tabasco**, mélangez et lancez le mode **maintien au chaud**, jusqu'au service.

10. Dégustez.

SOUPE DE LAIT DE COCO AUX FRUITS

Ingrédients :
Ananas (100 g)
Banane (140 g)
Raisin italien (200 g)
Beurre (30 g)
Sucre semoule (120 g)
Eau (15 cl)
Rhum (20 cl)
Lait de coco (40 cl)

Pour 4 personnes
Préparation 12 min
Cuisson 9-12 min
Très facile
Coût €€

1. Pelez l'**ananas** et coupez-le en petits morceaux.
2. Pelez la **banane** et coupez-la en fines rondelles.
3. Épluchez et égrainez le **raisin**.
4. Insérez la cuve dans le robot. **Sélectionnez le menu manuel, mode cuisson classique, fonction dorer.**
5. Laissez fondre le **beurre** pendant la durée du préchauffage, puis faites-y colorer le sucre.

6. Ajoutez les dés d'**ananas** et laissez-les rissoler 2 minutes.
7. Ajoutez les rondelles de **banane** et les grains de **raisin**. Laissez cuire 2 minutes.
8. Ajoutez l'**eau**, le **rhum** et le **lait de coco**. Laissez réduire 2-3 minutes.
9. Servez tiède.

MIJOTÉ D'AGNEAU ET AUBERGINE

Ingrédients :
Agneau (600 g)
Ail (3 gousses)
Oignons (2)
Aubergine (1 grosse)
Huile d'olive (1 c. à soupe)
Cumin en poudre (1 c. à café)
Eau (20 cl)
Tomates pelées en conserve (250 g)
Sel, poivre

Pour 4 personnes
Préparation 15 min
Cuisson 30 min
Très Facile
Coût €€

10
AVRIL
St Fulbert

1. Détaillez l'agneau en morceaux.
2. Épluchez l'**ail** et les **oignons**, émincez-les.
3. Épluchez l'**aubergine**, coupez-la en dés.
4. Insérez la cuve dans le robot cuiseur. **Sélectionnez le menu manuel, mode cuisson classique, fonction dorer.**
5. Laissez chauffer l'**huile** pendant la durée du préchauffage, faites-y revenir l'**ail** et les **oignons** et les **dés d'aubergine** pendant 5 minutes.
6. Ajoutez les morceaux d'**agneau**, laissez dorer 3 minutes. Salez, poivrez, saupoudrez de **cumin**.
7. Ajoutez l'**eau** et les **tomates pelées**, puis **sélectionnez le mode sous pression et programmez la minuterie à 00 : 19, départ immédiat.** Fermez et verrouillez la cuve.
8. Lorsque le voyant rouge est éteint, rouvrez, mélangez et servez bien chaud.

COMPOTÉE DE RHUBARBE, POIRES ET AIRELLES

Ingrédients :
Poires (4)
Rhubarbe (2 belles tiges)
Sucre (2 c. à soupe)
Airelles (1 bocal de 200 g)
Rhum blanc (15 cl)
Eau (10 cl)

Pour 4 personnes
Préparation 10 min
Cuisson 6 min
Très facile
Coût €€

1. Pelez les **poires**, coupez-les en six quartiers.
2. Épluchez la **rhubarbe**, coupez-la en petits tronçons.
3. Insérez la cuve dans le robot.
4. Mettez les **quartiers de poire** et les **tronçons de rhubarbe** dans la cuve, saupoudrez de **sucre** et mélangez.
5. Ajoutez les **airelles** et leur **jus**, mélangez.
6. Ajoutez le **rhum** et l'**eau**, mélangez.

7. **Sélectionnez le mode cuisson sous pression, programmez la minuterie à 00 : 06, départ immédiat.**

8. Lorsque le voyant rouge est éteint, ouvrez, mélangez délicatement et dégustez.

ŒUFS EN COCOTTE DE TOMATE

Ingrédients :
Tomates (4)
Jambon (1 tranche épaisse)
Olives noires dénoyautées (12)
Crème fraîche épaisse (4 c. à soupe)
Œufs (4)
Eau (25 cl)
Fleur de sel
Sel, poivre

Pour 4 personnes
Préparation 15 min
Cuisson 6 min
Très facile
Coût €

1. Évider les **tomates**.
2. Coupez la tranche de **jambon** en petites allumettes.
3. Hachez très finement les **olives**.
4. Dans un saladier, mélangez les **allumettes de jambon** avec la **crème fraîche** et les **olives noires** hachées. Salez et poivrez.
5. Répartissez le mélange dans les **tomates**.
6. Cassez un **œuf** dans chaque **tomate**.

7. Placez les **œufs en cocotte de tomate** dans le panier vapeur, à l'intérieur de la cuve.

8. **Ajoutez l'eau et sélectionnez le menu manuel, mode cuisson sous pression, puis programmez la minuterie à 00 : 06, départ immédiat.** Fermez et verrouillez.

9. Lorsque le voyant rouge est éteint, ouvrez l'appareil, parsemez de **fleur de sel** et dégustez.

ROULÉS DE VEAU À L'ITALIENNE

Ingrédients :
Escalopes de veau fines (4)
Jambon cru (4 tranches)
Sauge (10 feuilles)
Parmesan râpé (70 g)
Beurre (30 g)
Huile d'olive (2 c. à soupe)
Vin blanc (25 cl)
Crème liquide entière (10 cl)
Poivre

Pour 4 personnes
Préparation 15 min
Cuisson 41 min
Moyen
Coût €€

13
AVRIL
Ste Ida

1. Étalez les **escalopes**. Posez une tranche de **jambon** par-dessus.
2. Parsemez de **feuilles de sauge** puis de **parmesan**. Poivrez.
3. Roulez les **escalopes** en serrant bien et fermez-les avec des piques en bois.
4. Insérez la cuve dans le robot. **Sélectionnez le menu manuel, mode cuisson classique, fonction dorer.**
5. Mettez le **beurre** et l'**huile** à chauffer dès le début du préchauffage. Faites dorer les roulés pendant 5 minutes environ.
6. Ajoutez le **vin** et faites réduire du tiers pendant 3 minutes.
7. **Passez en fonction cuisson sous pression, puis programmez la minuterie à 00 : 25, départ immédiat.** Fermez et verrouillez.
8. Lorsque le voyant rouge est éteint, ouvrez l'appareil, ajoutez la crème, mélangez.
9. **Repassez en mode cuisson classique, fonction dorer**, et laissez réduire le jus pendant 5 minutes environ.
10. Servez avec des petits légumes de saison.

RIZ AUX FRUITS DE MER

Ingrédients :
Oignon (1)
Ail (2 gousses)
Tomate (1)
Huile d'olive (2 c. à soupe)
Riz basmati (200 g)
Fruits de mer mélangés surgelés (400 g)
Crevettes roses décortiquées (150 g)
Petits pois surgelés (150 g)
Paprika (1 c. à café)
Safran (2 pincées)
Eau (50 cl)
Sel, poivre

Pour 4 personnes
Préparation 8 min
Cuisson 17-18 min
Facile
Coût €€

1. Pelez et hachez l'**oignon** et l'**ail**.
2. Coupez la **tomate** en dés.
3. Insérez la cuve dans le robot. **Sélectionnez le menu manuel, mode cuisson classique, fonction dorer.**
4. Faites chauffer l'huile pendant la durée du préchauffage puis faites dorer l'**oignon** et l'**ail** pendant 2 minutes.

5. Ajoutez la **tomate**, le **riz**, les **fruits de mer** et les **crevettes**, mélangez.
6. Ajoutez les **épices**, salez, poivrez et mélangez.
7. **Ajoutez l'eau. Passez en mode cuisson sous pression et programmez la minuterie à 00 : 10, départ immédiat.** Fermez et verrouillez.
8. Lorsque le voyant rouge est éteint, passez en mode maintien au chaud 2-3 minutes, puis dégustez.

CRÈME À LA CONFITURE DE LAIT

Ingrédients :
Maïzena (1 1/2 c. à soupe)
Lait (15 cl)
Confiture de lait (4 c. à soupe)
Crème liquide entière (15 cl)
Eau (20 cl)
Noisettes grillées concassées

Pour 4 personnes
Préparation 10 min
Cuisson 8 min
Repos 4 h
Très facile
Coût €

1. Délayez la **Maïzena** dans le **lait**.
2. Ajoutez la **confiture de lait** et la **crème**, mélangez.
3. Versez dans des ramequins. Fermez hermétiquement avec du film alimentaire spécial cuisson.
4. Insérez la cuve dans le robot et versez l'**eau**. Placez le panier vapeur dans la cuve et posez les ramequins à l'intérieur.

5. **Sélectionnez le menu manuel, mode cuisson sous pression, puis programmez la minuterie à 00 : 08, départ immédiat.** Fermez et verrouillez la cuve.

6. Lorsque le voyant rouge est éteint, ouvrez, laissez refroidir et conservez au réfrigérateur pendant au moins 4 heures.

7. Servez parsemé de noisettes grillées concassées.

POMMES DE TERRE FARCIES

Ingrédients :
Eau (20 cl)
Pommes de terre (4)
Oignon (1)
Huile d'olive (1 c. à soupe)
Tomates pelées en conserve (250 g)
Chair à saucisse (200 g)
Crème fraîche (15 cl)
Beurre (50 g)
Chapelure (100 g)
Sel, poivre

Pour 4 personnes
Préparation 10 min
Cuisson 33 min
Très facile
Coût €

16
AVRIL
St Benoît Labre

1. Insérez la cuve dans le robot et versez l'**eau**. Placez le panier vapeur dans la cuve et mettez-y les **pommes de terre**.
2. **Sélectionnez le menu manuel, mode cuisson sous pression, puis programmez la minuterie à 00 : 12, départ immédiat.** Fermez et verrouillez la cuve.
3. Lorsque le voyant rouge est éteint, ouvrez, sortez les **pommes de terre**, réservez-les.
4. Épluchez et émincez l'**oignon**.
5. Nettoyez la cuve et **passez en mode cuisson classique, fonction dorer.** Faites revenir l'**oignon** dans l'**huile** pendant 3 minutes.
6. Ajoutez les **tomates pelées** et **passez en fonction mijoter pendant 5 minutes.**
7. Ajoutez la **chair à saucisse** et poursuivez la cuisson pendant 10 minutes.
8. Coupez les **pommes de terre** en deux, évidez-les délicatement.
9. Mélangez la chair des **pommes de terre** avec la **crème fraîche** et le **beurre** jusqu'à obtenir une belle **purée**. Salez et poivrez.
10. Remplissez chaque moitié de **pomme de terre** avec le mélange **viande-tomates** et avec la **purée**. Saupoudrez de **chapelure** et passez 3 minutes sous le gril du four avant de servir.

OSSO BUCO

Ingrédients :
Oignons (2)
Carottes (2)
Céleri (1 branche)
Huile d'olive (4 c. à soupe)
Jarret de veau
avec os (4 tranches)
Vin blanc (25 cl)
Tomates pelées (800 g)
Concentré de tomates
(1 c. à soupe)
Bouquet garni (1)
Sel, poivre

Pour 4 personnes
Préparation 10 min
Cuisson 52 min
Facile
Coût €€

1. Pelez les **oignons** et les **carottes**. Hachez-les grossièrement.
2. Hachez les **branches de céleri**.
3. Insérez la cuve dans le robot. **Sélectionnez le menu manuel, mode cuisson classique, fonction dorer.**
4. Laissez chauffer l'**huile** pendant la durée du préchauffage.

5. Faites dorer le **veau** sur toutes les faces pendant 3 minutes.
6. Ajoutez les **oignons**, les **carottes** et le **céleri**. Poursuivez la cuisson 2 minutes.
7. Ajoutez le **vin blanc** et faites-le réduire de moitié pendant 4 minutes.
8. Concassez les **tomates**, ajoutez-les avec le **concentré de tomates** et le **bouquet garni**. Salez, poivrez et mélangez.
9. **Passez en mode cuisson sous pression, puis programmez la minuterie à 00 : 40, départ immédiat.** Fermez et verrouillez.
10. Lorsque le voyant rouge est éteint, ouvrez, rectifiez l'assaisonnement et servez avec des tagliatelles fraîches.

SOUPE DE POIS CASSÉS

Ingrédients :
Pois cassés (250 g)
Thym (1 c. à café)
Ail en poudre (1 c. à café)
Cumin (1 c. à café)
Eau (75 cl)
Sel, poivre

Pour 4 personnes
Préparation 5 min
Cuisson 15 min
Très facile
Coût €

1. Insérez la cuve dans le robot et mettez-y les **pois cassés**, le **thym**, l'**ail** en poudre et le **cumin**.
2. Salez légèrement et poivrez.
3. Ajoutez l'**eau**.
4. **Sélectionnez le menu manuel, mode cuisson sous pression, puis programmez la minuterie à 00 : 15, départ immédiat.** Fermez et verrouillez.

5 Lorsque le voyant rouge est éteint, ouvrez et mixez à l'aide d'un mixeur plongeant (veillez à ce qu'il soit équipé d'une paroi de protection autour de l'hélice pour ne pas endommager la cuve).

6 Servez bien chaud.

RILLETTES DE PORC

Ingrédients :
Poitrine de porc (1,5 kg)
Eau (70 cl)
Bouquet garni (1)
Baies de genièvre (3)
Clou de girofle (1)
Sel, poivre

Pour 4 personnes
Préparation 10 min
Cuisson 2 h
Facile
Coût €

1. Coupez la **poitrine de porc** en morceaux.
2. Insérez la cuve dans le robot. Versez l'eau.
3. Ajoutez les **morceaux de porc** avec le **bouquet garni**, les **baies de genièvre** et le c**lou de girofle**. Salez et poivrez.
4. **Sélectionnez le menu manuel, mode cuisson sous pression, puis programmez la minuterie à 01 : 30, départ immédiat**. Fermez et verrouillez la cuve.
5. Lorsque le voyant rouge est éteint, ouvrez.
6. **Passez en mode cuisson classique, fonction mijoter**, pour 30 minutes.
7. Ôtez la couenne et les cartilages du **porc**. Écrasez la chair à la fourchette. Assouplissez avec le **bouillon de cuisson**.
8. Transvasez les **rillettes** dans une terrine, laissez refroidir et dégustez avec du pain frais.

PAVÉS DE SAUMON, COURGETTES ET PETITS POIS

Ingrédients :
Courgettes (2)
Oignons nouveaux (2)
Huile d'olive (4 c. à soupe)
Saumon (4 pavés)
Eau (20 cl)
Petits pois surgelés (200 g)
Estragon (2 brins)
Sel, poivre

Pour 4 personnes
Préparation 10 min
Cuisson 9 min
Très facile
Coût €€

1. Coupez les **courgettes** en petits dés sans les éplucher.
2. Émincez les **oignons nouveaux**.
3. Insérez la cuve dans le robot. **Sélectionnez le menu manuel, mode cuisson classique, fonction dorer.**
4. Faites revenir les **courgettes** et les **oignons** dans l'**huile** pendant 3 minutes, sans attendre la fin du préchauffage.
5. Ajoutez les **pavés de saumon** et les **petits pois**, salez et poivrez.

6 **Ajoutez l'eau. Passez en mode cuisson sous pression, puis programmez la minuterie à 00 : 06, départ immédiat.** Fermez et verrouillez.

7 Lorsque le voyant rouge est éteint, ouvrez, ajoutez l'**estragon** et servez sans attendre.

ÉPAULE D'AGNEAU ET LÉGUMES DU PRINTEMPS

Ingrédients :
Épaule d'agneau (800 g)
Oignon (1)
Huile d'olive (3 c. à soupe
Carottes (400 g)
Navets (200 g)
Petits pois (200 g)
Bouillon de volaille (1 cube)
Eau(30 cl)
Persil plat ciselé
Sel, poivre du moulin

Pour 4 personnes
Préparation 10 min
Cuisson 40 min
Facile
Coût €€

1. Découpez l'**épaule d'agneau** en morceaux.
2. Pelez et émincez l'**oignon**.
3. Insérez la cuve dans l'appareil. **Sélectionnez le menu manuel, mode cuisson classique, fonction dorer**.
4. Attendez la fin du préchauffage et faites chauffer l'**huile**.
5. Ajoutez l'**oignon**, puis les **morceaux d'agneau**. Laissez colorer pendant 5 minutes.

6. Épluchez les **carottes** et les **navets** et coupez-les en dés.

7. Ajoutez-les dans la cuve, ainsi que les **petits pois**, le **bouillon de volaille** et l'**eau**. Salez et poivrez.

8. **Lancez le menu manuel, mode cuisson sous pression, puis programmez la minuterie à 00 : 35, départ immédiat.** Fermez et verrouillez.

9. Lorsque le voyant rouge est éteint, ouvrez l'appareil, décorez de **persil plat ciselé** et servez bien chaud.

ÎLE FLOTTANTE

Ingrédients :
Œufs (4 gros)
Sucre (100 g + 30 g).
Vanille (2 gousses).
Lait entier (40 cl)
Maïzena (20 g)
Caramel liquide

Pour 4 personnes
Préparation 10 min
Cuisson 6 min
Moyen
Coût €

1. Filmez l'intérieur du panier vapeur.
2. Dans un saladier, montez les **blancs d'œufs** en neige. Ajoutez 30 g de **sucre** en pluie et fouettez.
3. Versez la préparation dans le panier vapeur et réservez.
4. Fendez les **gousses de vanille**, grattez-en les **graines**.
5. **Sélectionnez le mode cuisson classique, fonction dorer.** Versez le **lait** dans la cuve avec les **graines de vanille**, 100 g de **sucre** et la **Maïzena**. Fouettez pendant 3 minutes environ pour faire épaissir.
6. Ajoutez les **jaunes d'œufs** et fouettez, puis réservez dans un bol au frais.
7. Lavez la cuve. Remettez-la en place. Déposez le panier vapeur avec les blancs.
8. **Réglez le robot sur le menu manuel, mode cuisson sous pression, puis programmez la minuterie à 00 : 03, départ immédiat.** Fermez et verrouillez.
9. Répartissez dans des coupes la **crème à la vanille** refroidie et les **blancs en neige.**
10. Servez nappé de **caramel**.

PENNE TRICOLORES À L'AUBERGINE

Ingrédients :
Aubergines (2 petites)
Huile (2 c. à soupe)
Penne tricolores (300 g)
Persil (4 tiges)
Parmesan râpé (au goût)
Eau (60 cl)
Sel, poivre,

Pour 4 personnes
Préparation 5 min
Cuisson 13 min
Très facile
Coût €

1. Lavez les **aubergines** et coupez-les en petits dés sans les éplucher.
2. Insérez la cuve dans le robot. **Sélectionnez le menu manuel, mode cuisson classique, fonction dorer.**
3. Versez l'**huile**, et laissez-la chauffer le temps du préchauffage.
4. Ajoutez les dés d'**aubergines** et laissez dorer pendant 3 minutes.
5. Ajoutez les **pâtes** et l'eau. Salez et poivrez.

23
AVRIL
St Georges

6. **Réglez le robot sur le menu manuel, mode cuisson sous pression, et programmez la minuterie à 00 : 07, départ immédiat.** Fermez et verrouillez.

7. Pendant ce temps, ciselez les **feuilles de persil**.

8. Lorsque le voyant rouge est éteint, ouvrez l'appareil, ajoutez le **persil** et le **parmesan**, mélangez et dégustez.

BOULETTES DE POULET AUX PISTACHES

Ingrédients :
Porc (400 g)
Chorizo (10 tranches)
Citron (1)
Pour la marinade :
Persil (quelques brins)
Échalote (1)
Huile d'olive (2 c. à soupe)
Sel, poivre

Pour 4 personnes
Préparation 15 min
Cuisson 13 min
Facile
Coût €

1. Décortiquez les **pistaches**.
2. Mixez les **blancs de poulet** avec les pistaches et l'œuf. Salez et poivrez.
3. Ajoutez le curry.
4. Formez les boulettes. Roulez-les dans la farine.
5. Insérez la cuve dans le robot. **Sélectionnez le menu manuel, mode cuisson classique, fonction dorer.**
6. Versez l'huile et laissez-la chauffer le temps du préchauffage.

7. Ajoutez les boulettes et laissez-les colorer pendant 2 minutes.
8. Ajoutez le lait de coco.
9. **Réglez le robot sur le menu manuel, mode cuisson sous pression, et programmez la minuterie à 00 : 08, départ immédiat.** Fermez et verrouillez.
10. Lorsque le voyant rouge est éteint, ouvrez l'appareil et dégustez.

PLATS

FILETS DE CABILLAUD AUX ÉPINARDS

Ingrédients :
Pousses d'épinards (800 g)
Bouillon de légumes (1 cube)
Eau (20 cl)
Cabillaud (4 filets)
Citron (1)
Sel, poivre

Pour 4 personnes
Préparation 5 min
Cuisson 6 min
Très facile
Coût €

25
AVRIL
St Marc

1. Lavez et égouttez les **épinards**.
2. Insérez la cuve dans le robot. Délayez le **cube de bouillon** dans l'**eau** et versez-le dans le fond de la cuve, installez le panier vapeur.
3. Mettez les **épinards** à l'intérieur avec les **filets de cabillaud** dessus.
4. Salez, poivrez et assaisonnez de quelques gouttes de citron
5. **Sélectionnez le mode manuel, mode cuisson sous pression, puis programmez la minuterie à 00 : 06, départ immédiat.** Fermez et verrouillez.
6. Lorsque le voyant rouge est éteint, ouvrez l'appareil, rectifiez l'assaisonnement si nécessaire et servez sans attendre.

IRISH STEW

Ingrédients :
Épaule d'agneau désossée (800 g)
Oignon (1)
Carottes (400 g)
Pommes de terre nouvelles (400 g)
Beurre (30 g)
Huile de tournesol (2 c. à soupe)
Bouquet garni (1)
Bouillon de volaille (1 cube)
Eau (25 cl)
Sel, poivre

Pour 4 personnes
Préparation 15 min
Cuisson 21 min
Moyen
Coût €€

1. Coupez l'**épaule** en gros cubes.
2. Pelez et hachez l'**oignon**.
3. Pelez les **carottes** et coupez-les en rondelles.
4. Lavez les **pommes de terre**.
5. Insérez la cuve dans le robot. **Sélectionnez le menu manuel, mode cuisson classique, fonction dorer.**

6. Versez l'**huile** et le beurre, et laissez chauffer le temps du préchauffage.
7. Ajoutez l'**oignon** et les **cubes d'agneau**, et laissez dorer pendant 3 minutes.
8. Ajoutez les **légumes**, le **bouquet garni**, le **cube de bouillon** émietté et l'**eau**. Salez et poivrez.
9. **Réglez le robot sur le menu manuel, mode cuisson sous pression,et programmez la minuterie à 00 : 15, départ immédiat.** Fermez et verrouillez.
10. Lorsque le voyant rouge est éteint, ouvrez l'appareil, mélangez et dégustez.

SOUPE DE ROUGETS ET ROUSSETTE

Ingrédients :
Rougets barbets (4)
Tomates grappes (4)
Carottes (2)
Fenouil (200 g)
Oignon (1)
Huile d'olive (2 c. à soupe)
Roussette (2 tranches)
Eau (40 cl)
Safran (1 c. à café)
Sel, poivre

Pour 4 personnes
Préparation 20 min
Cuisson 20 min
Moyen
Coût €€

1. Prélevez les **filets des rougets**, coupez-les en lamelles, réservez la tête et l'arête.
2. Coupez les **tomates**, les **carottes** et le **fenouil** en petits dés.
3. Pelez et ciselez l'**oignon**.
4. Insérez la cuve dans le robot. **Sélectionnez le menu manuel, mode cuisson classique, fonction dorer.**

5. À la fin du préchauffage, ajoutez l'**huile** et faites colorer les arêtes et les têtes 5 minutes environ.
6. Ajoutez l'eau. Mélangez et filtrez. Remettez le bouillon obtenu dans la cuve.
7. Ajoutez les **légumes** et la **roussette**. Salez et poivrez. Ajoutez le **safran** et mélangez.
8. **Passez en mode cuisson sous pression, programmez la minuterie à 00 : 10, départ immédiat.** Fermez et verrouillez la cuve.
9. Lorsque le voyant rouge est éteint, ouvrez et mixez à l'aide d'un mixeur plongeant (veillez à ce qu'il soit équipé d'une paroi de protection autour de l'hélice pour ne pas endommager la cuve).
10. Ajoutez les filets de rouget.
11. **Passez en mode cuisson classique, fonction mijoter** et laissez cuire 5 minutes.
12. Servez avec des croûtons.

COMPOTE POMMES-RHUBARBE

Ingrédients :
Pommes (1 kg)
Rhubarbe (500 g)
Vanille (1 gousse)
Sucre de canne (100 g)
Eau (5 cl)
Rhum (10 cl)

Pour 4 personnes
Préparation 15 min
Cuisson 6 min
Très facile
Coût €

28
AVRIL
Ste Valérie

1. Épluchez les **pommes** et la **rhubarbe**. Coupez-les en petits dés.
2. Fendez la **gousse de vanille** en deux.
3. Insérez la cuve dans le robot. Placez-y les **pommes** et la **rhubarbe**, la **gousse de vanille** et le **sucre**.
4. Ajoutez l'**eau** et le **rhum**. **Sélectionnez le menu manuel, mode cuisson sous pression, puis programmez la minuterie à 00 : 06, départ immédiat.** Fermez et verrouillez.
5. Lorsque le voyant rouge est éteint, ouvrez et laissez refroidir avant de déguster.

RISOTTO DE PRINTEMPS

Ingrédients :
Huile d'olive (2 c. à soupe)
Riz Arborio (150 g)
Mélange de légumes verts surgelés (400 g)
Mélange d'herbes aromatiques (quelques pincées)
Eau chaude (50 cl)
Fromage frais à l'ail et aux fines herbes (4 portions)
Sel, poivre

Pour 4 personnes
Préparation 5 min
Cuisson 18 min
Facile
Coût €

1. Insérez la cuve dans le robot. **Sélectionnez le menu manuel, mode cuisson classique, fonction dorer.**
2. Versez l'**huile**, et laissez-la chauffer le temps du préchauffage.
3. Faites revenir le **riz** pendant 2 minutes.
4. Ajoutez les **légumes surgelés** et laissez cuire 3 minutes. Salez, poivrez et saupoudrez d'**herbes**.

5 Ajoutez l'eau et **réglez le robot sur le menu manuel, mode cuisson sous pression,et programmez la minuterie à 00 : 10, départ immédiat.** Fermez et verrouillez.

6 Lorsque le voyant rouge est éteint, ouvrez l'appareil et ajoutez le **fromage**. Mélangez.

7 Si nécessaire, refermez le couvercle du robot éteint pour que le **riz** finisse d'absorber le bouillon. Dégustez.

SALADE DE BLÉ À LA LIBANAISE

Ingrédients :
Radis (12)
Laitue (6 feuilles)
Persil (1 petit bouquet)
Menthe (1 petit bouquet)
Eau (30 cl)
Lentilles cuites rincées (1 conserve de 150 g)
Blé (300 g)
Huile d'olive (2 c. à soupe)
Cumin en poudre (2 c. à café)
Citron (1)
Sel, poivre

Pour 4 personnes
Préparation 10 min
Cuisson 6 min
Facile
Coût €

1. Lavez et émincez les **radis** et les **feuilles de laitue**.
2. Ciselez finement le **persil** et la **menthe**.
3. Insérez la cuve dans le robot et versez-y l'**eau**.
4. Ajoutez les **lentilles**, le **blé**, **l'huile** et le **cumin**. Salez, poivrez et mélangez.

30
AVRIL
St Robert

5. **Sélectionnez le menu manuel, mode cuisson sous pression, puis programmez la minuterie à 00 : 06, départ immédiat.** Fermez et verrouillez.

6. Lorsque le voyant rouge est éteint, ouvrez, laissez bien refroidir et ajoutez les **herbes ciselées**, le **jus du citron** et les **radis**.

7. Rectifiez l'assaisonnement si nécessaire, mélangez et dégustez.

SOURIS D'AGNEAU, SAUCE SOJA-CAFÉ

Ingrédients :
Café fort (15 cl)
Sauce soja (6 c. à soupe)
Cassonade (2 c. à soupe)
Huile d'olive (3 c. à soupe)
Souris d'agneau (4)
Sel, poivre

Pour 4 personnes
Préparation 5 min
Cuisson 33 min
Facile
Coût €€

1er MAI
FÊTE DU TRAVAIL

1. Dans un récipient, mélangez le **café**, la **sauce soja** et la **cassonade**.
2. Insérez la cuve dans le robot. **Sélectionnez le menu manuel, mode cuisson classique, fonction dorer.**
3. Versez l'**huile** et laissez-la chauffer le temps du préchauffage.
4. Faites dorer la **souris** sur toutes ses faces pendant 5 minutes. Salez, poivrez et ajoutez le mélange **sauce soja-café**.
5. **Réglez le robot sur le menu manuel, mode cuisson sous pression, et programmez la minuterie à 00 : 25, départ immédiat.** Fermez et verrouillez.
6. Lorsque le voyant rouge est éteint, ouvrez l'appareil et dégustez avec une purée ou des flageolets.
7. Si la sauce est trop liquide, **relancez le robot en mode cuisson classique, fonction dorer**, pendant quelques minutes pour la faire réduire.

POULE AU POT

Ingrédients :
Carottes (4)
Navets (4)
Poireaux (2)
Cœur de céleri (1)
Oignon (1)
Clous de girofle (2)
Poule (1)
Bouquet garni (1)
Gros sel (1 c. à soupe)
Mélange 5 baies en grains (1 c. à café)
Eau
Poivre

Pour 4 personnes
Préparation 15 min
Cuisson 40 min
Facile
Coût €

1. Pelez les **carottes** et les **navets**.
2. Séparez le vert des blancs de **poireaux**.
3. Coupez le **céleri** et les **blancs de poireaux** en quatre tronçons.
4. Pelez l'**oignon** et piquez-le de **clous de girofle.**
5. Insérez la cuve dans le robot.

2
MAI
St Boris

6. Mettez la **poule** dans la cuve avec le **vert des poireaux**, le **bouquet garni**, l'**oignon**, le **gros sel** et les **épices**. Poivrez.

7. Couvrez d'**eau froide** à hauteur.

8. **Réglez le robot sur le menu manuel, mode cuisson sous pression, et programmez la minuterie à 00 : 25, départ immédiat.** Fermez et verrouillez.

9. Lorsque le voyant rouge est éteint, ouvrez l'appareil, et ajoutez les **blancs de poireaux**, les **navets**, les **carottes** et le **céleri**. Relancez la cuisson en mode sous pression pour 15 minutes.

10. Dégustez la **poule** avec le **bouillon** et les **légumes**.

SOUPE DE THON AU PAPRIKA

Ingrédients :
Pommes de terre (800 g)
Oignon (1)
Ail (1 gousse)
Tomate (1)
Thon (1 pavé de 250 g)
Bouillon de coquillages (1 sachet)
Eau (1 l)
Huile d'olive (1 c. à soupe)
Laurier (2 feuilles)
Paprika (1 c. à café)
Persil (1/2 bouquet)
Sel, poivre

Pour 4 personnes
Préparation 15 min
Cuisson 25 min
Très facile
Coût €€

1. Épluchez les **pommes de terre**, coupez-les en morceaux.
2. Épluchez l'**oignon** et la **gousse d'ail**. Émincez-les finement.
3. Coupez la **tomate** en petits dés.
4. Coupez le **pavé de thon** en morceaux.
5. Délayez le **cube de bouillon** dans l'**eau**.

6. Insérez la cuve dans le robot et versez-y l'**huile d'olive**.
7. Faites-y revenir pendant 5 minutes l'**oignon** et l'**ail** sans attendre la fin du préchauffage. Ajoutez les **feuilles de laurier**. Mélangez.
8. Ajoutez les **dés de tomate**, les **pommes de terre**, le **thon** et le **paprika**. Salez, poivrez et mélangez.
9. Ajoutez le bouillon.
10. **Sélectionnez le menu manuel, mode cuisson sous pression, puis programmez la minuterie à 00 : 20, départ immédiat.** Fermez et verrouillez.
11. Pendant ce temps, lavez et hachez finement les **feuilles de persil**.
12. Lorsque le voyant rouge est éteint, ouvrez, parsemez de **persil haché** et servez chaud.

PANNA COTTA À LA MANGUE

Ingrédients :
Mangue (1/2)
Blancs d'œufs (3)
Sucre (40 g)
Crème liquide entière (25 cl)
Eau (20 cl)

Pour 4 personnes
Préparation 5 min
Cuisson 8 min
Réfrigération 4 h
Facile
Coût €

4
MAI
St Sylvain

1. Épluchez la **mangue** et coupez-la en petits cubes.
2. Mixez rapidement les **blancs d'œufs** avec le **sucre**, la **crème** et la moitié de la **mangue**.
3. Versez l'appareil ainsi obtenu dans des verrines. Recouvrez-les de film alimentaire spécial cuisson et placez-les dans le panier vapeur.
4. Insérez la cuve dans l'appareil. Versez l'**eau** et déposez le panier.
5. **Réglez le robot sur le menu manuel, mode cuisson sous pression, puis programmez la minuterie à 00 : 08, départ immédiat.** Fermez et verrouillez.
6. Lorsque le voyant rouge est éteint, ouvrez l'appareil. Laissez refroidir, puis placez 4 heures au frais.
7. Répartissez le reste de **mangue** dans les verrines et servez sans attendre.

BYRIANI

Ingrédients :
Oignons rouges (2)
Beurre (30 g)
Pâte de curry (2 c. à soupe)
Escalope de poulet (300 g)
Riz basmati (200 g)
Cranberries séchées (1 c. à soupe)
Eau (50 cl)
Sel, poivre

Pour 4 personnes
Préparation 8 min
Cuisson 24-25 min
Facile
Coût €

1. Pelez et émincez les **oignons**.
2. Insérez la cuve dans l'appareil. **Sélectionnez le menu manuel, mode cuisson classique, fonction dorer.**
3. Attendez la fin du préchauffage et faites revenir les **oignons** 3 à 4 minutes dans le **beurre**.
4. Ajoutez la pâte de **curry**, mélangez pendant 1 minute.

5. Détaillez le **poulet** en lamelles, ajoutez-les et laissez cuire 3 minutes, **toujours en mode cuisson classique, fonction dorer.**

6. Ajoutez le **riz**, les **cranberries** et l'**eau**. Salez et poivrez.

7. **Passez en mode cuisson sous pression, puis programmez la minuterie à 00 : 07, départ immédiat.** Fermez et verrouillez.

8. **Terminez en mode maintien au chaud** pendant 10 minutes. Servez sans attendre.

MAQUEREAUX À LA CHINOISE

Ingrédients :
Gingembre (tronçon de 3 cm)
Cives (2)
Maquereaux vidés et étêtés (4 de 150 g chacun)
Sauce soja (6 c. à soupe)
Huile de sésame (1 c. à soupe)
Eau (20 cl)
Sel, poivre blanc

Pour 4 personnes
Préparation 10 min
Cuisson 6 min
Facile
Coût €

1. Coupez le **gingembre** en fines lamelles.
2. Pelez les **cives**, coupez-les en bâtonnets.
3. Rincez les **maquereaux** et coupez-les en trois.
4. Déposez-les dans un plat creux de 18 cm de diamètre. Mettez le plat dans le panier vapeur, dans la cuve du robot.
5. Arrosez de **sauce soja** et d'**huile**.
6. Parsemez de **gingembre** et de **cives**. Salez et poivrez.

6 MAI
Ste Prudence

7. Insérez la cuve dans le robot. **Versez-y l'eau. Sélectionnez le menu manuel, mode cuisson sous pression, et programmez la minuterie à 00 : 06, départ immédiat.** Fermez et verrouillez.

8. Lorsque le voyant rouge est éteint, ouvrez et dégustez sans attendre.

SOUPE MISO

Ingrédients :
Cébette (1)
Tofu ferme (100 g)
Algues wakame séchées (2 c. à soupe)
Dashi en poudre (2 c. à café)
Eau (80 cl)
Pâte Miso (3 c. à soupe)
Champignons de Paris (200 g)

Pour 4 personnes
Préparation 10 min
Cuisson 10 min
Très facile
Coût €

7
MAI
Ste Gisèle

1. Ciselez la **cébette** très finement.
2. Coupez le **tofu** en petits carrés.
3. Insérez la cuve dans le robot et ajoutez les **algues wakame**.
4. Ajoutez le **dashi**.
5. Ajoutez l'**eau**.
6. **Sélectionnez le menu manuel, mode cuisson sous pression, puis programmez la minuterie à 00 : 10, départ immédiat.** Fermez et verrouillez.
7. Lorsque le voyant rouge est éteint, ouvrez et ajoutez la **pâte miso**. Mélangez bien.
8. Déposez les **carrés de tofu** et la **cébette** dans quatre bols.
9. Ajoutez les **champignons de Paris** ciselés.
10. Versez le **bouillon** très chaud par-dessus et servez aussitôt.

JARDINIÈRE DE LÉGUMES

Ingrédients :
Oignon (1)
Carottes (300 g)
Pommes de terre (300 g)
Huile d'olive (1 c. à soupe)
Petits pois surgelés (200 g)
Haricots verts surgelés (200 g)
Bouillon de légumes (1 cube)
Eau (20 cl)
Sel, poivre

Pour 4 personnes
Préparation 15 min
Cuisson 13-14 min
Très facile
Coût €

1. Épluchez et émincez l'**oignon**.
2. Épluchez les **carottes** et coupez-les en rondelles
3. Épluchez les **pommes de terre** et coupez-les en morceaux.
4. Insérez la cuve dans l'appareil. **Sélectionnez le menu manuel, mode cuisson classique, fonction dorer.**
5. Attendez la fin du préchauffage et faites revenir l'**oignon** 3 à 4 minutes dans l'**huile d'olive**.

6. Ajoutez les **carottes**, les **pommes de terre**, les **petits pois** et les **haricots verts**.
7. Diluez le **cube de bouillon** dans l'**eau**. Ajoutez-le, salez et poivrez.
8. **Réglez le robot sur le menu manuel, mode cuisson sous pression, et programmez la minuterie à 00 : 10, départ immédiat.** Fermez et verrouillez.
9. Lorsque le voyant rouge est éteint, ouvrez l'appareil et dégustez.

VEAU FARCI AUX LÉGUMES OUBLIÉS

Ingrédients :
Oignons (2)
Champignons de Paris (100 g)
Huile d'olive (2 c. à soupe)
Foies de volaille (100 g)
Cognac (1 c. à soupe)
Œufs (2)
Rôti de veau (700 g)
Fond de veau (1 cube)
Eau (20 cl)
Rutabagas (300 g)
Topinambours (300 g)
Panais (300 g)
Sel, poivre

Pour 4 personnes
Préparation 25 min
Cuisson 27 min
Moyen
Coût €€€

1. Pelez et émincez les **oignons**.
2. Émincez les **champignons**.
3. Insérez la cuve dans l'appareil. **Sélectionnez le menu manuel, mode cuisson classique, fonction dorer.**
4. Attendez la fin du préchauffage et faites revenir les **oignons** 5 minutes dans l'**huile d'olive**.

5. Ajoutez les **foies**. Laissez-les dorer 5 minutes. Réservez.
6. Dans un saladier, mixez les **foies** avec le **cognac** et les **œufs**.
7. Farcissez le **rôti** et faites-le dorer sur toutes ses faces pendant 5 minutes.
8. Diluez le **fond de veau** dans l'eau et ajoutez-le.
9. Pelez et coupez en morceaux les **rutabagas**, les **topinambours** et les **panais**. Ajoutez-les dans la cuve. Salez et poivrez.
10. **Réglez le robot sur le menu manuel, mode cuisson sous pression, et programmez la minuterie à 00 : 12, départ immédiat.** Fermez et verrouillez.
11. Lorsque le voyant rouge est éteint, ouvrez l'appareil et servez sans attendre.

CRÈMES À LA ROSE

Ingrédients :
Lait (50 cl)
Sucre (100 g)
Arôme de rose
(1 c. à soupe)
Colorant alimentaire rouge
(quelques gouttes)
Jaunes d'œufs (3)
Farine (25 g)

Pour 4 personnes
Préparation 5 min
Cuisson 5 min
Repos 12 h
Très facile
Coût €

10
MAI
Ste Solange

1. Dans un saladier, mélangez le **lait** et le **sucre**, l'**arôme de rose** et le **colorant**.
2. Ajoutez les **jaunes d'œufs**, mélangez.
3. Ajoutez la **farine**, mélangez.
4. Insérez la cuve dans le robot. **Sélectionnez le menu manuel, mode cuisson classique, fonction dorer.**
5. À la fin du préchauffage, versez le contenu du saladier dans la cuve et fouettez sans arrêt pendant 5 minutes, le temps que le mélange épaississe.
6. Versez dans quatre ramequins, laissez refroidir avant de mettre au frais pour au moins 12 heures. Dégustez frais.

GASPACHO DE CONCOMBRE EN VERRINES

Ingrédients :
Concombres (2)
Ail (1 gousse)
Pain de mie (2 tranches)
Jus de citron (5 cl)
Petits-suisses (2)
Sucre (2 c. à café)
Tabasco (6 gouttes)
Eau (45 cl)
Menthe fraîche (10 feuilles)
Sel, poivre

Pour 4 personnes
Préparation 12 min
Cuisson 5 min
Très facile
Coût €

1. Épluchez les **concombres**, ôtez-en les pépins et coupez-les en morceaux.
2. Épluchez et émincez la **gousse d'ail**.
3. Ciselez les **feuilles de menthe**.
4. Coupez les **tranches de pain de mie** en morceaux.
5. Insérez la cuve dans le robot. Ajoutez l'**eau**, les **morceaux de concombre**, l'**ail** et le **pain de mie**. Salez et poivrez.

6. **Sélectionnez le menu manuel, mode cuisson sous pression, puis programmez la minuterie à 00 : 05, départ immédiat.** Fermez et verrouillez.
7. Lorsque le voyant rouge est éteint, ouvrez et laissez refroidir.
8. Ajoutez le **jus de citron**, les **petits-suisses**, le **sucre** et le **Tabasco**. Mixez à l'aide d'un mixeur plongeant (veillez à ce qu'il soit équipé d'une paroi de protection autour de l'hélice pour ne pas endommager la cuve).
9. Versez dans des verrines et placez au réfrigérateur jusqu'au moment de servir.
10. Servez très frais, parsemé de **feuilles de menthe** ciselées.

BLANQUETTE DE VEAU

Ingrédients :
Oignon (1)
Champignons de Paris (300 g)
Carottes (500 g)
Sauté de veau (1 kg)
Laurier (2 feuilles)
Noix muscade râpée (1 c. à café)
Eau (30 cl)
Crème fraîche épaisse (20 cl)
Sel, poivre

Pour 6 personnes
Préparation 15 min
Cuisson 3 h 10
Moyen
Coût €€

1. Épluchez et émincez finement l'**oignon**.
2. Nettoyez les **champignons** et coupez-les en quatre.
3. Épluchez les **carottes** et coupez-les en rondelles fines.
4. Insérez la cuve dans l'appareil. Mettez-y le **veau**, les **carottes**, les **champignons** et le **laurier**.
5. Salez et poivrez. Ajoutez la **noix muscade** et l'**eau**.

6. **Sélectionnez le menu manuel, mode cuisson classique, fonction mijoter.** Lancez la cuisson pour 3 heures.
7. Retirez les **morceaux de viande** à l'aide d'une écumoire. Réservez au chaud.
8. **Passez en mode cuisson classique, fonction dorer** pendant 5 minutes pour faire réduire la sauce si nécessaire.
9. Ajoutez la **crème fraîche**, mélangez bien.
10. Remettez les **morceaux de veau** et faites-les réchauffer, robot éteint, pendant 5 minutes.
11. Servez bien chaud avec du riz.

YAOURTS NATURES

Ingrédients :
Eau (50 cl)
Lait entier (80 cl)
Ferment lactique (1 sachet)

Pour 8 pots
Préparation 5 min
Cuisson 8 h
Repos 12 h
Réfrigération 3 h
Facile
Coût €

1. Insérez la cuve dans le robot. Versez l'**eau**.
2. **Sélectionnez le menu manuel, mode cuisson sous pression, programmez la minuterie à 00 : 01, départ immédiat.**
3. Pendant ce temps, faites tiédir le **lait** dans une casserole sans dépasser les 45 °C.
4. Incorporez le sachet de **ferment lactique.** Mélangez bien.
5. Versez la préparation dans huit pots en verre.

6. Lorsque le voyant rouge du robot est éteint, ouvrez, videz l'eau et placez les **yaourts** à l'intérieur.
7. Verrouillez le couvercle et laissez 8 heures à l'intérieur du robot.
8. Ouvrez l'appareil, filmez les **yaourts** et mettez-les au réfrigérateur au moins 3 heures.

VEAU AUX GIROLLES

Ingrédients :
Échalotes (2)
Girolles (400 g)
Noix de veau (600 g)
Huile d'olive (1 c. à soupe)
Estragon (4 branches)
Crème liquide (10 cl)
Eau (10 cl)
Sel, poivre

Pour 4 personnes
Préparation 10 min
Cuisson 11 min
Très facile
Coût €€

1. Épluchez et émincez finement les **échalotes**.
2. Brossez les **girolles**. Coupez les plus grosses en deux.
3. Coupez le **veau** en morceaux.
4. Insérez la cuve dans le robot. **Sélectionnez le menu manuel, mode cuisson classique, fonction dorer.**
5. Laissez chauffer l'**huile** le temps du préchauffage et faites revenir les **morceaux de viande** avec les **échalotes** pendant 2 minutes.

6. Ajoutez les **girolles**, trois branches d'**estragon effeuillées**, la **crème liquide** et l'**eau**. Salez et poivrez.

7. **Sélectionnez le menu manuel, mode cuisson sous pression, puis programmez la minuterie à 00 : 06, départ immédiat.** Fermez et verrouillez la cuve.

8. Lorsque le voyant rouge est éteint, ouvrez, ajoutez le reste des f**euilles d'estragon** et dégustez sans attendre.

SOUPE AUX FÈVES

Ingrédients :
Fèves fraîches (1 kg)
Oignon (1)
Carotte (1)
Céleri (1 branche)
Lardons fumés (150 g)
Bouillon de volaille (1 cube)
Eau (1 l)
Orge perlé (70 g)
Sel, poivre

Pour 4 personnes
Préparation 15 min
Cuisson 26 min
Très facile
Coût €

16
MAI
St Honoré

1. Écossez les **fèves**, puis faites-les blanchir 1 minute dans l'eau bouillante. Passez-les sous l'eau froide, retirez la peau.
2. Pelez et hachez l'**oignon**.
3. Pelez la **carotte**, coupez-la en petits dés ainsi que le **céleri**.
4. Insérez la cuve dans le robot. **Sélectionnez le menu manuel, mode cuisson classique, fonction dorer.**
5. Sans attendre la fin du préchauffage, mettez dans la cuve les **lardons**, la **carotte** et le **céleri**. Faites-les revenir 5 minutes, en remuant régulièrement.
6. Délayer le **cube de bouillon** dans l'**eau**. Ajoutez-le dans la cuve.
7. Ajoutez l'**orge**.
8. **Passez en mode cuisson sous pression et programmez la minuterie à 00 : 15, départ immédiat.** Fermez et verrouillez.
9. Lorsque le voyant rouge est éteint, **passez en mode maintien au chaud** pendant 5 minutes.
10. Salez, poivrez et dégustez.

ÉPEAUTRE AUX PISTACHES

Ingrédients :
Oignon rouge (1)
Huile d'olive (1c. à café)
Épeautre (250 g)
Bouillon de légumes (1 cube)
Eau (75 cl)
Beurre (30 g)
Pistaches nature (100 g)
Persil plat (1 bouquet)
Sel, poivre

Pour 4 personnes
Préparation 10 min
Cuisson 20 min
Très facile
Coût €

1. Épluchez l'**oignon** et émincez-le finement.
2. Insérez la cuve dans le robot.
Sélectionnez le menu manuel, mode cuisson classique, fonction dorer.
3. Laissez chauffer l'**huile** pendant la durée du préchauffage.
4. Faites-y dorer l'**oignon** 2 minutes, en mélangeant régulièrement.
5. Rincez l'**épeautre**, ajoutez-le dans la cuve et mélangez.

6. Ajoutez l'**eau**, salez et poivrez. **Passez en mode cuisson sous pression, puis programmez la minuterie à 00 : 15, départ immédiat.** Fermez et verrouillez.

7. Lorsque le voyant rouge est éteint, ouvrez, égouttez l'**épeautre** et versez-le dans un saladier. Ajoutez le **beurre** et mélangez.

8. Parsemez de **pistaches** concassées et de **persil** ciselé. Servez.

PAVÉS DE SAUMON, SAUCE HOMARDINE

Ingrédients :
Échalotes (2)
Huile d'olive (1 c. à soupe)
Crevettes roses décortiquées (200 g)
Sauce homardine surgelée (3 galets)
Vin blanc sec (25 cl)
Pavés de saumon (2)
Sel, poivre

Pour 4 personnes
Préparation 5 min
Cuisson 13 min
Facile
Coût €€

1. Épluchez les **échalotes**, émincez-les finement.
2. Insérez la cuve dans le robot. **Sélectionnez le menu manuel, mode cuisson classique, fonction dorer.**
3. Laissez chauffer l'**huile** pendant la durée du préchauffage.
4. Faites dorer les **échalotes** pendant 2 minutes en mélangeant régulièrement.
5. Ajoutez les **crevettes** et les **galets de sauce homardine**.

6. Laissez fondre les **galets**, en remuant régulièrement.
7. Ajoutez le **vin blanc**, salez et poivrez.
8. Ajoutez les **pavés de saumon,** puis **passez en mode cuisson sous pression, puis programmez la minuterie à 00 : 08, départ immédiat.** Fermez et verrouillez.
9. Lorsque le voyant rouge est éteint, ouvrez. Servez avec du riz ou des tagliatelles fraîches.

CURRY DE DINDE

Ingrédients :
Oignon (1)
Huile de tournesol
(1 c. à soupe)
Laurier (2 feuilles)
Filet de dinde (800 g)
Curry en poudre (1 c. à café)
Bouillon de volaille (1 cube)
Eau (20 cl)
Crème de coco (20 cl)
Sel, poivre

Pour 4 personnes
Préparation 5 min
Cuisson 19 min
Facile
Coût €

19
MAI
St Yves

1. Épluchez l'**oignon** et émincez-le finement.
2. Insérez la cuve dans le robot. **Sélectionnez le menu manuel, mode cuisson classique, fonction dorer.**
3. Sans attendre la fin du préchauffage, faites dorer les **oignons** dans l'**huile**, en mélangeant régulièrement.
4. Ajoutez le **laurier**, la **dinde** et le **curry**. Salez et poivrez. Continuez à faire dorer pendant 3 minutes, en remuant régulièrement.
5. Délayez le **cube de bouillon** dans l'**eau**, ajoutez-le dans la cuve, puis **passez en mode cuisson sous pression, puis programmez la minuterie à 00 : 08, départ immédiat.** Fermez et verrouillez.
6. Lorsque le voyant rouge est éteint, ouvrez, ajoutez la **crème de coco**.
7. Mélangez, **sélectionnez le mode maintien au chaud** pour 5 minutes environ, le temps que la sauce épaississe, et servez avec du riz.

CRÈME DE COCO AU CITRON VERT

Ingrédients :
Crème de coco (45 cl)
Sucre en poudre (40 g)
Œuf (1)
Jaunes d'œufs (2)
Citron vert (zeste d'1)
Eau (20 cl)

Pour 4 personnes
Préparation 8 min
Cuisson 15 min
Réfrigération 2 heures
Facile
Coût €

1. Dans un saladier, mélangez la **crème de coco**, le **sucre**, l'**œuf** et les **jaunes d'œufs**.
2. Ajoutez le **zeste** finement haché.
3. Versez la préparation dans quatre ramequins. Filmez-les hermétiquement avec du film alimentaire spécial cuisson.
4. Insérez la cuve dans le robot. Ajoutez l'**eau**.
5. Placez le panier vapeur dans la cuve avec les ramequins filmés à l'intérieur.

6 **Sélectionnez le menu manuel, mode cuisson sous pression, puis programmez la minuterie à 00 : 15, départ immédiat.** Fermez et verrouillez.

7 Lorsque le voyant rouge est éteint, ouvrez, ôtez le film alimentaire, laissez refroidir, puis placez 2 heures au réfrigérateur avant de déguster.

VELOUTÉ DE COURGETTES AU PESTO

Ingrédients :
Ail (1 gousse)
Oignon (1)
Huile d'olive (1 c. à soupe)
Courgettes (800 g)
Bouillon de légumes (1 cube)
Eau (20 cl)
Pesto (1 c. à soupe)
Basilic (1 tige)
Sel, poivre

Pour 4 personnes
Préparation 5 min
Cuisson 6 min
Très facile
Coût €

1. Épluchez l'**ail** et l'**oignon**, émincez-les finement.
2. Insérez la cuve dans le robot. **Sélectionnez le menu manuel, mode cuisson classique, fonction dorer.**
3. Sans attendre la fin du préchauffage, ajoutez l'**huile** et faites blondir l'**oignon** et l'**ail** pendant 3 minutes, en remuant régulièrement.
4. Lavez les **courgettes**, découpez-les en cubes. Ajoutez-les.

5. Délayez le **bouillon cube** dans l'**eau**, ajoutez-le. Salez et poivrez.
6. **Sélectionnez le mode cuisson sous pression et programmez la minuterie à 00 : 03, départ immédiat.** Fermez et verrouillez.
7. Lorsque le voyant rouge est éteint, ouvrez, rectifiez l'assaisonnement si nécessaire et mixez à l'aide d'un mixeur plongeant (veillez à ce qu'il soit équipé d'une paroi de protection autour de l'hélice pour ne pas endommager la cuve).
8. Ajoutez le **pesto**, mélangez.
9. Servez parsemé de **feuilles de basilic**.

SALADE DE POMMES DE TERRE-BACON

Ingrédients :
Oignon rouge (1)
Pommes de terre (6)
Bacon (200 g)
Eau (20 cl)
Roquette (125 g)
Vinaigre (3 c. à soupe)
Sel, poivre

Pour 4 personnes
Préparation 8 min
Cuisson 10 min
Très facile
Coût €

22
MAI
St Émile

1. Épluchez l'**oignon**, émincez-le finement.
2. Épluchez les **pommes de terre**, coupez-les en cubes.
3. Coupez le **bacon** en lanières.
4. Insérez la cuve dans le robot. **Sélectionnez le menu manuel, mode cuisson classique, fonction dorer.**
5. Sans attendre la fin du préchauffage, ajoutez les **lanières de bacon**, l'**oignon** et les **pommes de terre**, et faites-les blondir pendant 5 minutes. Salez et poivrez.
6. Ajoutez l'eau, **passez en mode cuisson sous pression et programmez la minuterie à 00 : 05, départ immédiat.** Fermez et verrouillez.
7. Lorsque le voyant rouge est éteint, ouvrez l'appareil, laissez tiédir quelques minutes, ajoutez la **salade** et le **vinaigre**. Rectifiez l'assaisonnement si nécessaire et servez.

POLENTA AUX HERBES EN VERRINES

Ingrédients :
Eau (1 l)
Polenta (260 g)
Huile d'olive (2 c. à soupe)
Ciboulette (1 c. à soupe)
Coriandre (1 c. à soupe)
Parmesan râpé (100 g)
Sel

Pour 4 personnes
Préparation 5 min
Cuisson 5 min
Très facile
Coût €

1. Insérez la cuve dans le robot. Versez-y l'**eau**.
2. Ajoutez la **polenta**. Salez.
3. **Sélectionnez le menu manuel, mode cuisson sous pression, puis programmez la minuterie à 00 : 05, départ immédiat.** Fermez et verrouillez.
4. Lorsque le voyant rouge est éteint, ouvrez et ajoutez l'**huile d'olive**.
5. Ciselez la **ciboulette** et la **coriandre**. Ajoutez-les dans la cuve et mélangez.

23
MAI
St Didier

6 **Passez le robot en mode maintien au chaud** pour que la **polenta** reste bien crémeuse.

7 Versez la polenta dans des verrines, et servez parsemé de **parmesan râpé**.

CASSOLETTE DE THON

Ingrédients :
Thon frais (500 g)
Huile d'olive (2 c. à soupe)
Ail (3 gousses)
Poivrons rouges à huile en conserve (150 g)
Tomates concassées en conserve (400 g)
Vin rouge (25 cl)
Sel, poivre

Pour 4 personnes
Préparation 5 min
Cuisson 45 min
Facile
Coût €€

1. Coupez le **thon** en cubes.
2. Insérez la cuve dans le robot. **Sélectionnez le menu manuel, mode cuisson classique, fonction dorer.**
3. Laissez chauffer l'**huile** le temps du préchauffage, puis faites dorer le **thon** sur toutes ses faces pendant 2 minutes.
4. Épluchez et hachez la **gousse d'ail**. Ajoutez-la.

5. Ajoutez les **poivrons**, les **tomates** et le **vin rouge**. Salez et poivrez.
6. Lorsque le mélange commence à bouillir, **passez en fonction cuisson douce** et laissez cuire 40 minutes, en mélangeant de temps en temps.

CONFIT DE FRAISES

Ingrédients :
Fraises (500 g)
Sucre (350 g)
Vanille (1 gousse)
Citron (1)

Pour 4 personnes
Préparation 10 min
Cuisson 30 min
Très facile
Coût €

25
MAI
Ste Sophie

1. Équeutez les **fraises**, puis coupez-les en morceaux.
2. Insérez la cuve dans le robot et déposez les **fraises** dedans.
3. Ajoutez le **sucre** et la **gousse de vanille** fendue en deux.
4. Pressez le **citron** et ajoutez-en le jus.
5. **Lancez le menu manuel, mode cuisson classique, fonction dorer, pendant 5 minutes.**
6. **Passez en mode cuisson classique, fonction cuisson douce** et laissez cuire pendant 25 minutes, en mélangeant de temps en temps.
7. Dégustez chaud avec une boule de glace à la vanille, ou bien frais avec des sablés bretons.

PORC AU WASABI

Ingrédients :
Filet mignon (1)
Wasabi (2 c. à soupe)
Choux chinois bok choy (4)
Huile d'arachide (2 c. à soupe)
Eau (20 cl)
Sel, poivre

Pour 4 personnes
Préparation 10 min
Cuisson 15 min
Très facile
Coût €

1. Tartinez le **filet mignon** de **wasabi**.
2. Coupez chaque **bok choy** en deux.
3. Insérez la cuve dans le robot. **Sélectionnez le menu manuel, mode cuisson classique, fonction dorer.**
4. Laissez chauffer l'**huile** le temps du préchauffage, puis faites colorer la **viande** 2 minutes sur toutes les faces.
5. Réservez la **viande**.
6. Mettez les **choux** dans la cuve, le **filet mignon** par-dessus.

7. Ajoutez l'eau et **sélectionnez le menu manuel, mode cuisson sous pression, puis programmez la minuterie à 00 : 10, départ immédiat.** Fermez et verrouillez la cuve.
8. Lorsque le voyant rouge est éteint, ouvrez, rectifiez l'assaisonnent si nécessaire et dégustez.

GNOCCHIS À L'ITALIENNE

Ingrédients :
Tomates séchées à l'huile (10 tranches)
Fenouil (1/2)
Gnocchis (380 g)
Eau (30 cl)
Câpres (3 c. à soupe)
Anchois (8 filets)
Poivre

Pour 4 personnes
Préparation 5 min
Cuisson 9 min
Très facile
Coût €

1. Égouttez les **tomates à l'huile**, en réservant l'**huile** dans un bol et émincez-les grossièrement.
2. Émincez le **fenouil**.
3. Insérez la cuve dans le robot. **Sélectionnez le menu manuel, mode cuisson classique, fonction dorer.**
4. Faites revenir les **tomates** et le **fenouil** dans 3 c. à soupe de l'**huile des tomates** pendant 5 minutes, sans attendre a fin du préchauffage.

5. Ajoutez les **gnocchis**.
6. Ajoutez l'eau et **passez en mode cuisson sous pression, puis programmez la minuterie à 00 : 04, départ immédiat.** Fermez et verrouillez.
7. Lorsque le voyant rouge est éteint, ouvrez, poivrez, ajoutez les **câpres** et les **anchois.** Mélangez.
8. **Passez en mode maintien au chaud** pendant quelques minutes, le temps que les **gnocchis** puissent absorber la totalité du **bouillon,** et servez bien chaud.

CRÈME DE CAPPUCCINO

Ingrédients :
Lait entier (40 cl)
Cappuccino en poudre (4 c. à soupe)
Sucre (60 g)
Farine (30 g)

Pour 4 personnes
Préparation 5 min
Cuisson 10 min
Réfrigération 3 h
Très facile
Coût €

28
MAI
St Germain

1. Insérez la cuve dans le robot et versez le **lait**, le **cappuccino**, le **sucre** et la **farine**.
2. **Sélectionnez le menu manuel, mode cuisson classique, fonction dorer,** et fouettez énergiquement environ 10 minutes, jusqu'à ce que le mélange épaississe.
3. Versez ensuite le mélange dans quatre verres.
4. Laissez refroidir, puis mettez au frais pendant au moins 3 heures.
5. Servez très frais, accompagné ou non de crème Chantilly.

FLAN AUX LÉGUMES ET AU FROMAGE DE CHÈVRE

Ingrédients :
Courgettes (200 g)
Huile d'olive (1 filet)
Tomates séchées (50 g)
Fromage de chèvre frais (100 g)
Œufs (2)
Farine (100 g)
Lait (50 cl)
Graines de sésame
Eau (20 cl)
Sel, poivre

Pour 4 personnes
Préparation 15 min
Cuisson 20 min
Très facile
Coût €

1. Lavez les **courgettes** et coupez-les en dés.
2. Insérez la cuve dans le robot. **Sélectionnez le menu manuel, mode cuisson classique, fonction dorer.**
3. Sans attendre la fin du préchauffage, ajoutez l'**huile** et faites revenir les **courgettes** pendant 5 minutes.
4. Coupez les **tomates séchées** et le **chèvre** en morceaux.

5. Ajoutez les **tomates séchées** dans la cuve. Mélangez et réservez.

6. Dans un saladier, mélangez les **œufs** battus, la **farine** et le **lait**.

7. Poivrez, puis ajoutez les **légumes** et le **fromage de chèvre**, mélangez.

8. Versez le mélange dans un moule de 18 cm de diamètre. Parsemez-le de **graines de sésame**, puis filmez-le soigneusement avec du film alimentaire spécial cuisson.

9. Nettoyez la cuve. Placez-y le moule dans le panier vapeur. Ajoutez l'eau.

10. **Revenez en mode cuisson sous pression et programmez la minuterie à 00 : 15, départ immédiat.** Fermez et verrouillez.

11. Lorsque le voyant rouge est éteint, ouvrez l'appareil et rectifiez l'assaisonnement si nécessaire. Dégustez tiède ou froid.

JARRET DE VEAU CONFIT

Ingrédients :
Oignons (2)
Jarret de veau (1 de 1 kg)
Miel liquide (1 c. à soupe)
Crème de vinaigre balsamique (1 c. à café)
Fond de veau (1 cube)
Eau (25 cl)
Carottes (4)
Noix muscade râpée
Sel, poivre

Pour 4 personnes
Préparation 10 min
Cuisson 43 min
Facile
Coût €€

1. Pelez et émincez les **oignons**.
2. Insérez la cuve dans le robot. **Sélectionnez le menu manuel, mode cuisson classique, fonction dorer.**
3. Faites revenir les **oignons**, sans matière grasse. Ajoutez le **jarret** et faites-le dorer sur toutes ses faces pendant 8 minutes.
4. Ajoutez le **miel** et la **crème de vinaigre balsamique**.

5. Délayez la **cube de fond de veau** dans l'**eau** et ajoutez-le.
6. Épluchez les **carottes**, coupez-les en dés et ajoutez-les.
7. Salez, poivrez et parsemez de **muscade**.
8. **Réglez le robot sur le menu manuel, mode cuisson sous pression, et programmez la minuterie à 00 : 35, départ immédiat.** Fermez et verrouillez.
9. Lorsque le voyant rouge est éteint, ouvrez l'appareil, remuez et servez sans attendre.

FRITTATA AUX ÉPINARDS

Ingrédients :
Oignon (1)
Huile d'olive (2 c. à soupe)
Épinards surgelés (500 g)
Œufs (6)
Lait de soja (15 cl)
Sel, poivre

Pour 4 personnes
Préparation 10 min
Cuisson 8 min
Très facile
Coût €

31
MAI
VISITATION

1. Épluchez et émincez l'**oignon**.
2. Insérez la cuve dans le robot. **Sélectionnez le menu manuel, mode cuisson classique, fonction dorer**.
3. Pendant la durée du préchauffage, faites chauffer l'**huile**. Ajoutez les **épinards** et l'**oignon**. Faites-les revenir pendant 3 minutes. Salez et poivrez.
4. Battez les **œufs** avec le **lait de soja**. Versez dans la cuve sur les **épinards**.
5. **Sélectionnez le menu manuel, mode cuisson sous pression, puis programmez la minuterie à 00 : 05, départ immédiat**. Fermez et verrouillez la cuve.
6. Lorsque le voyant rouge est éteint, ouvrez et retournez la **frittata** dans un grand plat. Découpez-la en parts et dégustez.

DORADES AU GINGEMBRE

Ingrédients :
Gingembre
(1 racine de 4 cm)
Eau (20 cl)
Dorades (2 de 500 g)
Pois mange-tout (200 g)
Huile de tournesol
(1 c. à soupe)
Sauce soja (3 c. à soupe)
Sucre (1 c. à café)
Sel, poivre

Pour 4 personnes
Préparation 7 min
Cuisson 10 min
Facile
Coût €€

1. Coupez le **gingembre** en fines lamelles.
2. Insérez la cuve dans le robot et versez-y l'**eau**. Placez le panier vapeur dans la cuve. Mettez-y la **dorade** et la moitié du **gingembre**.
3. Ajoutez les **pois**. Salez et poivrez.
4. **Sélectionnez le menu manuel, mode cuisson sous pression, puis programmez la minuterie à 00 : 06, départ immédiat.** Fermez et verrouillez la cuve.

1er
JUIN
St Justin

5. Lorsque le voyant rouge est éteint, ouvrez, sortez le panier.
6. Nettoyez la cuve.
7. Ajoutez l'huile. **Sélectionnez le menu manuel, mode cuisson classique, fonction dorer.**
8. Faites chauffer l'**huile** pendant le temps du préchauffage, ajoutez le reste du **gingembre** et laissez-le rissoler 1 minute.
9. Arrêtez la cuisson, ajoutez la **sauce soja** et le **sucre**. Arrosez le poisson de cette sauce et servez aussitôt.

MINESTRONE ESTIVAL

Ingrédients :
Tomates bien mûres (4)
Courgette (1)
Oignon (1)
Céleri (1 branche)
Huile d'olive (4 c. à soupe)
Laurier (2 feuilles)
Coquillettes (150 g)
Eau (75 cl)
Parmesan râpé (100 g)
Basilic (3 branches)
Sel

Pour 4 personnes
Préparation 15 min
Cuisson 10 min
Très facile
Coût €

1. Pelez et coupez les **tomates** en dés.
2. Coupez la **courgette** en dés.
3. Émincez l'**oignon** et le **céleri**.
4. Insérez la cuve dans le robot. **Sélectionnez le menu manuel, mode cuisson classique, fonction dorer.**
5. Sans attendre la fin du préchauffage, faites revenir tous les **légumes** dans l'**huile** pendant 5 minutes.

6. Salez, ajoutez les **feuilles de laurier**, les **pâtes** et l'**eau**.
7. **Passez en mode cuisson sous pression, programmez la minuterie à 00 : 05, départ immédiat.** Fermez et verrouillez la cuve.
8. Lorsque le voyant rouge est éteint, ouvrez la cuve, parsemez de **parmesan** et de **feuilles de basilic**. Servez sans attendre.

RATATOUILLE

Ingrédients :
Tomates (2)
Courgettes moyennes (2)
Aubergines moyennes (2)
Oignon (1)
Ail (2 gousses)
Fenouil (1)
Huile d'olive (1 c. à soupe)
Laurier (1 feuille)
Eau (20 cl)
Sel, poivro

Pour 4 personnes
Préparation 15 min
Cuisson 19 min
Très facile
Coût €

3
JUIN
St Kévin

1. Coupez les **tomates**, les **courgettes** et les **aubergines** en gros dés, sans les peler.
2. Épluchez et émincez l'**oignon** et l'**ail**.
3. Retirez les feuilles extérieures du **fenouil** et coupez-le en gros dés.
4. **Sélectionnez le menu manuel, mode cuisson classique, fonction dorer.**
5. Faites chauffer l'**huile** et mettez-y l'**oignon** et le **fenouil** à revenir pendant 3 minutes.
6. Ajoutez les **tomates**, les **courgettes**, les **aubergines**, l'**ail** et le **laurier**. Salez et poivrez.
7. Faites cuire, **toujours en mode cuisson classique, fonction dorer**, pendant 5 minutes, en remuant de temps en temps.
8. **Ajoutez l'eau et passez en mode cuisson sous pression, puis programmez la minuterie à 00 : 08, départ immédiat.**
9. Fermez et verrouillez. Lorsque le voyant rouge est éteint, ouvrez l'appareil et servez sans attendre.

SOUPE DE POULET À LA MEXICAINE

Ingrédients :
Oignon (1)
Huile d'olive (4 c. à soupe)
Poulet (4 pilons)
Mélange d'épices mexicain (2 c. à soupe)
Tomates concassées (400 g)
Maïs en conserve (200 g)
Eau (60 cl)
Tabasco
Sel

Pour 4 personnes
Préparation 5 min
Cuisson 21 min
Facile
Coût €

1. Pelez et hachez l'**oignon**.
2. Insérez la cuve dans le robot. **Sélectionnez le menu manuel, mode cuisson classique, fonction dorer.**
3. Laissez chauffer l'**huile** pendant le temps du préchauffage. Faites-y revenir le **poulet** avec l'**oignon** et les **épices** pendant 3 minutes environ.
4. Ajoutez les **tomates**, le **maïs** et l'eau. Salez.

5. **Passez en mode cuisson sous pression, programmez la minuterie à 00 : 15, départ immédiat.** Fermez et verrouillez la cuve.

6. Lorsque le voyant rouge est éteint, ouvrez la cuve, sortez le **poulet**, désossez-le et remettez la **chair effilochée** dans la **soupe**. Relevez avec du **Tabasco** et dégustez.

TERRINE DE POULET

Ingrédients :
Oignon moyen (1)
Échalote (1)
Chair à saucisse nature (500 g)
Persil ciselé (2 brins)
Thym (1 branche effeuillée)
Œufs (2)
Noilly Prat (2 c. à soupe)
Blancs de poulet (250 g)
Lard fumé (8 fines tranches)
Eau (20 cl)
Sel, poivre du moulin

Pour 4 personnes
Préparation 15 min
Cuisson 30 min
Repos 24 h
Facile
Coût €

1. Pelez et émincez l'**oignon** et l'**échalote**.
2. Dans un saladier, mélangez-les à la **chair à saucisse**, avec le **persil** ciselé, la moitié du **thym** effeuillé, les **œufs** et le **Noilly Prat**. Salez et poivrez.
3. Escalopez les **blancs de poulet** en les ouvrant bien à plat.
4. Tapissez le fond d'un moule de 18 cm de diamètre avec un tiers de la **chair à saucisse** travaillée.

5. Surmontez de 3 **tranches de lard fumé**, puis de la moitié des **blancs de poulet**.

6. Répétez l'opération jusqu'à épuisement des ingrédients, en tassant bien entre chaque couche. Finissez par la **chair à saucisse**.

7. Lissez le dessus à la spatule. Parsemez du reste de **thym**.

8. Filmez le moule avec du film alimentaire spécial cuisson, placez-le dans le panier vapeur. Versez l'**eau** dans la cuve du robot et placez-y le panier.

9. **Sélectionnez le menu manuel, mode cuisson sous pression, puis programmez la minuterie à 00 : 30, départ immédiat.** Fermez et verrouillez.

10. Lorsque le voyant rouge est éteint, ouvrez l'appareil, laissez refroidir dans le robot, couvercle ouvert, puis placez 24 heures au frais.

11. Servez avec du pain de campagne frais et une salade.

FLANS AUX COURGETTES

Ingrédients :
Courgettes (2 petites)
Œufs (2 jaunes)
Crème liquide (10 cl)
Lait entier (10 cl)
Maïzena (20 g)
Gruyère râpé (40 g)
Eau (20 cl)
Sel, poivre

Pour 4 personnes
Préparation 10 min
Cuisson 10 min
Très facile
Coût €

6
JUIN
St Norbert

1. Nettoyez et coupez les **courgettes** en petits morceaux.
2. Répartissez-les dans quatre ramequins.
3. Dans un récipient, mélangez les **jaunes d'œufs**, la **crème**, le **lait** et la **Maïzena**. Salez et poivrez.
4. Versez le mélange sur les **courgettes** dans les ramequins.
5. Parsemez de **gruyère** râpé.
6. Filmez soigneusement les ramequins avec du papier alimentaire spécial cuisson.
7. Déposez les ramequins dans le panier vapeur à l'intérieur de la cuve.
8. Ajoutez l'eau. **Sélectionnez le menu manuel, mode cuisson sous pression, puis programmez la minuterie à 00 : 10, départ immédiat.** Fermez et verrouillez la cuve.
9. Lorsque le voyant rouge est éteint, ouvrez la cuve, laissez refroidir avant de démouler et servez sans attendre décoré de feuilles de roquette.

POULET TIKKA

Ingrédients :
Oignons (2)
Blancs de poulet (600 g)
Beurre (30 g)
Pâte de curry (2 c. à soupe)
Concentré de tomates (1 c. à soupe)
Yaourt grec (1 de 125 g)
Maïzena (1 c. à café)
Eau (20 cl)
Sel, poivre

Pour 4 personnes
Préparation 10 min
Cuisson 16 min
Facile
Coût €

1. Pelez et hachez grossièrement les **oignons**.
2. Coupez le **poulet** en gros cubes.
3. Insérez la cuve dans le robot. **Sélectionnez le menu manuel, mode cuisson classique, fonction dorer.**
4. À la fin du préchauffage, faites fondre le **beurre** et faites blondir les **oignons** pendant environ 3 minutes.
5. Retirez-les et mettez les **cubes de poulet** à dorer pendant 5 minutes environ.

6. Pendant ce temps, mixez les **oignons** avec la **pâte de curry**, le **concentré de tomates**, le **yaourt** et la **Maïzena**. Ajoutez dans la cuve.

7. **Versez l'eau** et passez **en mode cuisson sous pression et programmez la minuterie à 00:08, départ immédiat.** Fermez et verrouillez.

8. Lorsque le voyant rouge est éteint, ouvrez, rectifiez l'assaisonnement si nécessaire et servez aussitôt.

RISOTTO PETITS POIS-SAUMON FUMÉ

Ingrédients :
Oignons (2)
Huile d'olive (2 c. à soupe)
Riz Arborio (300 g)
Vin blanc (10 cl)
Petits pois surgelés (125 g)
Bouillon de volaille (1 cube)
Eau (80 cl)
Saumon fumé (4 tranches)
Parmesan râpé (80 g)
Mascarpone (3 c. à soupe)
Sel, poivre

Pour 4 personnes
Préparation 10 min
Cuisson 14 min
Très facile
Coût €€

1. Épluchez et émincez finement les **oignons**.
2. **Sélectionnez le menu manuel, mode cuisson classique, fonction dorer.**
3. Faites chauffer l'**huile** le temps du préchauffage, ajoutez les **oignons** et laissez-les dorer 3 minutes.
4. Ajoutez le **riz** et faites-le nacrer, en remuant, pendant 1 minute.

5. Ajoutez le **vin** et les **petits pois**. Laissez cuire 1 minute, salez et poivrez légèrement.

6. Délayez le **cube de bouillon** dans l'**eau** et ajoute-le. **Mettez le robot en mode sous pression et programmez la minuterie à 00 : 06, départ immédiat.** Fermez et verrouillez la cuve.

7. Pendant ce temps, détaillez les **tranches de saumon** en lamelles.

8. Lorsque le voyant rouge est éteint, ouvrez l'appareil, ajoutez le **parmesan** et le **mascarpone**.

9. Mélangez et servez bien chaud accompagné des **lamelles de saumon**.

CLAFOUTIS AUX ABRICOTS

Ingrédients :
Œufs (3)
Sucre (50 g)
Farine (50 g)
Lait (20 cl)
Beurre (1 noisette)
Abricots (6)
Eau (20 cl)

Pour 4 personnes
Préparation 10 min
Cuisson 20 min
Repos 10 min
Facile
Coût €

9
JUIN
Ste Diane

1. Dans un saladier, fouettez ensemble les **œufs** et le **sucre**.
2. Ajoutez la **farine** tamisée et mélangez.
3. Incorporez doucement le **lait**, tout en remuant.
4. Répartissez le tout dans 4 ramequins beurrés de 9 cm de diamètre.
5. Coupez les **abricots** en deux. Déposez les oreillons dans les ramequins, côté bombé vers le bas.
6. Recouvrez-les de film alimentaire spécial cuisson.
7. Versez l'**eau** au fond de la cuve, posez le panier vapeur avec les ramequins à l'intérieur.
8. **Sélectionner le menu manuel, mode cuisson sous pression, puis programmez la minuterie à 00 : 20, départ immédiat.** Fermez et verrouillez.
9. Lorsque le voyant rouge est éteint, ouvrez l'appareil et laissez refroidir une dizaine de minutes avant de sortir les clafoutis.
10. Ôtez le film alimentaire, essuyez bien la condensation de surface, avec une feuille d'essuie-tout si besoin.
11. Dégustez.

BOUCHÉES À LA REINE

Ingrédients :
Champignons de Paris frais (200 g)
Petites quenelles de veau nature (4)
Blancs de poulet (550 g)
Beurre (35 g)
Farine (65 g)
Bouillon de volaille (1 cube)
Eau (20 cl)
Vin blanc (20 cl)
Jaunes d'œufs (2)
Crème liquide (10 cl)
Coques de bouchées à la reine (4)
Persil ciselé
Sel, poivre

Pour 4 personnes
Préparation 10 min
Cuisson 19 min
Facile
Coût €€

1. Coupez les **champignons** en lamelles et les **quenelles** égouttées en petits tronçons.
2. Détaillez le **poulet** en dés.
3. Insérez la cuve dans le robot.
Sélectionnez le menu manuel, mode cuisson classique, fonction dorer.

4. Faites fondre 10 g de **beurre** pendant la durée du préchauffage, puis faites colorer le **poulet** 3 minutes. Réservez.

5. Faites fondre le reste du **beurre**, ajoutez la **farine**, laissez cuire en mélangeant pendant 3 minutes.

6. Délayez le **cube de bouillon** dans l'**eau**. Ajoutez-le dans la cuve, mélangez.

7. Ajoutez les **champignons**, les **quenelles**, et le **vin blanc**. Salez et poivrez.

8. **Passez en mode cuisson sous pression, programmez la minuterie à 00 : 10, départ immédiat.** Fermez et verrouillez la cuve.

9. Pendant ce temps, délayez dans un bol les **jaunes d'œufs** et la **crème**.

10. Lorsque le voyant rouge est éteint, ouvrez la cuve, ajoutez le mélange.

11. **Repassez en mode cuisson classique, fonction dorer** et laissez cuire pendant 3 minutes, en remuant régulièrement.

12. Réchauffez les **coques** au four quelques minutes, remplissez-les et servez sans attendre parsemé de **persil**.

PETITS POIS AUX CAROTTES ET LARDONS

Ingrédients :
Échalotes (3)
Carottes (2)
Lardons fumés (200 g)
Petits pois surgelés (450 g)
Trévise (quelques feuilles)
Beurre (30 g)
Eau (20 cl)
Sel, poivre

Pour 4 personnes
Préparation 2 min
Cuisson 8 min
Très facile
Coût €

1. Épluchez les **échalotes**, coupez-les en quatre.
2. Épluchez les **carottes**, coupez-les en rondelles.
3. Insérez la cuve dans le robot. **Sélectionnez le menu manuel, mode cuisson classique, fonction dorer.**
4. À la fin du préchauffage, faites revenir les **échalotes** et les **lardons** pendant environ 3 minutes.

11
JUIN
St Barnabé

5 Ajoutez les **petits pois**, un tiers des **feuilles de salade** et les **carottes**, remuez.

6 Ajoutez l'eau. **Passez en mode cuisson sous pression et programmez la minuterie à 00:05, départ immédiat.** Fermez et verrouillez.

7 Lorsque le voyant rouge est éteint, salez et poivrez. Ajoutez le **beurre** et la **salade** restante, et servez aussitôt.

CHAMPIGNONS À LA GRECQUE

Ingrédients :
Petits champignons de Paris en conserve (500 g)
Vin blanc sec (20 cl)
Huile d'olive (4 c. à soupe)
Citron (le jus d'1/2)
Concentré de tomates (140 g)
Sel, poivre

Pour 4 personnes
Préparation 5 min
Cuisson 4 min
Très facile
Coût €

12 JUIN
St Guy

1. Égouttez et rincez les **champignons de Paris**.
2. Insérez la cuve dans le robot. Placez-y les **champignons**.
3. Ajoutez le **vin blanc**, l'**huile**, le **jus de citron** et le **concentré de tomates**. Salez, poivrez et mélangez délicatement à l'aide d'une cuillère en bois.
4. **Sélectionnez le menu manuel, mode cuisson sous pression, et programmez la minuterie à 00 : 04, départ immédiat.** Fermez et verrouillez.
5. Lorsque le voyant rouge est éteint, ouvrez l'appareil, mélangez et laissez refroidir.
6. Servez frais.

SOUPE DE FENOUIL

Ingrédients :
Fenouils (2)
Pommes de terre (3)
Ail (1 gousse)
Huile d'olive (1 filet)
Bouillon de légumes (1 cube)
Eau (60 cl)
Sel, poivre du moulin

Pour 4 personnes
Préparation 10 min
Cuisson 15 min
Très facile
Coût €

1. Ôtez les parties sèches des **fenouils** et la partie dure de la base. Coupez-les en deux, puis en morceaux.
2. Épluchez et coupez les **pommes de terre** en morceaux.
3. Épluchez et émincez l'**ail**, déposez-le dans la cuve.
4. **Sélectionnez le menu manuel, mode cuisson classique, fonction dorer.**
5. Faites blondir l'**ail** avec l'**huile**, puis ajoutez les morceaux de **fenouil** et de **pommes de terre**.

13
JUIN
St Antoine de P.

6. Faites revenir le tout quelques instants.
7. Ajoutez le **cube de bouillon** dilué dans l'**eau**. Salez, poivrez.
8. **Passez en mode cuisson sous pression, puis programmez la minuterie à 00 : 12, départ immédiat.** Fermez et verrouillez la cuve.
9. Lorsque le voyant rouge est éteint, ouvrez la cuve, mixez à l'aide d'un mixeur plongeant (veillez à ce qu'il soit équipé d'une paroi de protection autour de l'hélice pour ne pas endommager la cuve).
10. Dégustez aussitôt.

POT-AU-FEU DE LA MER

Ingrédients :
Moules (500 g)
Oignon (1)
Fenouil (1 bulbe)
Carottes (4)
Poireaux (2)
Pommes de terre (8)
Ail en chemise (2 gousses)
Bouquet garni (1)
Eau
Roussette (1 kg)
Safran en poudre (1 dosette)
Baies roses (1 c. à café)
Sel, poivre

Pour 4 personnes
Préparation 15 min
Cuisson 8 min
Moyen
Coût €€

1. Lavez et grattez les **moules**.
2. Pelez l'**oignon**, coupez-le en quartiers.
3. Coupez le **bulbe de fenouil** en quartiers.
4. Pelez les **carottes** et coupez-les en rondelles épaisses.
5. Coupez les **poireaux** en rondelles épaisses.
6. Coupez les **pommes de terre** en quatre.

7. Insérez la cuve dans le robot. Versez les **légumes**, l'**ail en chemise** et le **bouquet garni** à l'intérieur. Salez, poivrez et couvrez d'**eau** à hauteur.

8. **Réglez le robot sur le menu manuel, mode cuisson sous pression, puis programmez la minuterie à 00 : 06, départ immédiat.** Fermez et verrouillez.

9. Lorsque le voyant rouge est éteint, ouvrez, ajoutez le **poisson**, les **moules** et le **safran**. Refermez.

10. **Toujours en mode cuisson sous pression,** relancez la cuisson pour 2 minutes, puis dégustez.

PORRIDGE EXPRESS

Ingrédients :
Lait entier (1 l)
Flocons d'avoine (160 g)
Miel
Fruits de saison (250 g)

Pour 4 personnes
Préparation 5 min
Cuisson 10 min
Très facile
Coût €

15
JUIN
Ste Germaine

1. Insérez la cuve dans le robot. Versez le **lait**.
2. **Sélectionnez le menu manuel, mode cuisson classique, fonction dorer,** et faites bouillir le **lait**.
3. Ajoutez les **flocons d'avoine** en pluie, tout en remuant à l'aide d'une cuillère en bois.
4. **Passez en mode cuisson sous pression, puis programmez la minuterie à 00 : 10, départ immédiat.** Fermez et verrouillez la cuve.
5. Lorsque le voyant rouge est éteint, ouvrez, mélangez et servez accompagné d'un **filet de miel** et parsemé de **fruits de saison**.

CUISSES DE CANARD AUX GRIOTTES

Ingrédients :
Cuisses de canard (4)
Cassonade brune (1 c. à soupe)
Huile de tournesol (1 c. à soupe)
Vinaigre balsamique (2 c. à soupe)
Griottes (200 g)
Eau (20 cl)
Sel, poivre

Pour 4 personnes
Préparation 10 min
Cuisson 20 min
Facile
Coût €€

1. Dans un saladier, mettez les **cuisses de canard** et la **cassonade**. Salez et poivrez. Mélangez bien le tout.
2. Insérez la cuve dans le robot. **Sélectionnez le menu manuel, mode cuisson classique, fonction dorer.**
3. Faites chauffer l'**huile** pendant la durée du préchauffage, ajoutez les **cuisses** et laissez-les dorer pendant 5 minutes sur toutes les faces.
4. Ajoutez le **vinaigre** et laissez-le s'évaporer.

5. Ajoutez les **griottes** et l'**eau**.
6. **Passez en mode cuisson sous pression et programmez la minuterie à 00 : 15, départ immédiat.** Fermez et verrouillez.
7. Lorsque le voyant rouge est éteint, ouvrez l'appareil, remuez et servez bien chaud.

PETITES MOUSSES DE BETTERAVE

Ingrédients :
Betteraves crues (4)
Eau (20 cl)
Fromage frais (120 g)
Huile d'olive (filet)
Sel, poivre

Pour 4 personnes
Préparation 10 min
Cuisson 15 min
Repos 1 h
Facile
Coût €

1. Épluchez les **betteraves** coupez-les en morceaux.
2. Insérez la cuve dans le robot. Ajoutez l'**eau**.
3. Placez dans la cuve le panier vapeur avec les **betteraves** dedans.
4. **Sélectionnez le menu manuel, mode cuisson sous pression, puis programmez la minuterie à 00 : 15, départ immédiat.** Fermez et verrouillez.
5. Lorsque le voyant rouge est éteint, ouvrez et ajoutez le **fromage frais**.

6. Mixez à l'aide d'un mixeur plongeant jusqu'à obtenir une texture bien lisse (veillez à ce qu'il soit équipé d'une paroi de protection autour de l'hélice pour ne pas endommager la cuve).
7. Ajoutez l'**huile d'olive**. Salez, poivrez et mélangez délicatement.
8. Versez la préparation dans des verrines et placez au frais pendant au moins 1 heure.
9. Servez surmonté de **crème Chantilly** et d'une pointe de **piment d'Espelette**.

PENNE TOMATES-BASILIC

Ingrédients :
Basilic (1/2 bouquet)
Huile d'olive (3 c. à soupe)
Ail (2 gousses)
Tomates cerises (250 g)
Penne (300 g)
Eau (60 cl)
Bouillon de légumes (1/2 cube)

Pour 4 personnes
Préparation 5 min
Cuisson 8 min
Très facile
Coût €

18
JUIN
St Léonce

1. Rincez et effeuillez le **basilic**.
2. Insérez la cuve dans le robot. **Sélectionnez le menu manuel, mode cuisson classique, fonction dorer.**
3. Versez l'**huile** et laissez-la chauffer le temps du préchauffage.
4. Ajoutez l'**ail** et faites-le blondir pendant 1 minute.
5. Ajoutez les **tomates**, les **pâtes**, l'**eau** et le **cube de bouillon** émietté.
6. **Réglez le robot sur le menu manuel, mode cuisson sous pression, et programmez la minuterie à 00 : 06, départ immédiat.** Fermez et verrouillez.
7. Lorsque le voyant rouge est éteint, ouvrez l'appareil, ajoutez le **basilic** et refermez le couvercle quelques minutes, le temps que les pâtes finissent d'absorber le bouillon.
8. Dégustez.

SOUPE AUX LÉGUMES DU SOLEIL

Ingrédients :
Oignon (1 gros)
Ail (2 gousses)
Huile d'olive (1 c. à soupe)
Tomates (600 g)
Courgettes (300 g)
Aubergine (300 g)
Poivron rouge (1)
Tapenade verte (1 c. à soupe)
Bouillon de légumes (1 cube)
Eau (20 cl)
Sel, poivre

Pour 4 personnes
Préparation 10 min
Cuisson 10 min
Très facile
Coût €

1. Épluchez et émincez l'oignon, hachez grossièrement les gousses d'ail.
2. **Sélectionnez le menu manuel, mode classique, fonction dorer.**
3. Faites chauffer l'**huile** pendant la durée du préchauffage, puis faites revenir l'**oignon** et l'**ail** pendant 3 minutes, tout en remuant à l'aide d'une cuillère en bois.

19
JUIN
St Romuald

4. Ajoutez les **tomates**, les **courgettes**, l'**aubergine** et le **poivron** coupés en dés.
5. Ajoutez la **tapenade verte** et le **cube de bouillon** dilué dans l'**eau**. Salez et poivrez.
6. **Passez en menu manuel, mode cuisson sous pression, et programmez la minuterie à 00 : 04, départ immédiat.** Fermez et verrouillez.
7. Lorsque le voyant rouge est éteint, ouvrez, rectifiez l'assaisonnement si nécessaire et servez bien chaud.

POULET À LA CRÈME ET AUX CHAMPIGNONS

Ingrédients :
Blancs de poulet (4)
Champignons de Paris (250 g)
Échalotes (2)
Huile de tournesol (2 c. à soupe)
Beurre (30 g)
Crème liquide entière (15 cl)
Maïzena (2 c. à café)
Eau (20 cl)
Sel, poivre

Pour 4 personnes
Préparation 5 min
Cuisson 8 min
Très facile
Coût €

1. Coupez le **poulet** en lanières.
2. Émincez les **champignons**.
3. Pelez et émincez les **échalotes**.
4. Insérez la cuve dans le robot. **Sélectionnez le menu manuel, mode cuisson classique, fonction dorer.**
5. Versez l'**huile** et le **beurre**, et laissez-les chauffer le temps du préchauffage.
6. Faites revenir le **poulet** avec les **échalotes** et les **champignons** pendant 2 minutes environ.

20
JUIN
St Silvère

7. Salez et poivrez. Ajoutez la **crème** et la **Maïzena** délayée dans l'eau.
8. **Réglez le robot sur le menu manuel, mode cuisson sous pression, et programmez la minuterie à 00 : 03, départ immédiat.** Fermez et verrouillez.
9. Lorsque le voyant rouge est éteint, ouvrez l'appareil, mélangez délicatement et dégustez.

GÂTEAU AU YAOURT

Ingrédients :
Yaourt en pot (1)
Farine (3 pots)
Œufs (2)
Sucre en poudre (1 pot)
Levure chimique (1 sachet)
Huile de tournesol (1/2 pot)
Beurre (1 noisette)
Eau (20 cl)

Pour 4 personnes
Préparation 10 min
Cuisson 30 min
Très facile
Coût €

1. Dans un saladier, mélangez en fouettant délicatement le **yaourt**, la **farine** et les **œufs**.
2. Ajoutez le **sucre** et la **levure**, mélangez.
3. Ajoutez l'**huile**, mélangez.
4. Versez la préparation dans un moule de 18 cm de diamètre préalablement beurré.
5. Filmez soigneusement le moule avec du film alimentaire spécial cuisson.
6. Insérez la cuve dans le robot et versez-y l'eau. Placez le panier vapeur dans la cuve et posez le moule dedans.
7. **Sélectionnez le menu manuel, mode cuisson sous pression, puis programmez la minuterie à 00 : 30, départ immédiat.** Fermez et verrouillez la cuve.
8. Lorsque le voyant rouge est éteint, ouvrez, laissez bien reposer avant de démouler.

CREVETTES PIMENTÉES

Ingrédients :
Courgettes (4)
Ail (4 gousses)
Coriandre (1 bouquet)
Huile d'olive (1 c. à soupe)
Crevettes crues décortiquées (500 g)
Piment d'Espelette (1/2 c. à café)
Eau (20 cl)

Pour 4 personnes
Préparation 10 min
Cuisson 4 min
Facile
Coût €€

1. Détaillez les **courgettes** en julienne.
2. Épluchez et émincez finement l'**ail**.
3. Ciselez la **coriandre**.
4. Insérez la cuve dans le robot. **Sélectionnez le menu manuel, mode cuisson classique, fonction dorer.**
5. À la fin du préchauffage, versez l'**huile** et faites dorer l'**ail** 1 minute.
6. Ajoutez les **crevettes** et les **courgettes**.
7. Ajoutez l'**eau**.

8. **Passez en mode cuisson sous pression et programmez la minuterie à 00:03, départ immédiat.** Fermez et verrouillez.
9. Lorsque le voyant rouge est éteint, ajoutez la **coriandre ciselée** et mélangez.
10. Servez avec du riz parfumé.

GÂTEAU MOELLEUX À LA FRAMBOISE

Ingrédients :
Framboises (200 g)
Œufs (2)
Lait ribot (10 cl)
Farine (180 g)
Sucre (130 g)
Levure chimique (1 sachet)
Eau (20 cl)
Sucre glace

Pour 4 personnes
Préparation 10 min
Cuisson 35 min
Très facile
Coût €

1. Écrasez la moitié des **framboises**.
2. Dans un saladier, battez les **œufs** et le **lait** au batteur électrique. Ajoutez les **framboises écrasées**.
3. Dans un bol, mélangez la **farine** avec le **sucre** et la **levure**. Versez cet appareil dans le premier.
4. Versez la préparation dans un moule de 18 cm de diamètre préalablement chemisé avec du papier sulfurisé.
5. Parsemez des **framboises entières**.

6. Filmez soigneusement avec du film alimentaire spécial cuisson.
7. Insérez la cuve dans le robot et versez l'**eau**. Placez le panier vapeur dans la cuve et posez le moule dedans.
8. **Sélectionnez le menu manuel, mode cuisson sous pression, puis programmez la minuterie à 00 : 35, départ immédiat.** Fermez et verrouillez la cuve.
9. Lorsque le voyant rouge est éteint, ouvrez, laissez refroidir et démoulez.
10. Saupoudrez de **sucre glace** et dégustez.

MAGRETS DE CANARD AUX AGRUMES

Ingrédients :
Magrets de canard (2)
Oranges (2)
Miel (1 c. à soupe)
Bouillon de volaille (1 cube)
Eau (30 cl)
Pamplemousse rose (1)
Yuzu (1 c. à soupe)
Cannelle (1 c. à café)
Sel, poivre

Pour 4 personnes
Préparation 10 min
Cuisson 15 min
Très facile
Coût €€

24
JUIN
St Jean

1. Insérez la cuve dans le robot. **Sélectionnez le menu manuel, mode cuisson classique, fonction dorer.**
2. Attendez la fin du préchauffage et posez les **magrets** côté peau au fond de la cuve. Laissez-les dorer pendant 7 minutes.
3. Arrosez du **jus d'une des oranges**, ajoutez le **miel**.
4. Délayez le **cube de bouillon** dans l'**eau** et ajoutez-le. Salez et poivrez.
5. **Sélectionnez le menu manuel, mode cuisson sous pression, puis programmez la minuterie à 00 : 10, départ immédiat.** Fermez et verrouillez la cuve.
6. Pendant ce temps, prélevez le **zeste de la seconde orange**, puis ses quartiers et ceux du **pamplemousse**, en prenant soin d'ôter la membrane blanche.
7. Lorsque le voyant rouge est éteint, ouvrez, ajoutez les quartiers d'**agrumes**, arrosez du **jus de yuzu** et saupoudrez de **cannelle**.
8. **Passez en mode cuisson classique, fonction mijoter, pour 5 minutes.**
9. Au moment de servir, coupez les **magrets de canard** en tranches. Dégustez avec des pommes de terre à l'eau.

PAPILLOTES DE LIEU AUX ARTICHAUTS

Ingrédients :
Cœurs d'artichauts en conserve (12)
Pavés de lieu (4)
Pesto de tomates séchées (4)
Eau (20 cl)
Sel, poivre

Pour 4 personnes
Préparation 10 min
Cuisson 8 min
Très facile
Coût €

1. Préparez 4 carrés de papier sulfurisé de 30 cm de côté.
2. Sur chacun d'eux, déposez 3 **cœurs d'artichauts** coupés en quartiers, salez et poivrez.
3. Tartinez de **pesto** chaque **pavé de lieu** et placez ceux-ci sur les **artichauts**.
4. Refermez soigneusement les papillotes.
5. Insérez la cuve dans le robot et versez-y l'**eau**. Placez le panier vapeur dans la cuve et mettez-y les papillotes.

6 **Sélectionnez le menu manuel, mode cuisson sous pression, puis programmez la minuterie à 00 : 08, départ immédiat.** Fermez et verrouillez la cuve.

7 Lorsque le voyant rouge est éteint, ouvrez et dégustez sans attendre.

PAIN D'ASPERGES

Ingrédients :
Asperges blanches cuites (1 grand bocal)
Œufs (4)
Crème fraîche épaisse (125 g)
Maïzena (1/2 c. à soupe)
Baies roses (1 c. à café)
Beurre
Eau (20 cl)
Sel, poivre

Pour 4 personnes
Préparation 10 min
Cuisson 20 min
Repos 2 h
Facile
Coût €

1. Égouttez soigneusement les **asperges blanches** en les pressant.
2. Insérez la cuve dans le robot. Mettez-y les **asperges**.
3. Ajoutez les **œufs entiers,** la **crème fraîche** et la **Maïzena**. Salez et poivrez. Mixez à l'aide d'un mixeur plongeant jusqu'à obtenir un appareil fluide (veillez à ce qu'il soit équipé d'une paroi de protection autour de l'hélice pour ne pas endommager la cuve).

4. Versez dans un moule de 18 cm de diamètre légèrement beurré. Filmez-le.

5. Insérez la cuve dans le robot. Ajoutez l'**eau**. Placez dans la cuve le panier vapeur avec les verrines dedans.

6. **Sélectionnez le menu manuel, mode cuisson sous pression, puis programmez la minuterie à 00 : 20, départ immédiat.** Fermez et verrouillez.

7. Lorsque le voyant rouge est éteint, ouvrez et laissez refroidir. Placez ensuite 2 heures au frais avant de déguster.

8. Au moment de servir, démoulez et coupez en tranches. Servez saupoudré de **tomates cerises** coupées en deux et de **baies roses**.

SOUPE DE COURGETTES

Ingrédients :
Oignon (1)
Pommes de terre (5)
Courgettes surgelées (1 kg)
Lardons fumés (250 g)
Vache Qui Rit (4 portions)
Eau (75 cl)

Pour 4 personnes
Préparation 10 min
Cuisson 13 min
Très facile
Coût €

27
JUIN
St Fernand

1. Épluchez et émincez l'**oignon**.
2. Épluchez les **pommes de terre** et les **courgettes**, coupez-les en morceaux.
3. Insérez la cuve dans le robot. **Sélectionnez le menu manuel, mode cuisson classique, fonction dorer.**
4. Sans attendre la fin du préchauffage, faites revenir les **lardons** avec l'**oignon** pendant 3 minutes.
5. Ajoutez les **pommes de terre** coupées en morceaux, les **courgettes** et l'**eau**.
6. **Passez en mode cuisson sous pression, programmez la minuterie à 00 : 10, départ immédiat.** Fermez et verrouillez la cuve.
7. Lorsque le voyant rouge est éteint, ouvrez, ajoutez la **Vache Qui Rit** et mixez à l'aide d'un mixeur plongeant jusqu'à obtenir une texture bien lisse (veillez à ce qu'il soit équipé d'une paroi de protection autour de l'hélice pour ne pas endommager la cuve).
8. Servez sans attendre.

OMELETTE AUX PETITS POIS

Ingrédients :
Œufs (4)
Petits pois (200 g)
Lait (10 cl)
Persil plat (1 petit bouquet)
Huile d'olive (1 c. à soupe)
Pousses de petits pois (100 g)

Pour 4 personnes
Préparation 10 min
Cuisson 8 min
Très facile
Coût €

1. Mixez les **œufs** avec les **petits pois**, le **lait** et les trois quarts du **persil**.
2. Insérez la cuve dans le robot. **Sélectionnez le menu manuel, mode cuisson classique, fonction dorer.**
3. Mettez l'**huile** à chauffer pendant la durée du préchauffage.
4. Ajoutez le mélange et laissez cuire 8 minutes, en remuant bien à l'aide d'une cuillère en bois.

5. Lorsque l'**omelette** est bien prise, sortez-la en la retournant délicatement sur une assiette.
6. Servez sans attendre, parsemé du **persil** restant et de **pousses de petits pois**.

POULET AU ROMARIN

Ingrédients :
Huile d'olive (2 c. à soupe)
Poulet (1 de 1 kg)
Citron (1)
Ail (5 gousses)
Romarin (2 brins)
Eau (15 cl)
Pommes de terre (500 g)
Sel, poivre

Pour 4 personnes
Préparation 15 min
Cuisson 1 h 10
Très facile
Coût €

1. Insérez la cuve dans le robot. **Sélectionnez le menu manuel, mode cuisson classique, fonction dorer.**
2. Versez-y l'**huile**, attendez la fin du préchauffage et faites dorer le **poulet** sur toutes ses faces pendant 10 minutes.
3. Ajoutez le **zeste du citron** et un trait de **jus**.
4. Épluchez les **gousses d'ail**, écrasez-les et ajoutez-les.
5. Ajoutez le **romarin** et l'**eau**.

6. **Passez en mode cuisson sous pression et programmez la minuterie à 00 : 40, départ immédiat.** Fermez et verrouillez.
7. Lorsque le voyant rouge est éteint, ouvrez l'appareil, ajoutez les **pommes de terres**, salez et poivrez.
8. **Programmez la minuterie à 00 : 20, départ immédiat.** Fermez et verrouillez.
9. Lorsque le voyant rouge est éteint, ouvrez et dégustez.

GÂTEAU AUX AMANDES

Ingrédients :

Œufs (3)
Sucre en poudre (150 g)
Sucre vanillé (1 sachet)
Lait demi-écrémé (10 cl)
Farine (125 g)
Levure chimique (1 sachet)
Poudre d'amandes (75 g)
Beurre (10 g)
Eau (20 cl)

Pour 4 personnes
Préparation 10 min
Cuisson 45 min
Très facile
Coût €

30
JUIN
St Martial

1. Séparez les **jaunes** des **blancs d'œufs**.
2. Dans un saladier, mélangez les **jaunes** avec le **sucre** jusqu'à ce que le mélange blanchisse.
3. Ajoutez le **sucre vanillé** et le **lait**. Mélangez.
4. Ajoutez la **farine** et la **levure**, puis la **poudre d'amandes**. Mélangez.
5. Montez les **blancs** en neige ferme et ajoutez-les à la préparation.
6. Versez dans un moule de 18 cm de diamètre préalablement beurré. Filmez soigneusement.
7. Insérez la cuve dans le robot et versez l'eau. Placez le panier vapeur dans la cuve et posez le moule dedans.
8. **Sélectionnez le menu manuel, mode cuisson sous pression, puis programmez la minuterie à 00 : 45, départ immédiat.** Fermez et verrouillez la cuve.
9. Lorsque le voyant rouge est éteint, ouvrez, laissez refroidir et dégustez.

DÉS DE SAUMON AUX LÉGUMES

Ingrédients :
Carotte (1)
Betterave crue (1)
Brocoli (1 tête)
Poireau (1)
Huile d'olive (1)
Saumon (4 pavés)
Court-bouillon (1 cube)
Eau (30 cl)
Sel, poivre

Pour 4 personnes
Préparation 15 min
Cuisson 13 min
Facile
Coût €€

1. Épluchez la **carotte** et la **betterave**.
2. Coupez le **brocoli** en petites fleurettes, le **poireau** et la **carotte** en rondelles, la **betterave** en bâtonnets.
3. Insérez la cuve dans le robot. **Sélectionnez le menu manuel, mode cuisson classique, fonction dorer.**
4. Versez l'**huile**, laissez-la chauffer le temps du préchauffage et faites revenir les **légumes** 5 minutes. Salez et poivrez.

1er
JUILLET
St Thierry

5. Coupez le **saumon** en gros dés. Mélangez.
6. Délayez le court-bouillon dans l'eau. Ajoutez-le.
7. **Mettez le robot en mode sous pression et programmez la minuterie à 00 : 08, départ immédiat.** Fermez et verrouillez la cuve.
8. Lorsque le voyant rouge est éteint, ouvrez, rectifiez l'assaisonnement si nécessaire et mélangez.
9. Servez sans attendre.

SOUPE DE LENTILLES CORAIL ÉPICÉE

Ingrédients :
Lentilles corail (200 g)
Gingembre (racine de 2 cm)
Curry (1 c. à soupe)
Tomates concassées en conserve (200 g)
Lait de coco (10 cl)
Citron vert (1/2)
Eau (20 cl)

Pour 4 personnes
Préparation 5 min
Cuisson 15 min
Très facile
Coût €

1. Rincez les **lentilles**.
2. Râpez le **gingembre** finement.
3. Insérez la cuve dans le robot. Placez-y les **lentilles**.
4. Ajoutez le **curry**, les **tomates** et le **gingembre**.
5. **Sélectionnez le menu manuel, mode cuisson sous pression, puis programmez la minuterie à 00 : 15, départ immédiat.** Fermez et verrouillez la cuve.

6 Lorsque le voyant rouge est éteint, ouvrez et mixez à l'aide d'un mixeur plongeant jusqu'à obtenir une crème bien lisse (veillez à ce que le mixeur soit équipé d'une paroi de protection autour de l'hélice pour ne pas endommager la cuve).

7 Ajoutez le **lait de coco** et un trait de **citron**. Dégustez.

DESSERT

COMPOTÉE DE PRUNES AU GINGEMBRE

Ingrédients :
Prunes rouges (600 g)
Gingembre (30 g)
Eau (20 cl)
Feuilles de verveine (1 poignée)

Pour 4 personnes
Préparation 5 min
Cuisson 4 min
Très facile
Coût €

3
JUILLET
St Thomas

1. Lavez les **prunes**.
2. Coupez-les en deux et dénoyautez-les.
3. Épluchez le **gingembre** et coupez-le en rondelles.
4. Insérez la cuve dans le robot. Versez-y l'**eau**.
5. Ajoutez les **prunes**, le **gingembre** et les **feuilles de verveine**.
6. **Sélectionnez le menu manuel, mode cuisson sous pression, puis programmez la minuterie à 00 : 04, départ immédiat.** Fermez et verrouillez la cuve.
7. Lorsque le voyant rouge est éteint, ouvrez, laissez refroidir et conservez au réfrigérateur.
8. Servez bien frais.

GASPACHO DE CREVETTES AU FENOUIL

Ingrédients :
Crevettes grises cuites (500 g)
Carottes (120 g)
Céleri branche (1)
Tomates (2)
Fenouil (160 g)
Eau (90 cl)
Ketchup (2 c. à soupe)
Jus d'orange (1 c. à soupe)
Jus de citron (1 c. à soupe)
Sel, poivre

Pour 4 personnes
Préparation 15 min
Cuisson 5 min
Repos 3 h
Très facile
Coût €

1. Hachez les **crevettes**.
2. Pelez les **carottes**, coupez-les en rondelles.
3. Coupez le **céleri**, les **tomates** et le **fenouil** en dés.
4. Insérez la cuve dans le robot. Ajoutez l'**eau**.
5. Placez dans la cuve les **crevettes**, les **légumes**, le **ketchup** et les **jus**.

6 **Sélectionnez le menu manuel, mode cuisson sous pression, puis programmez la minuterie à 00 : 05, départ immédiat.** Fermez et verrouillez.

7 Lorsque le voyant rouge est éteint, ouvrez et mixez à l'aide d'un mixeur plongeant (veillez à ce qu'il soit équipé d'une paroi de protection autour de l'hélice pour ne pas endommager la cuve).

8 Laissez refroidir. Placez ensuite au moins 3 heures au frais avant de déguster.

SALADE DE PÂTES AU JAMBON

Ingrédients :
Jambon (1 tranche épaisse de 250 g)
Comté (150 g)
Tomates cerises (100 g)
Pâtes pipe rigate (300 g)
Bouillon de légumes (1 cube)
Eau (45 cl)
Vinaigrette à la moutarde (4 c. à soupe)

Pour 4 personnes
Préparation 10 min
Cuisson 8 min
Repos 10 min
Très facile
Coût €

1. Coupez la tranche de **jambon** et le **comté** en dés.
2. Coupez les **tomates cerises** en deux.
3. Insérez la cuve dans le robot. Versez-y les **pâtes** et les **cubes de jambon**.
4. Délayez le **cube de bouillon** dans l'**eau** et ajoutez-le.

5
JUILLET
Ste Antoine

5 **Sélectionnez le menu manuel, mode cuisson sous pression, puis programmez la minuterie à 00 : 08, départ immédiat.** Fermez et verrouillez.

6 Lorsque le voyant rouge est éteint, ouvrez l'appareil et laissez refroidir une dizaine de minutes.

7 Ajoutez les **demi-tomates cerises** et les cubes de comté.

8 Versez la **vinaigrette**, mélangez bien et servez.

CLAFOUTIS AUX CERISES

Ingrédients :
Cerises (600 g)
Farine (100 g)
Œufs (2)
Sucre de canne (100 g)
Lait (25 cl)
Beurre (15 g)
Eau (20 cl)
Sucre glace

Pour 4 personnes
Préparation 10 min
Cuisson 30 min
Facile
Coût €

6
JUILLET
Ste Mariette

1. Dénoyautez les **cerises**.
2. Dans un saladier, battez la **farine**, les **œufs**, le **sucre de canne** et le **lait**.
3. Beurrez un moule de 18 cm de diamètre. Versez-y la pâte et placez les **cerises** dénoyautées dessus.
4. Filmez soigneusement avec du film alimentaire spécial cuisson.
5. Insérez la cuve dans le robot. Versez l'eau. Placez le panier vapeur avec le moule dedans.
6. **Sélectionnez le menu manuel, mode cuisson sous pression, puis programmez la minuterie à 00 : 30, départ immédiat.** Fermez et verrouillez la cuve.
7. Lorsque le voyant rouge est éteint, ouvrez, laissez refroidir, saupoudrez de **sucre glace** et dégustez.

LAPIN AUX HERBES

Ingrédients :
Poireau (feuilles vertes d'1)
Lapin (1/2)
Bouquet garni (1)
Quatre-épices (1 c. à café)
Bouillon de légumes (1 cube)
Eau (20 cl)
Persil, cerfeuil, estragon (quelques brins)
Citron (le jus d'1)
Sel, poivre

Pour 4 personnes
Préparation 15 min
Cuisson 15 min
Facile
Coût €

1. Émincez les **feuilles de poireau**.
2. Coupez le **lapin** en morceaux.
3. Insérez la cuve dans le robot. Déposez les **morceaux de lapin**, le **bouquet garni**, les **feuilles de poireau** et le **quatre-épices**.
4. Délayez le **cube de bouillon** dans l'**eau**. Salez et poivrez.
5. **Sélectionnez le menu manuel, mode cuisson sous pression, puis programmez la minuterie à 00 : 15, départ immédiat.** Fermez et verrouillez la cuve.

6. Pendant ce temps, lavez les **herbes** et ciselez-les.
7. Lorsque le voyant rouge est éteint, ouvrez, arrosez de **jus de citron**, saupoudrez d'**herbes** et mélangez.
8. Servez bien chaud.

LASAGNES AU CRABE

Ingrédients :
Poivron rouge (1)
Persil plat (5 brins)
Tomates pelées (100 g)
Sauce Béchamel (50 cl)
Tabasco
Crabe en conserve (300 g)
Beurre (15 g)
Lasagnes fraîches (8 feuilles)
Eau (20 cl)
Mozzarella (50 g)
Sel, poivre

Pour 4 personnes
Préparation 10 min
Cuisson 10 min
Facile
Coût €€

1. Épluchez le **poivron** et coupez-le en petits dés. Mettez-les dans un saladier.
2. Hachez les **brins de persil** et ajoutez-les.
3. Concassez les **tomates**.
4. Ajoutez les **tomates**, la **sauce Béchamel** et 5 gouttes de **Tabasco**. Salez et poivrez.
5. Émiettez le **crabe**, égouttez-le bien et ajoutez-le avec le **persil haché**. Mélangez soigneusement.

6. Au fond d'un moule de 18 cm de diamètre beurré, étalez 2 **feuilles de lasagnes**. Recouvrez d'une couche de **préparation au crabe**.

7. Recommencez jusqu'à épuisement des ingrédients, en terminant par 2 f**euilles de lasagnes**.

8. Coupez la **mozzarella** en lamelles. Déposez-les sur le dessus du moule.

9. Filmez le moule soigneusement avec du film alimentaire spécial cuisson.

10. Ajoutez l'**eau** dans la cuve et placez le panier vapeur avec le moule à l'intérieur.

11. **Mettez le robot en mode sous pression et programmez la minuterie à 00 : 10, départ immédiat.** Fermez et verrouillez la cuve.

12. Lorsque le voyant rouge est éteint, ouvrez l'appareil et servez sans attendre.

TOMATES FARCIES

Ingrédients :
Tomates moyennes (8)
Ail (2 gousses)
Persil plat (1/2 bouquet)
Chair à saucisse
aux herbes (400 g)
Chapelure (100 g)
Lait (12 cl)
Eau (20 cl)
Sel, poivre

Pour 4 personnes
Préparation 15 min
Cuisson 20 min
Très facile
Coût €

1. Lavez les **tomates**, coupez-en le haut pour créer les chapeaux. Évidez-les délicatement.
2. Épluchez les **gousses d'ail**. Écrasez-les.
3. Lavez et hachez finement les **feuilles de persil**.
4. Dans un saladier, mélangez la **chair à saucisse**, la **chapelure**, le **lait**, l'**ail écrasé** et le **persil haché**.
5. Salez, poivrez et mélangez.
6. Farcissez les **tomates** avec cette préparation. Coiffez des chapeaux.
7. Placez-les dans le panier vapeur à l'intérieur de la cuve.
8. Ajoutez l'eau. **Sélectionnez le menu manuel, mode cuisson sous pression, puis programmez la minuterie à 00 : 20, départ immédiat.** Fermez et verrouillez.
9. Lorsque le voyant rouge est éteint, ouvrez l'appareil et servez aussitôt.

SOUPE ÉPINARDS-LENTILLES

Ingrédients :
Oignon (1)
Huile de tournesol (2 c. à soupe)
Épinards en branches surgelés (200 g)
Lentilles corail (100 g)
Lait de coco (20 cl)
Eau (50 cl)
Pâte de curry (1 c. à café)
Sel, poivre

Pour 4 personnes
Préparation 5 min
Cuisson 15 min
Très facile
Coût €

1. Épluchez et émincez l'**oignon**.
2. Insérez la cuve dans le robot. **Sélectionnez le menu manuel, mode cuisson classique, fonction dorer.**
3. Sans attendre la fin du préchauffage, faites dorer l'**oignon** dans l'**huile**.
4. Ajoutez les **épinards**, les **lentilles**, le **lait de coco** et l'**eau** et la **pâte de curry**. Salez et poivrez.

5 **Passez en mode cuisson sous pression, programmez la minuterie à 00 : 12, départ immédiat.** Fermez et verrouillez la cuve.

6 Lorsque le voyant rouge est éteint, ouvrez la cuve et servez sans attendre.

TRANCHE D'ESPADON AUX PANAIS

Ingrédients :
Panais (3)
Huile d'olive (1 c. à café)
Espadon (1 tranche de 500 g)
Sauge (4 feuilles)
Jus d'orange (1 verre)
Sel, poivre

Pour 4 personnes
Préparation 10 min
Cuisson 8 min
Très facile
Coût €

1. Épluchez les **panais** et découpez-les en fines lamelles.
2. Insérez la cuve dans le robot. **Sélectionnez le menu manuel, mode cuisson classique, fonction dorer.**
3. À la fin du préchauffage, versez l'**huile** et faites dorer l'**espadon** avec la **sauge** pendant 1 minute.
4. Ajoutez les **panais**, salez et poivrez.
5. Ajoutez le j**us d'orange**.

6. **Passez en mode cuisson sous pression et programmez la minuterie à 00 : 07, départ immédiat.** Fermez et verrouillez.

7. Lorsque le voyant rouge est éteint, ouvrez l'appareil, rectifiez l'assaisonnement si nécessaire et dégustez.

DESSERT

RAISINS POCHÉS AU VIN DOUX

Ingrédients :
Raisins secs (30 g)
Vin blanc muscat (20 cl)
Gros grains de raisin blanc (250 g)
Sucre en poudre (20 g)

Pour 4 personnes
Préparation 2 min
Cuisson 1 min
Repos 2 h
Facile
Coût €

12
JUILLET
S' Olivier

1. Quatre heures avant de commencer, mettez les **raisins secs** à tremper dans le **vin** afin qu'ils soient plus moelleux.
2. Insérez la cuve dans l'appareil. Versez-y les deux **raisins**, le **vin** et le **sucre.**
3. **Sélectionnez le menu manuel, mode cuisson sous pression, puis programmez la minuterie à 00 : 01, départ immédiat.** Fermez et verrouillez.
4. Lorsque le voyant rouge est éteint, ouvrez l'appareil, laissez refroidir pendant 2 heures et servez.

COURGETTES-SURPRISES

Ingrédients :
Courgettes rondes (4)
Chèvre frais (80 g)
Mélange de céréales gourmandes précuites (8 c. à soupe)
Beurre (15 g)
Bouillon de légumes (1 cube)
Eau (25 cl)
Sel, poivre

Pour 4 personnes
Préparation 10 min
Cuisson 12 min
Facile
Coût €

1. Coupez le haut des **courgettes** pour créer des chapeaux. Évidez-les.
2. Mélangez la **chair** récupérée avec le **chèvre** frais et ajoutez les **céréales**.
3. Remplissez les **courgettes** de cette préparation, ajoutez une noisette de **beurre**. Salez, poivrez et coiffez des chapeaux.
4. Insérez la cuve dans le robot et placez-y les **courgettes** dans le panier vapeur.

5. Délayez le cube de bouillon dans l'eau et ajoutez-le.
6. **Sélectionnez le menu manuel, mode sous pression, puis programmez la minuterie à 00 : 12, départ immédiat.** Fermez et verrouillez la cuve.
7. Lorsque le voyant rouge est éteint, ouvrez et dégustez.

MAGRETS DE CANARD AU CHOU ROUGE

Ingrédients :
Chou rouge (600 g)
Potimarron (1 petit)
Magrets de canard (4)
Raisins secs (30 g)
Cumin en poudre (1 c. à café)
Bouillon de volaille (1 cube)
Eau (35 cl)
Sel, poivre

Pour 4 personnes
Préparation 10 min
Cuisson 25 min
Facile
Coût €€

1. Épluchez le **chou rouge**, émincez-le.
2. Pelez le **potimarron** et coupez-le en cubes.
3. Insérez la cuve dans le robot. **Sélectionnez le menu manuel, mode cuisson classique, fonction dorer.**
4. Posez les **magrets** côté peau au fond de la cuve. Laissez-les dorer pendant 7 minutes.
5. Ajoutez le **chou rouge**, le **potimarron** et les **raisins secs**.

6. Ajoutez le **cumin**, salez et poivrez.
7. Délayez le **cube de bouillon** dans l'**eau** et versez dans la cuve.
8. **Mettez le robot en mode cuisson sous pression et programmez la minuterie à 00 : 18, départ immédiat.** Fermez et verrouillez la cuve.
9. Lorsque le voyant rouge est éteint, ouvrez l'appareil et servez sans attendre.

MOUSSE DE FRUITS ROUGES

Ingrédients :
Fruits rouges frais (100 g + 60 g)
Eau (50 cl)
Blancs d'œufs (2)
Citron (jus d'1)
Crème Chantilly (selon goût)

Pour 4 personnes
Préparation 5 min
Cuisson 3 min
Repos 2 h
Très facile
Coût €

15
JUILLET
St Donald

1. Nettoyez les **fruits** et déposez-les dans la cuve du robot.
2. Ajoutez l'**eau** et mélangez.
3. Insérez la cuve dans l'appareil. **Sélectionnez le menu manuel, mode cuisson sous pression, puis programmez la minuterie à 00 : 03, départ immédiat.** Fermez et verrouillez.
4. Lorsque le voyant rouge est éteint, ouvrez l'appareil et laissez reposer.
5. Pendant ce temps, montez les **blancs** en neige ferme.
6. Ajoutez le **jus de citron** à la **purée de fruits rouges**, mélangez, puis incorporez délicatement les **blancs en neige**.
7. Ajoutez quelques **fruits** frais entiers.
8. Versez la préparation dans quatre verrines, puis placez au réfrigérateur pour 2 heures au moins.
9. Au moment de servir, ajoutez un nuage de crème Chantilly et dégustez.

TERRINE DE PIGEON AU PORTO

Ingrédients :
Pigeons (2)
Chair de porc (250 g)
Lard fumé (1 tranche)
Échalotes (2)
Porto (4 cl)
Œuf (1)
Crème fraîche (5 cl)
Thym (2 c. à café)
Noisettes (1 poignée)
Eau (30 cl)
Sel, poivre

Pour 4 personnes
Préparation 20 min
Cuisson 50 min
Repos 12 h
Moyen
Coût €€

1. Désossez les **pigeons**, puis coupez la **viande** en très fines lanières.
2. Hachez le **porc** et le **lard**.
3. Épluchez les **échalotes** et émincez-les.
4. Dans un saladier, mélangez le **pigeon** haché avec le **porto**, l'**œuf**, la **crème** et le **thym**. Salez et poivrez.
5. Concassez les **noisettes**, ajoutez-les.

6 Mettez le mélange dans un moule de 18 cm de diamètre. Filmez-le avec du film alimentaire spécial cuisson.

7 Posez la **terrine** dans le panier vapeur à l'intérieur de la cuve. **Ajoutez l'eau.**

8 **Sélectionnez le menu manuel, mode cuisson sous pression, puis programmez la minuterie à 00 : 50, départ immédiat.** Fermez et verrouillez.

9 Lorsque le voyant rouge est éteint, ouvrez, sortez la **terrine** et tassez-la avec un objet lourd. Laissez reposer 12 heures avant de démouler et dégustez sur du pain de campagne frais ou grillé.

POULET AUX CAROTTES ET AU SOJA

Ingrédients :
Carottes (2)
Blancs de poulet (4)
Huile d'olive (1 c. à soupe)
Pousses de soja (200 g)
Basilic (1 bouquet)
Jus de carottes (20 cl)
Sel, poivre

Pour 4 personnes
Préparation 20 min
Cuisson 15 min
Très facile
Coût €

1. Épluchez les **carottes**, coupez-les en lanières.
2. Coupez les **blancs de poulet** en lamelles.
3. Insérez la cuve dans le robot. **Sélectionnez le menu manuel, mode cuisson classique, fonction dorer.**
4. Faites chauffer l'**huile** le temps du préchauffage et saisissez le **poulet** sur chaque face pendant 2 minutes.
5. Ajoutez les **pousses de soja**, les **carottes** et les trois quarts du **basilic**.
6. Ajoutez le jus de **carottes**, salez et poivrez.

7. **Mettez le robot en mode sous pression et programmez la minuterie à 00 : 10, départ immédiat.** Fermez et verrouillez la cuve.
8. Lorsque le voyant rouge est éteint, ouvrez l'appareil et ajoutez le **basilic** restant.
9. Servez sans attendre.

PLATS

SALADE DE HARICOTS MANGE-TOUT

Ingrédients :
Oignon (1)
Eau (20 cl)
Haricots mange-tout (500 g)
Noisettes grillées (50 g)
Clémentine (1)
Huile d'olive (10 cl)
Sel, poivre

Pour 4 personnes
Préparation 10 min
Cuisson 7 min
Très facile
Coût €

18
JUILLET
St Frédéric

1. Insérez la cuve dans le robot. Versez-y l'eau.
2. Placez les **haricots mange-tout** dans le panier vapeur au fond de la cuve.
3. **Sélectionnez le menu manuel, mode cuisson sous pression, puis programmez la minuterie à 00 : 07, départ immédiat.** Fermez et verrouillez.
4. Pendant ce temps, épluchez l'**oignon** et coupez-le en rondelles
5. Concassez grossièrement les **noisettes**.
6. Pressez la **clémentine**, récupérez-en le zeste.
7. Dans un bol, mélangez l'**huile d'olive**, le **jus** et le **zeste de la clémentine**. Salez et poivrez.
8. Lorsque le voyant rouge est éteint, ouvrez l'appareil et laissez refroidir les **haricots**.
9. Ajoutez l'**oignon**, les **noisettes** et la **sauce**, mélangez bien et servez.

ŒUFS COCOTTE TOMATE-MOZZARELLA

Ingrédients :
Tomates cerises (6)
Mozzarella (70 g)
Œufs (4 gros)
Crème liquide (30 cl)
Pesto de tomates séchées (360 g)
Eau (20 cl)
Parmesan râpé (1 c. à soupe)
Sel

Pour 4 personnes
Préparation 10 min
Cuisson 10 min
Repos 3 min
Très facile
Coût €

1. Coupez les **tomates cerises** en quatre.
2. Taillez la **mozzarella** en dés.
3. Séparez les blancs des **jaunes d'œufs**.
4. Dans un saladier, mélangez la **crème**, les **blancs d'œufs** et le **pesto**. Salez.
5. Répartissez les **tomates** et les **dés de mozzarella** dans des ramequins.
6. Versez le mélange au **pesto** par-dessus.
7. Ajoutez un **jaune d'œuf** sur chacun.

8. Placez le panier vapeur dans la cuve du robot, avec les ramequins à l'intérieur. Ajoutez l'eau.
9. **Sélectionnez le menu manuel, mode cuisson sous pression, puis programmez la minuterie à 00 : 10, départ immédiat.** Fermez et verrouillez.
10. Lorsque le voyant rouge est éteint, ouvrez et laissez reposer 3 minutes.
11. Servez saupoudré de **parmesan**.

TAJINE DE DORADE AUX OLIVES

Ingrédients :
Citron confit (1)
Dorades (2 de 800 g)
Huile d'olive (6 c. à soupe)
Safran en poudre (1 dosette)
Ras el-hanout (1 c. à soupe)
Oignon (1)
Fenouil (2 bulbes)
Coriandre (1 bouquet)
Olives vertes (150 g)
Eau (20 cl)
Sel, poivre

Pour 4 personnes
Préparation 10 min
Cuisson 18 min
Facile
Coût €€

1. Coupez le **citron** en huit.
2. Coupez les **dorades** en lanières épaisses.
3. Dans un saladier, mélangez les **dorades** et le **citron** avec 2 c. à soupe d'**huile**, le **safran** et le **ras el-hanout**. Salez et poivrez.
4. Épluchez l'**oignon** et émincez-le.
5. Coupez les **bulbes de fenouil** en quatre.
6. Effeuillez la **coriandre**.

7. Insérez la cuve dans le robot. Sélectionnez le menu manuel, mode cuisson classique, fonction dorer.

8. Laissez chauffer le restant d'**huile** le temps du préchauffage, puis faites revenir l'**oignon** et le **fenouil** pendant 3 minutes environ.

9. Ajoutez le contenu du **saladier**, parsemez d'**olives**.

10. Ajoutez l'eau et **sélectionnez le mode cuisson sous pression, puis programmez la minuterie à 00 : 12, départ immédiat.** Fermez et verrouillez.

11. Lorsque le voyant rouge est éteint, ouvrez l'appareil, parsemez de **coriandre** et servez sans attendre.

GOULASH

Ingrédients :
Oignons (2)
Poivrons rouges (2)
Bœuf (600 g)
Farine (3 c. à soupe)
Huile d'olive (2 c. à soupe)
Paprika (1 c. à soupe)
Piment en poudre (2 c. à café)
Bouillon de bœuf (25 cl)
Persil (quelques brins)
Sel, poivre

Pour 4 personnes
Préparation 15 min
Cuisson 46 min
Moyen
Coût €€

21
JUILLET
St Victor

1. Épluchez et émincez les **oignons** et les **poivrons**.
2. Dans un saladier, enrobez la **viande** avec la **farine**.
3. Insérez la cuve dans le robot. **Sélectionnez le menu manuel, mode cuisson classique, fonction dorer.**
4. Laissez chauffer 1 c. à soupe d'**huile** le temps du préchauffage, puis faites dorer les **morceaux de bœuf** pendant 3 minutes. Réservez-les.
5. Ajoutez l'huile restante, **passez en mode cuisson classique, fonction mijoter**, et faites fondre les oignons et les poivrons pendant 10 minutes.
6. Ajoutez le **paprika** et le **piment**. Salez et poivrez.
7. Mélangez bien et poursuivez la cuisson pendant 3 minutes.
8. Ajoutez le bouillon. **Passez en mode cuisson sous pression, puis programmez la minuterie à 00 : 30, départ immédiat.** Fermez et verrouillez la cuve.
9. Lorsque le voyant rouge est éteint, ouvrez la cuve, parsemez de **persil haché** et servez bien chaud.

ROULADES DE SOLE, SAUCE NANTUA

Ingrédients :
Filets de sole (8)
Beurre (15 g)
Farine (15 g)
Lait (10 cl)
Crème liquide (10 cl)
Fumet de poisson (15 cl)
Bisque de homard (100 g)
Cognac (2 c.à soupe)
Écrevisses cuites (200 g)
Cerfeuil haché (2 c. à soupe)

Pour 4 personnes
Préparation 15 min
Cuisson 10 min
Facile
Coût €€

1. Formez des roulades avec les **filets de sole** et maintenez-les à l'aide de cure-dents.
2. Insérez la cuve dans le robot. **Sélectionnez le menu manuel, mode cuisson classique, fonction dorer.**
3. Faites fondre le **beurre** pendant la durée du préchauffage, puis ajoutez la **farine** et mélangez.

4. Ajoutez le **lait**, la **crème** et le **fumet**, et fouettez jusqu'à épaississement.
5. Ajoutez la **bisque de homard**, le **cognac** et les **écrevisses**.
6. Placez les **roulades de sole** dans le panier vapeur à l'intérieur de la cuve, au-dessus de la **sauce**.
7. **Sélectionnez le mode cuisson sous pression et programmez la minuterie à 00:05, départ immédiat.** Fermez et verrouillez.
8. Lorsque le voyant rouge est éteint, ouvrez et laissez reposer 5 minutes en **mode maintien au chaud.**
9. Retirez les cure-dents et servez parsemé de **cerfeuil**.

CLAFOUTIS AUBERGINE-CHÈVRE

Ingrédients :
Œufs (4)
Farine (35 g + un peu pour le moule)
Chèvre frais (250 g)
Crème liquide (20 cl)
Ciboulette (quelques brins)
Aubergine (1)
Beurre (15 g)
Eau (20 cl)
Sel, poivre

Pour 4 personnes
Préparation 15 min
Cuisson 30 min
Facile
Coût €

1. Fouettez les **œufs** dans un saladier. Ajoutez la **farine** tamisée, le **fromage de chèvre** émietté et la **crème liquide**. Mélangez.
2. Ajoutez la **ciboulette** ciselée, salez et poivrez. Mélangez.
3. Lavez l'**aubergine** et coupez-la en dés.
4. Beurrez et farinez un moule de 18 cm de diamètre. Déposez au fond les **dés d'aubergine**.

5. Couvrez avec le **mélange au fromage**.
6. Filmez soigneusement avec du film alimentaire spécial cuisson.
7. Insérez la cuve dans le robot et ajoutez l'eau. Placez le moule dans le panier vapeur à l'intérieur de la cuve.
8. **Sélectionnez le menu manuel, mode cuisson sous pression, puis programmez la minuterie à 00 : 30, départ immédiat.** Fermez et verrouillez.
9. Lorsque le voyant rouge est éteint, ouvrez, laissez refroidir et coupez en dés.
10. Servez tiède ou froid avec des piques en bois.

BLANCS EN NEIGE AUX GROSEILLES

Ingrédients :
Blancs d'œufs (2)
Sucre semoule (50 g)
Maïzena (15 g)
Citron (1)
Groseilles (200 g)
Beurre (15 g)
Eau (20 cl)
Sucre glace

Pour 4 personnes
Préparation 5 min
Cuisson 10 min
Très facile
Coût €

1. Battez les **œufs** en neige avec le **sucre**.
2. Ajoutez la **Maïzena** en pluie, mélangez délicatement.
3. Ajoutez le zeste du **citron** et la moitié des **groseilles**. Mélangez.
4. Beurrez des moules individuels de 8 cm de diamètre. Versez-y la préparation.
5. Déposez au-dessus le reste des **groseilles**.
6. Filmez les moules soigneusement avec du film alimentaire spécial cuisson.

7. Insérez la cuve dans le robot. Ajoutez l'**eau**.
8. Placez le panier vapeur dans la cuve avec les moules filmés à l'intérieur.
9. **Sélectionnez le menu manuel, mode cuisson sous pression, puis programmez la minuterie à 00 : 10, départ immédiat.** Fermez et verrouillez.
10. Lorsque le voyant rouge est éteint, ouvrez, saupoudrez de **sucre glace** et dégustez.

DUO DE DIPS APÉRITIFS

Ingrédients :
Eau (20 cl)
Beurre (30 g)
Sel, poivre
Dips aux patates douces
Patates douces (200 g)
Jus de citron (2 c. à soupe)
Cumin (1/2 c. à café)
Dips de petits pois
Petits pois surgelés (200 g)
Wasabi (10 g)

Pour 4 personnes
Préparation 10 min
Cuisson 8 min
Repos 3 h
Facile
Coût €

1. Épluchez les **patates douces**, coupez-les en dés.
2. Insérez la cuve dans le robot. Ajoutez l'**eau**. Placez les **petits pois** au fond de la cuve.
3. Au-dessus, placez le panier avec les cubes de **patate douce**.
4. **Sélectionnez le menu manuel, mode cuisson sous pression, puis programmez la minuterie à 00 : 08, départ immédiat.** Fermez et verrouillez.

5. Lorsque le voyant rouge est éteint, ouvrez et laissez refroidir.
6. Dans un bol, mixez les **patates douces** avec le **jus de citron**, la moitié du **beurre** et le **cumin**. Salez et poivrez.
7. Dans un autre bol, mixez les **petits pois** avec le **wasabi** et le restant de **beurre**. Salez.
8. Placez les deux **dips** au frais pendant au moins 3 heures avant de servir avec des légumes crus ou des tortillas chips.

SOUPE DE MAÏS

Ingrédients :
Oignon (1)
Ail (2 gousses)
Huile d'olive (2 c. à soupe)
Thym (1 c. à café)
Cumin en poudre (1/2 c. à café)
Maïs en conserve (500 g)
Bouillon de légumes (1 cube)
Eau (30 cl)
Lait de coco (25 cl)
Coriandre fraîche ciselée (1 c. à soupe)
Sel, poivre

Pour 4 personnes
Préparation 10 min
Cuisson 8 min
Très facile
Coût €

1. Épluchez et émincez finement l'**oignon** et les **gousses d'ail**.
2. Insérez la cuve dans le robot. **Sélectionnez le menu manuel, mode cuisson classique, fonction dorer.**
3. Faites chauffer l'**huile** pendant la durée du préchauffage.
4. Ajoutez l'**oignon** et l'**ail**. Mélangez.
5. Salez, poivrez, ajoutez le **thym** et le **cumin**.
6. Laissez cuire 3 minutes, en mélangeant régulièrement.
7. Ajoutez le **maïs**, mélangez.
8. Délayez le **cube de bouillon** avec l'**eau**, ajoutez-le. Ajoutez le **lait de coco**, mélangez.
9. **Passez en mode cuisson sous pression, programmez la minuterie à 00 : 05, départ immédiat.** Fermez et verrouillez la cuve.
10. Lorsque le voyant rouge est éteint, ouvrez la cuve, parsemez de **coriandre fraîche** et servez bien chaud.

CURRY DE LOTTE

Ingrédients :
Oignons (2)
Huile de tournesol (1 c. à soupe)
Garam masala (1 c. à soupe)
Tomates concassées en conserve (400 g)
Eau (25 cl)
Lait de coco (15 cl)
Lotte (700 g)

Pour 4 personnes
Préparation 15 min
Cuisson 34 min
Très facile
Coût €€

1. Épluchez et émincez les **oignons**.
2. Insérez la cuve dans le robot. **Sélectionnez le menu manuel, mode cuisson classique, fonction mijoter.**
3. Faites chauffer l'**huile** pendant la durée du préchauffage, puis faites-y revenir les **oignons** pendant 4 à 5 minutes.
4. Ajoutez le **garam masala** et mélangez. pendant 1 minute.
5. Ajoutez les **tomates** et mélangez.
6. Ajoutez l'**eau** et portez à ébullition.

7. **Passez en mode cuisson classique, fonction cuisson douce**, et ajoutez le **lait de coco.**

8. Coupez la **lotte** en morceaux et ajoutez-la.

9. Laissez cuire pendant 25 minutes, couvercle ouvert, remuez et servez bien chaud avec du riz.

LAPIN AUX OLIVES

Ingrédients :
Lapin (1)
Oignon (1)
Huile d'olive (1 c. à soupe)
Ail en chemise (2 gousses)
Vin blanc (15 cl)
Laurier (2 feuilles)
Thym (4 tiges)
Olives piquantes (150 g)
Fond de volaille (1 c. à café)
Sel, poivre

Pour 4 personnes
Préparation 5 min
Cuisson 31 min
Très facile
Coût €

1. Coupez le **lapin** en morceaux.
2. Épluchez l'**oignon** et coupez-le en gros cubes.
3. Insérez la cuve dans le robot et mettez-y l'**huile**, l'**ail** et l'**oignon**.
4. **Sélectionnez le menu manuel, mode cuisson classique, fonction dorer.**
5. Remuez à l'aide d'une cuillère en bois le temps du préchauffage.

6. Ajoutez le **lapin** et faites-le revenir pendant 3 minutes, en remuant régulièrement.
7. Ajoutez le **vin blanc,** le **laurier**, le **thym** et les **olives**, mélangez.
8. Ajoutez le **fond de volaille**. Salez et poivrez, mélangez.
9. **Mettez le robot en mode sous pression et programmez la minuterie à 00 : 25, départ immédiat.** Fermez et verrouillez la cuve.
10. Lorsque le voyant rouge est éteint, ouvrez l'appareil, mélangez et servez sans attendre.

DESSERT

PANNA COTTA AUX BRUGNONS

Ingrédients :
Gélatine (4 feuilles de 1 g)
Eau
Lait (20 cl)
Crème liquide (30 cl)
Sucre en poudre (60 g)
Brugnons (2)

Pour 4 personnes
Préparation 15 min
Cuisson 6 min
Repos 2 h
Facile
Coût €

30
JUILLET
Ste Juliette

1. Mettez les **feuilles de gélatine** à tremper pendant 5 minutes dans un bol d'**eau froide**.
2. Insérez la cuve dans le robot. Versez-y le **lait**, la **crème** et le **sucre**, mélangez.
3. **Sélectionnez le menu manuel, mode cuisson classique, fonction dorer.**
4. Fouettez délicatement le mélange pendant le temps du préchauffage, continuez jusqu'à ébullition.
5. Retirez la cuve. Essorez la **gélatine** et incorporez-la. Mélangez.
6. Versez dans quatre ramequins, laissez refroidir et mettez au réfrigérateur pour au moins 2 heures.
7. Coupez les **brugnons** en petits dés et répartissez-les dans les ramequins juste avant de servir bien frais.

VELOUTÉ DE CAROTTES FANES

Ingrédients :
Carottes fanes (1 botte)
Échalote (1)
Beurre (30 g)
Lait (30 cl)
Eau (30 cl)
Kiri® (3 portions)
Sel, poivre blanc

Pour 4 personnes
Préparation 10 min
Cuisson 8 min
Très facile
Coût €

1. Coupez les **fanes** à ras des **carottes**.
2. Recoupez et jetez environ 10 cm de grosses tiges. Rincez les **fanes**.
3. Pelez la moitié des **carottes** et coupez-les en rondelles.
4. Pelez et hachez l'**échalote**.
5. Insérez la cuve dans le robot. **Sélectionnez le menu manuel, mode cuisson classique, fonction dorer.**
6. Sans attendre la fin du préchauffage, ajoutez le **beurre** et faites blondir l'**échalote** pendant 2 minutes, en remuant de temps en temps.

7. Ajoutez le **lait**, les **carottes** en rondelles, les **fanes** et l'**eau**. Salez et poivrez.
8. **Passez en mode cuisson sous pression et programmez la minuterie à 00:06, départ immédiat.** Fermez et verrouillez.
9. Lorsque le voyant rouge est éteint, ouvrez l'appareil, ajoutez le fromage et mixez à l'aide d'un mixeur plongeant (veillez à ce qu'il soit équipé d'une paroi de protection autour de l'hélice pour ne pas endommager la cuve). Servez bien chaud.

FILETS DE MERLAN AUX ALGUES

Ingrédients :
Oignons nouveaux (1 botte)
Filets de merlan (4 beaux)
Court-bouillon (1/2 cube)
Eau (20 cl)
Wasabi (1 c. à café)
Vinaigre de saké (1 c. à soupe)
Algues en paillette (2 c. à soupe)
Sel, poivre

Pour 4 personnes
Préparation 10 min
Cuisson 5 min
Très facile
Coût €€

1. Épluchez les **oignons**. Coupez-les en quatre dans le sens de la longueur.
2. Insérez la cuve dans le robot. Déposez les **oignons** au fond. Déposez les **filets de merlan** par-dessus.
3. Diluez le **court-bouillon** dans l'**eau** et ajoutez-le. Salez et poivrez.
4. **Sélectionnez le menu manuel, mode cuisson sous pression, et programmez la minuterie à 00 : 05, départ immédiat.** Fermez et verrouillez la cuve.

1er AOÛT
St Alphonse

5. Pendant ce temps, délayez le **wasabi** dans le **vinaigre de saké**.

6. Lorsque le voyant rouge est éteint, ouvrez l'appareil, rectifiez l'assaisonnement si nécessaire et mélangez.

7. Arrosez le **poisson** de **sauce au wasabi** et saupoudrez d'**algues en paillettes** juste avant de servir.

CONFITURE DE MELON

Ingrédients :
Melon Cantaloup (1 moyen)
Melon Galia (1 petit)
Sucre en poudre (300 g)
Citron (le jus d'1/2)
Vanille (1 gousse)

Pour 4 personnes
Préparation 5 min
Cuisson 10 min
Très facile
Coût €

2
AOÛT
St Julien Eymard

1. Prélevez la chair des **melons**.
2. Insérez la cuve dans le robot et déposez-y les morceaux.
3. Ajoutez le **sucre**, le **jus de citron** et la **gousse de vanille** fendue en deux.
4. **Sélectionnez le menu manuel, mode cuisson classique, fonction dorer.**
5. Laissez cuire, en mélangeant régulièrement, pendant 5 minutes, jusqu'à ce que le melon devienne translucide. Poursuivez la cuisson encore 5 minutes pour que la préparation épaississe.
6. Mixez grossièrement à l'aide d'un mixeur plongeant (veillez à ce que le mixeur soit équipé d'une paroi de protection autour de l'hélice pour ne pas endommager la cuve).
7. Versez la **confiture** dans des pots préalablement stérilisés. Fermez-les hermétiquement, retournez-les et laissez refroidir dans un endroit frais.
8. Dégustez sur du pain frais ou dans un yaourt nature par exemple.

AUBERGINES À LA GRECQUE

Ingrédients :
Aubergines (2)
Tomates (2 belles)
Feta (200 g)
Huile d'olive (6 c. à soupe)
Ail (3 gousses)
Eau (20 cl)
Menthe (quelques feuilles)
Sel

Pour 4 personnes
Préparation 10 min
Cuisson 13 min
facile
Coût €

1. Coupez les **aubergines**, les **tomates** et la **feta** en petits dés.
2. Insérez la cuve dans le robot. **Sélectionnez le menu manuel, mode cuisson classique, fonction dorer.**
3. Versez l'**huile** et laissez-la chauffer le temps du préchauffage, ajoutez les **aubergines** et l'**ail**, et faites-les revenir pendant 4 minutes. Salez.
4. Ajoutez les **tomates** et l'**eau**.

5. **Passez en mode cuisson sous pression et programmez la minuterie à 00 : 06, départ immédiat.** Fermez et verrouillez.

6. Lorsque le voyant rouge est éteint, ouvrez l'appareil, rectifiez l'assaisonnement si nécessaire et servez parsemé de **cubes de feta** et de **menthe**.

BOUCHÉES DE SALADE THAÏE AU POULET

Ingrédients :
Ail (3 gousses)
Ciboules (2)
Cœurs de laitue (3)
Huile de sésame (3 c. à soupe)
Poulet haché (300 g)
Gingembre frais râpé (2 c. à café)
Sauce soja (2 c. à soupe)
Sauce nuoc-mâm (1 c. à soupe)
Citrons verts (jus de 2)
Coriandre hachée (2 c. à soupe)
Sauce au piment (au goût)

Pour 4 personnes
Préparation 10 min
Cuisson 10 min
Facile
Coût €

1. Pelez et émincez finement les **gousses d'ail**.
2. Émincez finement les **ciboules**.
3. Nettoyez les **cœurs de laitue**. Séparez les feuilles sans les abîmer.
4. Insérez la cuve dans l'appareil. **Sélectionnez le menu manuel, mode cuisson classique, fonction dorer.**

5. Faites chauffer l'**huile de sésame**. Ajoutez le **poulet haché**, l'**ail** et le **gingembre râpé**, et faites cuire pendant 7 minutes, en remuant bien.

6. Ajoutez la **sauce soja**, la **sauce nuoc-mâm** et le **jus des citrons verts**.

7. **Laissez cuire encore 3 minutes, toujours en mode cuisson classique, fonction dorer.**

8. Laissez refroidir, puis disposez 1 c. à café bombée de **salade de poulet** dans chaque **feuille de laitue**.

9. Parsemez de **coriandre** et de **ciboule**. Servez avec de la sauce au piment.

SOUPE AU PESTO

Ingrédients :
Légumes : courgette, tomates, haricots verts et blancs, etc. (1,5 kg)
Huile d'olive (3 c. à soupe + 15 cl)
Oignon émincé (1)
Parmesan râpé (100 g)
Sel
Basilic (1 bouquet
Ail (4 gousses
Pignons (50 g)

Pour 4 personnes
Préparation 15 min
Cuisson 25 min
Très facile
Coût €

5
AOÛT
St Abel

1. Pelez les **tomates** et coupez-les en dés. Coupez la **courgette** en dés sans l'éplucher.
2. Équeutez les **haricots verts**, écossez les **haricots blancs**.
3. Insérez la cuve dans le robot. **Sélectionnez le menu manuel, mode cuisson classique, fonction dorer.**
4. Faites chauffer l'huile pendant la durée du préchauffage.
5. Faites revenir l'**oignon** émincé pendant 2 minutes, ajoutez les **légumes**.
6. Couvrez d'**eau** aux deux tiers, salez.
7. **Passez en mode cuisson sous pression, programmez la minuterie à 00 : 20, départ immédiat.** Fermez et verrouillez la cuve.
8. Pendant ce temps, préparez le **pesto**. Effeuillez le **basilic**, pelez et hachez l'**ail**.
9. Mixez-les (pas trop finement)avec l'**huile d'olive** et les **pignons**.
10. Lorsque le voyant rouge du robot est éteint, ouvrez la cuve. Servez bien chaud avec une cuillerée de **pesto** par assiette et saupoudré de **parmesan**.

TAJINE DE LAPIN AU CITRON CONFIT

Ingrédients :
Lapin (1 de 1,2 kg)
Carottes fanes (250 g)
Citron confit (1)
Oignons rouges (2)
Huile d'olive (2 c. à soupe)
Miel (2 c. à soupe)
Thym frais (1 branche)
Coriandre (4 brins)
Eau (20 cl)
Amandes effilées (40 g)
Sel, poivre

Pour 4 personnes
Préparation 20 min
Cuisson 43 min
Facile
Coût €

1. Coupez le **lapin** en morceaux.
2. Épluchez les **carottes** en laissant un peu de fanes.
3. Coupez le **citron** en dés.
4. Épluchez et ciselez l'**oignon**.
5. Insérez la cuve dans le robot. **Sélectionnez le menu manuel, mode cuisson classique, fonction dorer.**
6. Faites chauffer l'**huile** le temps du préchauffage, puis faites-y revenir les **oignons** 5 minutes.

7. Ajoutez le **miel** et laissez caraméliser.
8. **Passez en mode cuisson classique, fonction mijoter.**
9. Ajoutez le **thym** effeuillé, la **coriandre** et les dés de **citron**.
10. Ajoutez 10 cl d'**eau**, salez et poivrez.
11. Fermez le robot et laissez mijoter pendant 20 minutes.
12. Ajoutez les **carottes** et 10 cl d'eau. Refermez et prolongez la cuisson pendant 15 minutes.
13. Pendant ce temps, faites griller les **amandes** dans une poêle, sans matière grasse.
14. Servez le tajine parsemé d'**amandes**, avec de la semoule.

POIVRONS FARCIS À LA GRECQUE

Ingrédients :
Oignon (1)
Poivrons (4)
Menthe (6 feuilles)
Huile d'olive (3 c. à soupe)
Blé précuit (125 g)
Mélange apéritif de raisins secs, noix et graines (100 g)
Eau (30 cl)
Cannelle en poudre
Sel, poivre

Pour 4 personnes
Préparation 10 min
Cuisson 23 min
Facile
Coût €

1. Pelez l'**oignon** et émincez-le.
2. Découpez un chapeau dans chaque **poivron**, retirez-en les graines et la membrane blanche.
3. Ciselez la **menthe**.
4. Insérez la cuve dans le robot et **sélectionnez le menu manuel, mode cuisson classique, fonction dorer.**
5. Faites chauffer l'**huile** pendant la durée du préchauffage.

6. Ajoutez l'**oignon** et faites-le dorer pendant 3 minutes environ.
7. Ajoutez le **blé**, le **mélange apéritif** et 20 cl d'eau.
8. Salez, poivrez, ajoutez la **cannelle** et mélangez.
9. **Passez en mode cuisson sous pression, programmez la minuterie à 00 : 12, départ immédiat.** Fermez et verrouillez la cuve.
10. Lorsque le voyant rouge est éteint, ouvrez la cuve, farcissez les **poivrons** de ce mélange et remettez les chapeaux.
11. Placez les poivrons dans la cuve non lavée, ajoutez 10 cl d'eau.
12. **Restez en mode cuisson sous pression, programmez la minuterie à 00 : 05, départ immédiat.** Fermez et verrouillez la cuve.
13. Lorsque le voyant rouge est éteint, ouvrez la cuve, servez sans attendre parsemé de **menthe ciselée**.

TRAVERS DE PORC ÉPICÉS

Ingrédients :
Travers de porc (1,2 kg)
Ketchup (3 c. à soupe)
Whisky bourbon (2 c. à soupe)
Moutarde forte (2 c. à soupe)
Piment mexicain
en poudre (1 c. à café)
Huile de tournesol (4 c. à soupe)
Eau (20 cl)
Sel, poivre

Pour 4 personnes
Préparation 10 min
Cuisson 38 min
Facile
Coût €€

8
AOÛT
St Dominique

1. Séparez les **travers** les uns des autres.
2. Dans un saladier, mélangez le **Ketchup**, le **whisky**, la **moutarde**, le **piment** et la moitié de l'**huile**. Salez et poivrez.
3. Ajoutez l'**eau**.
4. Insérez la cuve dans le robot. **Sélectionnez le menu manuel, mode cuisson classique, fonction dorer.**
5. Faites chauffer le restant d'**huile** pendant la durée du préchauffage, puis ajoutez les **travers**.
6. Faites-les dorer pendant 5 minutes, en remuant de temps en temps. Ajoutez le contenu du saladier.
7. **Passez en mode cuisson sous pression et programmez la minuterie à 00:30, départ immédiat.** Fermez et verrouillez.
8. Lorsque le voyant rouge est éteint, ouvrez et laissez reposer 5 minutes en **mode maintien au chaud.**
9. Servez chaud.

FILETS DE TRUITE FUMÉE EN PAPILLOTES

Ingrédients :
Légumes en julienne surgelés (400 g)
Truite fumée (4 filets)
Crème épaisse (4 c. à soupe)
Estragon (4 branches)
Vin blanc sec (10 cl)
Eau (20 cl)
Sel, poivre

Pour 4 personnes
Préparation 10 min
Cuisson 5 min
Facile
Coût €

1. Étalez 4 feuilles de papier cuisson de 30 cm de côté.
2. Posez un lit de **légumes** au milieu de chaque feuille. Surmontez d'un **filet de truite**.
3. Versez la **crème**, effeuillez l'**estragon**. Salez et poivrez.
4. Arrosez du **vin blanc**.
5. Fermez les papillotes soigneusement et placez-les dans le panier vapeur.
6. Insérez la cuve dans le robot. Versez-y l'eau.

7 Placez le panier vapeur dans la cuve.

8 **Sélectionnez le menu manuel, mode cuisson sous pression, puis programmez la minuterie à 00 : 05, départ immédiat.** Fermez et verrouillez.

9 Lorsque le voyant rouge est éteint, ouvrez l'appareil et sortez les papillotes. Dégustez sans attendre.

CAKE OLIVES-JAMBON

Ingrédients :
Gruyère (100 g)
Jambon blanc (150 g)
Olives (100 g)
Farine (250 g)
Œufs (3)
Huile d'olive (15 cl)
Vin blanc (10 cl)
Levure chimique (1/2 sachet)
Beurre (10 g)
Eau (20 cl)
Sel, poivre

Pour 4 personnes
Préparation 15 min
Cuisson 45 min
Très facile
Coût €

1. Coupez le **gruyère**, le **jambon** et les **olives** en dés. Saupoudrez-les de **farine**.
2. Dans un saladier, battez les **œufs** avec l'**huile** et le **vin blanc**. Salez et poivrez.
3. Ajoutez progressivement le reste de **farine** et la **levure**.
4. Incorporez le **jambon**, les **olives** et le **gruyère**.

5 Versez la **préparation** dans un moule de 18 cm de diamètre préalablement beurré.

6 Filmez soigneusement avec du film alimentaire spécial cuisson.

7 Versez l'**eau** dans la cuve. Ajoutez le panier vapeur avec le moule dedans.

8 **Sélectionnez le menu manuel, mode cuisson sous pression, puis programmez la minuterie à 00 : 45, départ immédiat.** Fermez et verrouillez.

9 Lorsque le voyant rouge est éteint, ouvrez, laissez bien refroidir avant de démouler, puis placez au frais.

10 Coupez en tranches au moment de servir.

DESSERT

POIRES POCHÉES AUX ÉPICES

Ingrédients :
Poires Williams (4 belles)
Vin blanc (40 cl)
Hypocrass (10 cl)
Sucre en poudre (100 g)
Cannelle (1 bâton)
Anis étoilé (4)

Pour 4 personnes
Préparation 10 min
Cuisson 20 min
Très facile
Coût €

11
AOÛT
Ste Claire

1. Épluchez les **poires** en laissant la queue.
2. Insérez la cuve dans le robot et versez-y le **vin blanc**, l'**hypocrass** le **sucre** et les **épices**.
3. **Sélectionnez le menu manuel, mode cuisson classique, fonction dorer.**
4. Laissez chauffer le tout le temps du préchauffage, en mélangeant régulièrement.
5. Ajoutez les **poires** et faites colorer sur toutes les faces pendant 10 minutes.
6. **Passez en mode maintien au chaud.**
7. Poursuivez la cuisson pendant 10 minutes.
8. Servez les **poires** tièdes ou froides arrosées du sirop obtenu pendant la cuisson.

ANANAS VAPEUR

Ingrédients :
Eau (45 cl)
Thé parfumé au choix (2 sachets)
Ananas (1)
Gingembre (1 morceau de 3 cm)
Sucre (1 c. à soupe)
Boules de glace à la vanille (4)

Pour 4 personnes
Préparation 15 min
Infusion 5 min
Cuisson 15 min
Très facile
Coût €

1. Insérez la cuve dans l'appareil et **réglez celui-ci sur le menu manuel, mode cuisson classique, fonction dorer.**
2. Faites bouillir 15 cl d'**eau**. Ajoutez les **sachets de thé**, laissez-les infuser pendant 5 minutes, puis ôtez-les.
3. Épluchez l'**ananas**, puis coupez-le en tronçons.
4. Détaillez le **gingembre** en fines tranches.

5. Placez les **tronçons d'ananas** dans le panier vapeur, incisez-les ici et là et glissez les **tranches de gingembre** dans les incisions. Parsemez de **sucre**.

6. Toujours sur le **menu manuel, ajoutez le reste d'eau, passez en mode cuisson sous pression, puis programmez la minuterie à 00 : 10, départ immédiat.** Fermez et verrouillez.

7. Lorsque le voyant rouge est éteint, ouvrez l'appareil et servez sans attendre, avec les **boules de glace**.

FUSILLI TOMATES-MERGUEZ

Ingrédients :
Merguez (4)
Ail (2 gousses)
Huile d'olive (2 c. à soupe)
Tomates concassées en conserve (200 g)
Fusilli (200 g)
Eau (60 cl)

Pour 4 personnes
Préparation 5 min
Cuisson 12 min
Très facile
Coût €

1. Coupez les **merguez** en rondelles.
2. Épluchez et émincez les **gousses d'ail**.
3. Insérez la cuve dans le robot. **Sélectionnez le menu manuel, mode cuisson classique, fonction dorer.**
4. Versez l'**huile**, laissez-la chauffer le temps du préchauffage et faites-y revenir les **rondelles de merguez** et l'**ail** pendant 3 minutes.
5. Ajoutez les **tomates concassées**, les **fusilli** et l'**eau**.

13
AOÛT
St Hippolyte

6 **Mettez le robot en mode cuisson sous pression et programmez la minuterie à 00 : 06, départ immédiat.** Fermez et verrouillez la cuve.

7 Lorsque le voyant rouge est éteint, ouvrez, rectifiez l'assaisonnement si nécessaire, mélangez et refermez le couvercle quelques minutes, pour que les **pâtes** absorbent bien tout le bouillon.

8 Servez sans attendre.

PORC AIGRE-DOUX AUX CRANBERRIES

Ingrédients :
Rouelle de porc (800 g)
Cassonade (2 c. à soupe)
Huile de tournesol
(3 c. à soupe)
Vinaigre (4 c. à soupe)
Cranberries (150 g)
Maïzena (1 c. à café)
Eau (15 cl)
Sel, poivre

Pour 4 personnes
Préparation 10 min
Cuisson 18 min
Très facile
Coût €

14
AOÛT
St Évrard

1. Coupez le **porc** en gros cubes.
2. Salez, poivrez, ajoutez la **cassonade**. Mélangez bien.
3. Insérez la cuve dans le robot. **Sélectionnez le menu manuel, mode cuisson classique, fonction dorer.**
4. Versez l'**huile,** laissez-la chauffer pendant le temps du préchauffage et faites caraméliser la **viande**, en remuant, pendant 5 minutes.
5. Ajoutez le **vinaigre** et laissez-le s'évaporer.
6. Ajoutez les **cranberries** et la **Maïzena** délayée dans l'**eau**.
7. **Mettez le robot en mode cuisson sous pression et programmez la minuterie à 00 : 10, départ immédiat.** Fermez et verrouillez la cuve.
8. Lorsque le voyant rouge est éteint, ouvrez, rectifiez l'assaisonnement si nécessaire et mélangez.
9. Servez sans attendre avec du riz.

COLOMBO DE POULET

Ingrédients :
Oignon (1)
Échalote (1)
Filets de poulet (400 g)
Huile d'olive (2 c. à soupe)
Pommes de terre (200 g)
Carottes (200 g)
Courgette (1)
Bouillon de volaille (1 cube)
Lait de coco (25 cl)
Gingembre en poudre (1 c. à café)
Poudre de colombo (1 c. à café)
Maïzena (1 c. à café)
Sel, poivre

Pour 4 personnes
Préparation 20 min
Cuisson 20 min
Très facile
Coût €

1. Épluchez et émincez l'**oignon** et l'**échalote**.
2. Coupez le **poulet** en morceaux.
3. Insérez la cuve dans le robot.
Sélectionnez le menu manuel, mode cuisson classique, fonction dorer.
4. Versez l'**huile**, laissez-la chauffer le temps du préchauffage et faites revenir l'**oignon** et l'**échalote**.

15
AOÛT
ASSOMPTION

5. Ajoutez les **morceaux de poulet**, mélangez et poursuivez la cuisson pendant 2 minutes. Salez et poivrez.

6. Épluchez les **pommes de terre**, les **carottes** et les **courgettes**, coupez-les en dés et ajoutez-les dans la cuve.

7. Délayez le **cube de bouillon** dans le **lait de coco**, ajoutez-le ainsi que le **gingembre**, le **colombo** et la **Maïzena**. Mélangez.

8. **Mettez le robot en mode cuisson sous pression et programmez la minuterie à 00 : 15, départ immédiat.** Fermez et verrouillez la cuve.

9. Lorsque le voyant rouge est éteint, ouvrez l'appareil, rectifiez l'assaisonnement si nécessaire, mélangez et servez sans attendre.

CHEESECAKE AU SAUMON

Ingrédients :
Crackers nature (200 g)
Cerneaux de noix (40 g)
Beurre (80 g)
Saumon fumé (3 tranches)
Chèvre frais (450 g)
Ricotta (350 g)
Œufs (4)
Aneth (1 branche)
Eau (25 cl)
Œufs de saumon (130 g)
Sel, poivre

Pour 4 personnes
Préparation 20 min
Cuisson 30 min
Moyen
Coût €€

1. Dans un récipient, mixez les **crackers** avec les **cerneaux de noix**. Rajoutez le **beurre** sans arrêter de mixer.
2. Chemisez un moule de 18 cm de diamètre avec du papier sulfurisé. Versez-y cette préparation. Tassez bien.
3. Hachez les tranches de **saumon fumé**.
4. Mélangez le **chèvre frais**, la **ricotta**, les **œufs** et le **saumon fumé**.

16
AOÛT
St Armel

5. Versez ce mélange dans le moule. Salez et poivrez si nécessaire.
6. Filmez avec un film alimentaire spécial cuisson.
7. Placez le moule dans le panier vapeur, à l'intérieur de la cuve. Ajoutez l'eau.
8. **Sélectionnez le menu manuel, mode cuisson sous pression, puis programmez la minuterie à 00 : 30, départ immédiat.** Fermez et verrouillez.
9. Lorsque le voyant rouge est éteint, ouvrez, ôtez le film, laissez refroidir et placez au réfrigérateur pendant au moins 3 heures.
10. Servez frais, décoré des **œufs de saumon** et parsemé d'**aneth**.

CONFITURE DE PÊCHES

Ingrédients :
Pêches (1 kg)
Sucre spécial confiture (500 g)
Jus de citron (2 c. à soupe)
Gingembre frais (1/2 c. à café)

Pour 3 pots
Préparation 10 min
Cuisson 23 min
Très facile
Coût €

1. Pelez les **pêches** et coupez-les en morceaux.
2. Rapez finement le **gingembre**.
3. Insérez la cuve dans le robot. Mettez-y les **pêches**, le **sucre** et le **jus de citron** et le **gingembre**. Mélangez.
4. **Sélectionnez le menu manuel, mode cuisson classique, fonction dorer,** et laissez cuire 18 minutes après la fin du préchauffage.
5. Remuez régulièrement à l'aide d'une cuillère en bois.

6. **Passez en mode maintien au chaud** pendant 5 minutes environ, jusqu'à ce que le **mélange** absorbe tout le **jus**.
7. Arrêtez le robot et mixez grossièrement la préparation à l'aide d'un mixeur plongeant (veillez à ce qu'il soit équipé d'une paroi de protection autour de l'hélice pour ne pas endommager la cuve).
8. Versez dans des pots à confiture que vous aurez préalablement stérilisés. Vissez les couvercles et retournez les pots. Gardez au frais.
9. Dégustez sur du pain grillé, des croissants ou dans un yaourt nature par exemple.

DÉS DE PORC AU CURRY

Ingrédients :
Oignons (2)
Porc (1 kg)
Huile d'olive (1 c. à soupe)
Farine
Concentré de tomates (1 petite boîte)
Curry en poudre (1 c. à soupe)
Eau (20 cl)
Piment d'Espelette (1 pincée)
Crème liquide (20 cl)
Sel, poivre

Pour 4 personnes
Préparation 10 min
Cuisson 14 min
Très facile
Coût €

1. Épluchez et émincez les **oignons**.
2. Détaillez le **porc** en gros dés.
3. Insérez la cuve dans le robot. **Sélectionnez le menu manuel, mode cuisson classique, fonction dorer.**
4. Faites chauffer l'**huile** pendant la durée du préchauffage et faites-y revenir les **oignons** pendant 3 minutes.

5. Ajoutez les morceaux de **viande**, saupoudrez-les de **farine** et faites-les dorer sur toutes les faces.

6. Ajoutez le **concentré de tomates**, le **curry** et l'**eau**. Salez, poivrez, puis ajoutez une pincée de **piment d'Espelette**.

7. **Mettez le robot en mode cuisson sous pression, puis programmez la minuterie à 00 : 08, départ immédiat.** Fermez et verrouillez la cuve.

8. Lorsque le voyant rouge est éteint, ouvrez et ajoutez la **crème fraîche**. Rectifiez l'assaisonnement si nécessaire et servez bien chaud.

DESSERT

SOUPE DE PÊCHES ET ANANAS

Ingrédients :
Pêches (8)
Ananas (1)
Eau (20 cl)
Sucre roux (4 c. à soupe)
Glace vanille (4 boules)

Pour 4 personnes
Préparation 10 min
Cuisson 6 min
Très facile
Coût €

20
AOÛT
St Bernard

1. Pelez les **pêches** et coupez-les en morceaux.
2. Épluchez, évidez l'**ananas** et coupez-le en morceaux moyens.
3. Insérez la cuve dans le robot. Versez-y l'**eau**.
4. Ajoutez le **sucre**, les morceaux de **pêches** et d'**ananas**. Mélangez.
5. **Sélectionnez le menu manuel, mode cuisson sous pression, puis programmez la minuterie à 00 : 06, départ immédiat.** Fermez et verrouillez la cuve.
6. Lorsque le voyant rouge est éteint, ouvrez et laissez refroidir.
7. Mixez à l'aide d'un mixeur plongeant (veillez à ce qu'il soit équipé d'une paroi de protection autour de l'hélice pour ne pas endommager la cuve).
8. Servez très frais, avec une boule de glace à la vanille.

MIJOTÉ DE SAUCISSES FUMÉES

Ingrédients :
Oignons (3)
Piment vert doux (1)
Saucisses fumées (4)
Huile de tournesol (2 c. à soupe)
Ail (2 gousses)
Tomates pelées en conserve (1 grande boîte)
Épices mexicaies (2 c. à soupe)
Sel, poivre

Pour 4 personnes
Préparation 15 min
Cuisson 12 min
Très facile
Coût €

1. Épluchez et émincez les **oignons**. Coupez le **piment** en quatre.
2. Pochez les **saucisses** pendant 2 minutes dans une casserole d'**eau bouillante**. Coupez-les en rondelles épaisses.
3. Insérez la cuve dans le robot. **Sélectionnez le menu manuel, mode cuisson classique, fonction dorer.**
4. Versez l'**huile**, laissez-la chauffer le temps du préchauffage.

21
AOÛT
St Christophe

5. Faites revenir l'**ail**, les **oignons**, les **saucisses** et le **piment** 2 minutes.
6. Ajoutez les **tomates pelées**, saupoudrez d'**épices**, salez et poivrez.
7. **Mettez le robot en mode cuisson sous pression et programmez la minuterie à 00 : 08, départ immédiat.** Fermez et verrouillez la cuve.
8. Lorsque le voyant rouge est éteint, ouvrez, rectifiez l'assaisonnement si nécessaire, mélangez et dégustez.

VERRINES DE CREVETTES À L'AVOCAT

Ingrédients :
Crevettes crues (300 g)
Chair de poisson blanc (120 g)
Coriandre fraîche (quelques brins)
Persil frais (quelques brins)
Lait concentré non sucré (2 cl)
Bisque de homard (20 g)
Chapelure (20 g)
Eau (20 cl)
Avocat (1)
Citron (jus de 1/2)
Piment en poudre (1/2 c. à café)
Sel, poivre

Pour 4 personnes
Préparation 15 min
Cuisson 10 min
Facile
Coût €€

1. Décortiquez les **crevettes**, coupez-les en morceaux.
2. Hachez le **poisson cru**.
3. Ciselez la **coriandre** et le **persil**.
4. Dans un récipient, mélangez la **chair de poisson** avec les **crevettes**, le **lait** et la **bisque**.
5. Ajoutez la **chapelure**, salez et poivrez.

6. Tassez les verrines. Filmez-les avec du film alimentaire spécial cuisson.

7. Ajoutez l'**eau**.

8. **Sélectionnez le menu manuel, mode cuisson sous pression, puis programmez la minuterie à 00 : 10, départ immédiat.** Fermez et verrouillez.

9. Lorsque le voyant rouge est éteint, ouvrez et laissez tiédir.

10. Coupez l'**avocat** en dés. Mélangez-les avec le **jus de citron**, le **piment** et les **herbes ciselées**.

11. Servez les verrines tièdes, recouvertes des **dés d'avocat**.

GÂTEAU À L'ANANAS

Ingrédients :
Ananas au sirop en tranches (1 boîte)
Beurre (100 g + un peu pour le moule)
Sucre (100 g)
Œufs (2)
Farine (100 g)
Levure chimique (1 sachet)
Caramel liquide (2 c. à soupe)
Eau (20 cl)

Pour 6 personnes
Préparation 10 min
Cuisson 35 min
Très facile
Coût €

23
AOÛT
Ste Rose de L

1. Égouttez les tranches d'**ananas**.
2. Dans un saladier, fouettez le **beurre ramolli** avec le **sucre**.
3. Ajoutez les **œufs** un par un, puis la **farine** et la **levure**.
4. Beurrez un moule de 18 cm de diamètre, nappez-en le fond avec le **caramel**.
5. Disposez les tranches d'**ananas** en rosace, recouvrez avec la **pâte**.
6. Filmez soigneusement le moule avec du film alimentaire spécial cuisson.
7. Placez le moule dans le panier vapeur à l'intérieur de la cuve.
8. **Ajoutez l'eau** et **sélectionnez le menu manuel, mode cuisson sous pression, puis programmez la minuterie à 00 : 35, départ immédiat.** Fermez et verrouillez la cuve.
9. Lorsque le voyant rouge est éteint, ouvrez, laissez refroidir avant de renverser sur un plat pour démouler.
10. Dégustez.

AUBERGINES AU PARMESAN FAÇON CRUMBLE

Ingrédients :
Aubergines (2)
Tomates (200 g)
Huile d'olive (2 c. à soupe)
Quatre-épices (1 pincée)
Boulgour moyen (200 g)
Parmesan (3 c. à soupe)
Sel, poivre

Pour 4 personnes
Préparation 20 min
Cuisson 36 min
Facile
Coût €

1. Détaillez les **aubergines** et les **tomates** en dés.
2. Insérez la cuve dans le robot.
   Sélectionnez le menu manuel, mode cuisson classique, fonction dorer.
3. Laissez chauffer 1 c. à soupe d'**huile** le temps du préchauffage, puis faites dorer les **dés d'aubergines** et de **tomates** pendant 3 minutes.
4. Salez, poivrez et ajoutez le **quatre-épices**.
5. Poursuivez la cuisson pendant 10 minutes.

24
AOÛT
St Barthélemy

6. Pendant ce temps, faites cuire le **boulgour** dans une casserole d'eau salée. Réservez.
7. Versez le mélange **tomates-aubergines** dans un plat allant au four. Ajoutez le **parmesan** et recouvrez de **boulgour**.
8. Faites gratiner sous le gril du four pendant 20 minutes, jusqu'à ce que le dessus soit bien doré.
9. Servez bien chaud.

PAELLA EXPRESS

Ingrédients :
Oignon jaune (1)
Ail (3 gousses)
Poivron vert (1)
Blancs de poulet (2)
Huile d'olive (2 c. à soupe)
Riz basmati (500 g)
Petits pois (250 g)
Paprika (1 c. à café)
Safran (2 pincées)
Bouillon de poule (1 cube)
Eau (1 l)
Grosses crevettes (400 g)
Persil haché (1 c. à soupe)

Pour 6 personnes
Préparation 25 min
Cuisson 18 min
Facile
Coût €

1. Épluchez et émincez l'**oignon** et les **gousses d'ail**.
2. Taillez le **poivron** en lamelles.
3. Coupez les **blancs de poulet** en gros cubes.
4. Insérez la cuve dans le robot. **Sélectionnez le menu manuel, mode cuisson classique, fonction dorer.**

5. Versez l'**huile**, laissez-la chauffer le temps du préchauffage et faites revenir l'**oignon**, le **poivron** et l'**ail** pendant 3 minutes.
6. Ajoutez le **poulet**, faites-le revenir 5 minutes. Salez et poivrez.
7. Ajoutez le **riz**, les **petits pois** et les **épices**.
8. Délayez le **cube de bouillon** dans l'**eau**, ajoutez-le.
9. Mélangez bien et ajoutez les **crevettes**.
10. **Passez le robot en mode cuisson sous pression et programmez la minuterie à 00 : 10, départ immédiat.** Fermez et verrouillez la cuve.
11. Lorsque le voyant rouge est éteint, ouvrez, rectifiez l'assaisonnement si nécessaire et mélangez.
12. Servez bien chaud, parsemé de **persil haché**.

CAVIAR DE POIVRON À LA FETA

Ingrédients :
Ail (2 gousses)
Poivron rouge (200 g)
Eau (20 cl)
Feta nature (80 g)
Cerneaux de noix (80 g)
Tabasco (10 gouttes)
Huile d'olive (4 c. à soupe)
Sel, poivre

Pour 4 personnes
Préparation 20 min
Cuisson 8 min
Réfrigération 3 h
Très facile
Coût €

26
AOÛT
Ste Natacha

1. Épluchez et hachez l'**ail**.
2. Coupez le **poivron** en deux, ôtez-en les graines et la membrane blanche.
3. Insérez la cuve dans le robot. Ajoutez l'**eau**.
4. Placez le **poivron** dans la cuve.
5. **Sélectionnez le menu manuel, mode cuisson sous pression, puis programmez la minuterie à 00 : 08, départ immédiat.** Fermez et verrouillez.
6. Lorsque le voyant rouge est éteint, ouvrez et ajoutez l'**ail**, la **feta**, les **cerneaux de noix**, le **Tabasco** et l'**huile d'olive**. Salez et poivrez légèrement.
7. Mixez le tout à l'aide d'un mixeur plongeant (veillez à ce qu'il soit équipé d'une paroi de protection autour de l'hélice pour ne pas endommager la cuve).
8. Laissez refroidir. Placez ensuite au moins 3 heures au frais avant de déguster sur du pain aux céréales.

ENTRÉE

SOUPE FROIDE COURGETTES-MENTHE

Ingrédients :
Courgettes (1 kg)
Bouillon de légumes (1 cube)
Eau (40 cl)
Feuilles de menthe (20)
Graines de courge (3 c. à soupe)
Fromage frais type Saint-Môret (1 c. à soupe)

Pour 4 personnes
Préparation 10 min
Cuisson 5 min
Repos 1 h
Très facile
Coût €

1. Épluchez et coupez les **courgettes** en gros dés.
2. Insérez la cuve dans le robot et placez-y les **courgettes** dans le panier vapeur.
3. Délayez le **cube de bouillon** dans l'**eau** et ajoutez-le.
4. **Sélectionnez le menu manuel, mode cuisson sous pression, puis programmez la minuterie à 00 : 05, départ immédiat.** Fermez et verrouillez la cuve.

27
AOÛT
Ste Monique

5 Lorsque le voyant rouge est éteint, ouvrez et mixez le tout à l'aide d'un mixeur plongeant (veillez à ce qu'il soit équipé d'une paroi de protection autour de l'hélice pour ne pas endommager la cuve). Placez au frais pendant au moins 1 heure.

6 Ajoutez la **menthe** préalablement lavée et ciselée, puis les **graines de courge**.

7 Ajoutez le **fromage frais**, mélangez et servez sans attendre.

SALADE DE FRUITS EXOTIQUES

Ingrédients :
Ananas (1)
Mangue (1)
Litchis en conserve avec leur jus (1 boîte)
Étoiles de badiane (2)
Sucre vanillé (2)
Graines de grenade (4 c. à soupe)
Menthe (quelques feuilles)

Pour 4 personnes
Préparation 10 min
Cuisson 1 min
Réfrigération 1 h
Très facile
Coût €

1. Pelez et coupez l'**ananas** en morceaux.
2. Pelez la **mangue** et coupez-la en cubes.
3. Insérez la cuve dans le robot. Versez-y le jus des **litchis**.
4. Ajoutez l'**ananas**, les é**toiles de badiane** et le **sucre vanillé**.
5. **Sélectionnez le menu manuel, mode cuisson sous pression, puis programmez la minuterie à 00 : 01, départ immédiat.** Fermez et verrouillez la cuve.

6 Lorsque le voyant rouge est éteint, ouvrez, et ajoutez les **morceaux de mangue**, les **litchis** et les **graines de grenade**.

7 Laissez refroidir au moins 1 heure au réfrigérateur.

8 Retirez les **étoiles de badiane** avant de déguster, parsemé de **feuilles de menthe**.

CARROTTES CONFITES

Ingrédients :
Carottes fanes (1 botte)
Huile d'olive (2 c. à soupe)
Graines de cumin (1 pincée)
Eau (20 cl)
Sucre (2 c. à café)
Ciboulette (6 brins)
Sel, poivre

Pour 4 personnes
Préparation 5 min
Cuisson 35 min
Très facile
Coût €

29
AOÛT
Ste Sabine

1. Épluchez les **carottes** et coupez-les en quatre dans le sens de la longueur.
2. Insérez la cuve dans l'appareil. **Sélectionnez le menu manuel, mode cuisson classique, fonction dorer.**
3. Faites chauffer l'huile. Ajoutez les **carottes** et faites-les revenir pendant 15 minutes, en les retournant souvent.
4. Salez, poivrez et ajoutez le **cumin**.
5. **Passez en mode cuisson sous pression,** ajoutez l'**eau**, puis **programmez la minuterie à 00 : 02, départ immédiat.** Fermez et verrouillez.
6. Lorsque le voyant rouge est éteint, ajoutez le sucre et **repassez en mode cuisson classique, fonction cuisson douce, pendant 15 minutes.**
7. Parsemez de **ciboulette ciselée** et dégustez.

POIS CASSÉS À LA SAUCISSE DE MORTEAU

Ingrédients :
Oignon (1)
Carotte (1)
Céleri (1 branche)
Beurre (30 g)
Saucisses de Morteau (2)
Pois cassés (200 g)
Bouquet garni (1)
Eau (70 cl)
Sel, poivre

Pour 4 personnes
Préparation 10 min
Cuisson 18 min
Très facile
Coût €

1. Pelez et hachez l'**oignon**.
2. Pelez la **carotte**, coupez-la en petits dés.
3. Coupez le **céleri** en dés.
4. Insérez la cuve dans le robot.
Sélectionnez le menu manuel, mode cuisson classique, fonction dorer.
5. Faites fondre le **beurre** sans attendre la fin du préchauffage et faites-y revenir l'**oignon**, la **carotte** et le **céleri** pendant 3 minutes, tout en remuant.

6. Ajoutez les **saucisses**, les **pois cassés** et le **bouquet garni**.

7. **Mettez le robot en mode cuisson sous pression**, ajoutez l'eau et **programmez la minuterie à 00 : 15, départ immédiat.** Fermez et verrouillez la cuve.

8. Lorsque le voyant rouge est éteint, ouvrez, salez et poivrez si nécessaire. Coupez les **saucisses** en tranches, mélangez et servez sans attendre.

TORTELLINI AU THON

Ingrédients :
Échalotes (3)
Champignons de Paris (300 g)
Huile d'olive (1 c. à soupe)
Thon (1 grosse boîte)
Tortellinis (250 g)
Bouquet garni (1)
Eau (50 cl)
Crème fraîche (20 cl)
Parmesan râpé (30 g)

Pour 4 personnes
Préparation 10 min
Cuisson 4 min
Très facile
Coût €

1. Épluchez et émincez les **échalotes**.
2. Émincez les **champignons de Paris**.
3. Insérez la cuve dans le robot. **Sélectionnez le menu manuel, mode cuisson classique, fonction dorer.**
4. Faites chauffer l'**huile** pendant la durée du préchauffage et faites-y revenir les **échalotes** et les **champignons** pendant 3 minutes.

5. Ajoutez le **thon**, mélangez bien.
6. Ajoutez les **pâtes**, le **bouquet garni** et l'**eau**.
7. **Mettez le robot en mode cuisson sous pression, ajoutez l'eau et programmez la minuterie à 00 : 04, départ immédiat.** Fermez et verrouillez la cuve.
8. Lorsque le voyant rouge est éteint, ouvrez l'appareil, ajoutez la **crème fraîche** et le **parmesan**, et servez sans attendre.

PETITS CŒURS COULANTS FRAMBOISE

Ingrédients :

Chocolat à cuire (90 g)
Beurre (95 g + un peu pour les ramequins)
Sucre en poudre (100 g)
Œufs (3)
Farine (50 g)
Confiture de framboises (4 c. à soupe)
Sucre glace
Framboises fraîches (4)

Pour 4 personnes
Préparation 10 min
Cuisson 10 min
Facile
Coût €

1er
SEPTEMBRE
St Gilles

1. Faites fondre le **chocolat** au bain-marie, ajoutez le **beurre**. Mélangez.
2. Ajoutez le sucre, les **œufs** et la **farine**.
3. Versez la moitié du mélange dans quatre ramequins préalablement beurrés.
4. Ajoutez une grosse cuillerée à soupe de **confiture de framboises** et recouvrez du reste d'appareil au **chocolat**.
5. Filmez les ramequins avec du film alimentaire spécial cuisson.
6. Insérez la cuve dans le robot. Versez l'eau et placez les ramequins dans le panier cuisson à l'intérieur de la cuve.
7. **Sélectionnez le menu manuel, mode cuisson sous pression, puis programmez la minuterie à 00 : 10, départ immédiat.** Fermez et verrouillez la cuve.
8. Lorsque le voyant rouge est éteint, ouvrez, laissez refroidir, saupoudrez de **sucre glace** et décorez chaque ramequin d'une **framboise fraîche**. Dégustez.

RAVIOLES DE CÈPES

Ingrédients :
Champignons de Paris (100g)
Échalote (1)
Huile d'olive (1 c. à soupe)
Épinards (150g)
Ravioles fraîches aux cèpes (350 g)
Eau (10 cl)
Crème liquide (10 cl +1 c. à soupe)
Parmesan râpé (au goût)
Sel, poivre

Pour 4 personnes
Préparation 15 min
Cuisson 9 min
Facile
Coût €€

1. Émincez les **champignons**.
2. Épluchez et ciselez l'**échalote**.
3. Insérez la cuve dans le robot. **Sélectionnez le menu manuel, mode cuisson classique, fonction dorer.**
4. Sans attendre la fin du préchauffage, faites revenir l'**échalote** et les **champignons** dans l'huile pendant 3 minutes.
5. Ajoutez les **épinards**, laissez cuire 3 minutes.

6. Ajoutez les **ravioles**, l'**eau** et la **crème**. Salez et poivrez.

7. **Passez en mode cuisson sous pression, programmez la minuterie à 00 : 03, départ immédiat.** Fermez et verrouillez la cuve.

8. Lorsque le voyant rouge est éteint, ouvrez la cuve, ajoutez la cuillerée à soupe de **crème**.

9. Refermez la cuve et laissez reposer quelques minutes pour que l'eau soit complètement absorbée. Saupoudrez de **parmesan** et servez bien chaud.

PETIT SALÉ AUX LENTILLES

Ingrédients :
Petit salé (1 kg)
Eau
Oignons (2 gros)
Carottes (2)
Clous de girofle (4)
Bouquet garni (1)
Lentilles vertes (600 g)
Sel, poivre

Pour 4 personnes
Préparation 20 min
Cuisson 30 min
Facile
Coût €

1. La veille, faites dessaler la **viande** dans un saladier d'**eau**.
2. Le jour même, pelez les **oignons** et les **carottes**, coupez-les en tronçons.
3. Plantez les **clous de girofle** dans les **oignons**.
4. Insérez la cuve dans le robot et mettez-y la **viande**, les **carottes**, les **oignons**, le **bouquet garni** et les **lentilles**.
5. Recouvrez d'**eau** à hauteur. Salez et poivrez.

3
SEPTEMBRE
St Grégoire

6 **Sélectionnez le menu manuel, mode cuisson sous pression, puis programmez la minuterie à 00 : 30, départ immédiat.** Fermez et verrouillez la cuve.

7 Lorsque le voyant rouge est éteint, ouvrez, écumez si nécessaire et dégustez sans attendre.

CONFIT DE POMMES

Ingrédients :
Pommes (8)
Sucre (1 c. à soupe)
Beurre (20 g)
Citron (jus d'1)
Vanille (1 gousse)
Crème fraîche (4 c. à soupe)

Pour 4 personnes
Préparation 10 min
Cuisson 50 min
Très facile
Coût €

4
SEPTEMBRE
Ste Rosalie

1. Coupez les **pommes** en lamelles très fines.
2. Insérez la cuve dans le robot. Placez les **lamelles de pomme** dans le fond.
3. Parsemez de **sucre** et de **noisettes de beurre.**
4. Arrosez du **jus de citron**.
5. Fendez la **gousse de vanille** en deux, prélevez-en les **graines** et ajoutez-les.
6. **Sélectionnez le menu manuel, mode cuisson classique, fonction dorer, et laissez cuire 5 minutes** après la fin du préchauffage.
7. **Passez en mode cuisson classique, fonction mijoter**, pendant 45 minutes.
8. Ajoutez la **crème fraîche** et dégustez sans attendre.

BLANQUETTE DE POISSON

Ingrédients :
Saumon (500 g)
Cabillaud (400 g)
Crevettes (10)
Carottes (2)
Courgette (1)
Paprika (1 c. à café)
Champignons de Paris (200 g)
Huile de tournesol (2 c. à soupe)
Eau (20 cl)
Crème fraîche (20 cl)

Pour 4 personnes
Préparation 10 min
Cuisson 9 min
Facile
Coût €

1. Coupez les **poissons** en gros cubes.
2. Épluchez les **carottes** et coupez-les en rondelles.
3. Coupez la **courgette** en dés.
4. Nettoyez et coupez les **champignons** en deux.
5. Insérez la cuve dans le robot. **Sélectionnez le menu manuel, mode cuisson classique, fonction dorer.**

6. Faites chauffer l'huile pendant la durée du préchauffage, puis faites revenir les **poissons** et les **crevettes** avec le **paprika** pendant 3 minutes.
7. Ajoutez les **légumes** et l'**eau**.
8. **Passez en mode cuisson sous pression et programmez la minuterie à 00 : 09, départ immédiat.** Fermez et verrouillez.
9. Lorsque le voyant rouge est éteint, ouvrez, ajoutez la **crème fraîche** et servez bien chaud.

TERRINE COURGETTES-SAUMON

Ingrédients :
Courgettes (3)
Eau (40 cl)
Œufs (4)
Crème fraîche liquide (25 cl)
Farine (20 g)
Noix muscade (1 pincée)
Saumon cuit (200 g)
Sel, poivre

Pour 4 personnes
Préparation 10 min
Cuisson 25 min
Moyen
Coût €

1. Détaillez les **courgettes** en morceaux.
2. Insérez la cuve dans le robot. Ajoutez 20 cl d'**eau**. Placez dans la cuve le panier vapeur avec les **courgettes** dedans.
3. **Sélectionnez le menu manuel, mode cuisson sous pression, puis programmez la minuterie à 00 : 05, départ immédiat.** Fermez et verrouillez.
4. Dans un saladier, fouettez les **œufs**, la **crème** et la **farine**. Salez, poivrez, et ajoutez la **noix muscade**.

5. Émiettez le **saumon cuit** et ajoutez-le, mélangez.
6. Versez la moitié du mélange dans un moule de 18 cm de diamètre.
7. Par-dessus, déposez une couche de **courgettes**.
8. Finissez par la seconde moitié du mélange.
9. Lavez la cuve.
10. Filmez le moule soigneusement avec du film alimentaire spécial cuisson. Déposez-le dans le panier vapeur à l'intérieur de la cuve.
11. Ajoutez 20 cl d'eau et **relancez le menu manuel, mode cuisson sous pression, puis programmez la minuterie à 00 : 20, départ immédiat.** Fermez et verrouillez.
12. Lorsque le voyant rouge est éteint, ouvrez, laissez reposer et dégustez avec du pain frais et une salade.

SOUPE DE FRUITS D'ÉTÉ

Ingrédients :
Framboises (500 g)
Chair de melon (400 g)
Pêches (2)
Vanille (1 gousse)
Menthe (12 feuilles)
Sucre (2 c. à soupe + 15 g)
Eau (20 cl)

Pour 4 personnes
Préparation 15 min
Cuisson 4 min
Très facile
Coût €€

7
SEPTEMBRE
Ste Reine

1. Coupez la chair de **melon** en dés.
2. Pelez les **pêches** et coupez-les en quartiers.
3. Fendez la **gousse de vanille** en deux et prélevez-en les **graines**.
4. Ciselez finement les **feuilles de menthe**.
5. Dans un saladier, mélangez les **framboises** et la **menthe**. Ajoutez 2 c. à soupe de **sucre**. Mélangez. Réservez au frais.
6. Insérez la cuve dans le robot. Placez-y le **melon**, les **pêches**, les **graines de vanille**, le reste de **sucre** et l'**eau**.
7. **Sélectionnez le menu manuel, mode cuisson sous pression, puis programmez la minuterie à 00 : 04 départ immédiat.** Fermez et verrouillez la cuve.
8. Lorsque le voyant rouge est éteint, ouvrez, mixez à l'aide d'un mixeur plongeant jusqu'à obtenir une texture bien lisse (veillez à ce que le mixeur soit équipé d'une paroi de protection autour de l'hélice pour ne pas endommager la cuve).
9. Versez dans un saladier, ajoutez le **mélange fraises-menthe**. Servez très frais.

SAUCE BOLOGNAISE

Ingrédients :
Oignon (1)
Carotte (1)
Huile d'olive (2 c. à soupe)
Viande de bœuf hachée (300 g)
Tomates concassées (400 g)
Concentré de tomates (1 c. à soupe)
Eau (20 cl)
Sel, poivre

Pour 4 personnes
Préparation 10 min
Cuisson 20 min
Très facile
Coût €

1. Épluchez et émincez finement l'**oignon** et la **carotte**.
2. Insérez la cuve dans l'appareil. **Sélectionnez le menu manuel, mode cuisson classique, fonction dorer.**
3. Faites chauffer l'**huile** pendant le préchauffage, puis faites-y revenir l'**oignon** et la **carotte** pendant 5 minutes.
4. Ajoutez le **bœuf haché** et laissez dorer pendant 5 minutes, toujours en fonction dorer, en remuant de temps en temps.

5 Ajoutez les **tomates concassées**, le **concentré de tomates** et l'eau. Salez et poivrez.

6 **Toujours sur manuel, passez en mode cuisson sous pression, puis programmez la minuterie à 00 : 10, départ immédiat.** Fermez et verrouillez.

7 Lorsque le voyant rouge est éteint, ouvrez l'appareil et servez aussitôt, avec des pâtes de votre choix.

SOUPE DE CHÂTAIGNES AUX CÈPES

Ingrédients :
Céleri rave (250 g)
Cèpes (100 g)
Échalotes (2)
Beurre (30 g)
Châtaignes cuites (250 g)
Eau (30 cl)
Lait (30 cl)
Mascarpone (3 c. à soupe)
Sel, poivre

Pour 4 personnes
Préparation 10 min
Cuisson 10 min
Très facile
Coût €€

1. Pelez le **céleri**, coupez-le en petits dés.
2. Brossez les **cèpes** et coupe-les en morceaux.
3. Pelez et hachez les **échalotes**.
4. Insérez la cuve dans le robot. **Sélectionnez le menu manuel, mode cuisson classique, fonction dorer.**
5. Sans attendre la fin du préchauffage, faites revenir les **échalotes** dans le beurre pendant 2 minutes.

6. Ajoutez les **châtaignes**, le **céleri**, les **cèpes**, l'**eau** et le **lait**. Salez.
7. **Passez en mode cuisson sous pression et programmez la minuterie à 00 : 08, départ immédiat.** Fermez et verrouillez.
8. Lorsque le voyant rouge est éteint, ouvrez l'appareil, ajoutez le **mascarpone** et rectifiez l'assaisonnement si nécessaire.
9. Mixez à l'aide d'un mixeur plongeant (veillez à ce qu'il soit équipé d'une paroi de protection autour de l'hélice pour ne pas endommager la cuve).
10. Dégustez bien chaud.

MUFFINS À LA CAROTTE

Ingrédients :
Farine (90 g)
Épices à pain d'épices (1 c. à café)
Levure chimique (1 sachet)
Sucre en poudre (50 g)
Noix de coco râpée (30 g)
Huile d'olive (4 cl)
Lait végétal (10 cl)
Carottes râpées (80 g)
Raisins secs (40 g)
Jus de citron (10 cl)
Eau (20 cl)

Pour 4 personnes
Préparation 15 min
Cuisson 15 min
Très facile
Coût €

10
SEPTEMBRE
Ste Inès

1. Dans un saladier, mélangez la **farine**, les **épices** et la **levure**.
2. Ajoutez le **sucre** et la **noix de coco** râpée. Mélangez.
3. Ajoutez l'**huile** et le **lait végétal**. Mélangez.
4. Ajoutez les **carottes râpées**, les **raisins** secs et le **jus de citron**. Mélangez.
5. Versez la pâte dans des moules à muffins. Filmez avec du papier alimentaire spécial cuisson.
6. Insérez la cuve dans le robot. Placez les muffins dans le panier vapeur à l'intérieur de la cuve. Ajoutez l'eau.
7. **Sélectionnez le menu manuel, mode cuisson sous pression, puis programmez la minuterie à 00 : 15, départ immédiat**. Fermez et verrouillez la cuve.
8. Lorsque le voyant rouge est éteint, ouvrez et laissez refroidir avant de déguster.

PRUNES EN CRUMBLE DE MUËSLI

Ingrédients :
Pommes (2)
Prunes rouges (8 grosses)
Beurre (20 g)
Sucre en poudre (40 + 60 g)
Flocons d'avoine (100 g)
Eau (20 cl)

Pour 4 personnes
Préparation 10 min
Cuisson 9 min
Très facile
Coût €

1. Épluchez la **pomme** et coupez-la en gros cubes.
2. Dénoyautez les **prunes** et coupez-les en huit.
3. Insérez la cuve dans le robot. Faites-y fondre le **beurre** pendant la durée du préchauffage.
4. Ajoutez 20 g de **sucre** et faites-le caraméliser pendant 2 minutes en remuant à l'aide d'une cuillère en bois
5. Ajoutez le **muësli** et mélangez. Prenez le temps de bien enrober les flocons.

6. Réservez sur du papier sulfurisé et laissez refroidir.

7. Mettez dans la cuve les **prunes**, les **cubes de pommes**, le reste de **sucre** et l'**eau**.

8. **Sélectionnez le menu manuel, mode cuisson sous pression, puis programmez la minuterie à 00 : 04 départ immédiat.** Fermez et verrouillez la cuve.

9. Lorsque le voyant rouge est éteint, ouvrez, mélangez et répartissez la **compotée de fruits** dans des verrines.

10. Recouvrez de **muësli** et dégustez.

HARIRA EXPRESS

Ingrédients :
Lentilles brunes (150 g)
Eau (75 cl + ce qu'il faut pour les lentilles)
Bouillon (1 cube)
Coulis de tomates (30 cl)
Cumin en poudre (1/2 c. à café)
Gingembre (1 racine de 2 cm)
Coriandre (quelques feuilles)

Pour 4 personnes
Préparation 5 min
Cuisson 35 min
Très facile
Coût €

1. Insérez la cuve dans le robot. Versez-y les **lentilles** et ajoutez trois fois leur volume d'eau.
2. **Sélectionnez le menu manuel, mode cuisson sous pression, et programmez la minuterie à 00 : 15, départ immédiat. Fermez et verrouillez.**
3. Délayez le **cube de bouillon** dans l'**eau**.
4. Lorsque le voyant rouge est éteint, ouvrez, et ajoutez le **bouillon** et le **coulis de tomates**.

5. Ajoutez le **cumin** et le gingembre.
6. **Passez le robot en mode cuisson classique, fonction mijoter**, pendant 20 minutes.
7. Parsemez de **coriandre** avant de servir.

THON AUX POIVRONS ET BASILIC

Ingrédients :
Poivrons rouges (2)
Poivrons jaunes (2)
Thon (500 g)
Oignon (1)
Huile d'olive (1 c. à soupe)
Basilic (1 bouquet)
Eau (20 cl)
Sel, poivre

Pour 4 personnes
Préparation 10 min
Cuisson 8 min
Très facile
Coût €€

13
SEPTEMBRE
St Aimé

1. Effeuillez le basilic.
2. Coupez les **poivrons** en lamelles. Ôtez-en les pépins et la membrane blanche.
3. Coupez le **thon** en morceaux.
4. Insérez la cuve dans le robot. **Sélectionnez le menu manuel, mode cuisson classique, fonction dorer.**
5. Sans attendre la fin du préchauffage, faites revenir l'**oignon** dans l'**huile** pendant 2 minutes.
6. Ajoutez le **thon**, salez et poivrez.
7. **Ajoutez l'eau et passez en mode cuisson sous pression, puis programmez la minuterie à 00 : 06, départ immédiat.** Fermez et verrouillez.
8. Lorsque le voyant rouge est éteint, ouvrez, ajoutez les **feuilles de basilic**, mélangez et dégustez bien chaud avec des spaghettis.

PUDDING PRUNES-AMANDES

Ingrédients :
Prunes rouges (4)
Beurre (15 g)
Sirop d'érable (4 c. à soupe)
Sucre de canne (2 c. à soupe)
Eau

Pour la génoise
Beurre (50 g)
Sucre en poudre (50 g)
Farine (50 g)
Levure chimique (1 sachet)
Poudre d'amandes (25 g)
Extrait d'amandes (quelques gouttes)
Œuf (1)
Lait (1 c. à soupe)

Pour 4 personnes
Préparation 20 min
Cuisson 2 h 30
Moyen
Coût €

1. Dénoyautez les **prunes** et coupez-les en tranches.
2. Beurrez un moule de 18 cm de diamètre, chemisez-le fond de papier sulfurisé.
3. Versez au fond le **sirop d'érable**.
4. Saupoudrez de **sucre**.

5 Répartissez dessus les trois quarts des **prunes**.

6 Dans un saladier, mélangez bien tous les ingrédients de la **génoise** et le reste des **prunes**.

7 Versez la préparation dans le moule, lissez-en la surface et filmez le tout avec du film alimentaire spécial cuisson.

8 Versez de l'**eau** jusqu'à mi-hauteur du moule, posez le panier vapeur avec le moule à l'intérieur.

9 **Sélectionnez le menu manuel, mode cuisson sous pression, puis programmez la minuterie à 02 : 30, départ immédiat.** Fermez et verrouillez.

10 Lorsque le voyant rouge est éteint, ouvrez l'appareil et laissez refroidir une dizaine de minutes avant de démouler.

11 Ôtez le film alimentaire, essuyez bien la condensation de surface, avec une feuille d'essuie-tout si nécessaire.

12 Servez avec de la **crème anglaise** tiède.

POULET BASQUAISE

Ingrédients :
Oignon (1)
Ail (1 gousse)
Poivron rouge (1)
Poivron jaune (1)
Tomates (300 g)
Huile d'olive (6 c. à soupe)
Cuisses de poulet (4)
Bouillon de volaille (1 cube)
Eau (10 cl)
Vin blanc sec (10 cl)
Bouquet garni (1)
Sel, poivre

Pour 4 personnes
Préparation 10 min
Cuisson 20 min
Facile
Coût €

1. Épluchez et émincez l'**oignon** et l'**ail**.
2. Épluchez les **poivrons** et les **tomates**, et coupez-les en dés.
3. Insérez la cuve dans le robot. **Sélectionnez le menu manuel, mode cuisson classique, fonction dorer.**
4. Faites chauffer l'**huile** pendant la durée du préchauffage et faites-y revenir l'**oignon** et l'**ail**.

5. Ajoutez les **poivrons**, les **tomates** puis les **cuisses de poulet**. Laissez cuire 5 minutes, en remuant régulièrement.
6. Délayez le **cube de bouillon de volaille** dans l'eau et ajoutez-le, avec le **vin blanc** et le **bouquet garni**. Salez et poivrez.
7. **Passez en mode cuisson sous pression et programmez la minuterie à 00 : 12, départ immédiat.** Fermez et verrouillez.
8. Lorsque le voyant rouge est éteint, ouvrez l'appareil, remuez et servez bien chaud.

CRÈME AU CHOCOLAT

Ingrédients :
Crème fraîche (30 cl)
Chocolat noir (150 g)
Vanille (1 gousse)
Lait (50 cl)
Œufs (2)
Beurre (25 g)

Pour 4 personnes
Préparation 5 min
Cuisson 10-12 min
Très facile
Coût €

16
SEPTEMBRE
Ste Édith

1. Réservez 1 c. à soupe de **crème fraîche**.
2. Hachez le **chocolat**.
3. Coupez la **gousse de vanille** en deux et récupérez les **graines**.
4. Insérez la cuve dans le robot. Mettez-y le **chocolat** avec le **lait** et la **crème restante**, les **œufs** légèrement battus et les **graines de la gousse de vanille**.
5. **Sélectionnez le menu manuel, mode cuisson classique, fonction mijoter. Laissez cuire pendant 10 à 12 minutes,** en remuant bien jusqu'à ce que la **crème** épaississe.
6. Ajoutez le **beurre** et fouettez le tout vigoureusement.
7. Ajoutez la cuillerée de **crème** réservée et servez sans attendre.

CHOU ROUGE AUX CHÂTAIGNES

Ingrédients :
Oignon (1)
Chou rouge (500 g)
Graisse de canard (4 c. à soupe)
Châtaignes sous vide (250 g)
Quatre-épices (1/2 c. à café)
Eau (20 cl)
Vinaigre balsamique (3 c. à soupe)
Sel, poivre

Pour 4 personnes
Préparation 10 min
Cuisson 8 min
Très facile
Coût €

1. Épluchez et émincez l'**oignon**.
2. Émincez le **chou** très finement.
3. Insérez la cuve dans le robot. **Sélectionnez le menu manuel, mode cuisson classique, fonction dorer.**
4. Faites chauffer la **graisse de canard** pendant la durée du préchauffage et faites revenir l'**oignon** pendant 3 minutes.
5. Ajoutez le **chou**, les **châtaignes** et les **épices**. Salez et poivrez.

6 **Ajoutez l'eau et passez en mode cuisson sous pression et programmez la minuterie à 00 : 05, départ immédiat.** Fermez et verrouillez.

7 Lorsque le voyant rouge est éteint, ouvrez l'appareil, ajoutez le **vinaigre**, remuez et servez bien chaud.

CAILLES AUX RAISINS

Ingrédients :
Oignons (2)
Ail (2 gousses)
Huile (2 c. à soupe)
Cailles (4)
Raisins secs (2 poignées)
Sauce soja (4 c.à soupe)
Vin blanc (40 cl)
Miel (8 c.à soupe)
Eau (20 cl)
Sel, poivre

Pour 4 personnes
Préparation 20 min
Cuisson 28 min
Facile
Coût €

1. Épluchez et émincez les **oignons** et l'**ail**.
2. Insérez la cuve dans le robot.
   Sélectionnez le menu manuel, mode cuisson classique, fonction dorer.
3. Faites chauffer l'**huile** pendant la durée du préchauffage et faites-y colorer les **cailles** sur toutes les faces.
4. Ajoutez les **oignons**, l'**ail** et les **raisins**.
5. Laissez cuire 5 minutes, en remuant régulièrement.

6. Ajoutez la **sauce soja**, le **vin**, le **miel** et l'**eau.** Salez et poivrez.

7. **Passez en mode cuisson sous pression et programmez la minuterie à 00 : 20, départ immédiat.** Fermez et verrouillez.

8. Lorsque le voyant rouge est éteint, ouvrez l'appareil, remuez et servez bien chaud avec de la semoule.

VELOUTÉ DE CHAMPIGNONS

Ingrédients :
Ail (1 gousse)
Oignon (1)
Huile (2 c. à soupe)
Champignons de Paris (400 g)
Champignons des bois (200 g)
Bouillon de légumes (1 cube)
Eau (40 cl)
Crème liquide entière (20 cl)
Sel, poivre

Pour 4 personnes
Préparation 10 min
Cuisson 9 min
Très facile
Coût €

19
SEPTEMBRE
Ste Émilie

1. Pelez et coupez la **gousse d'ail** en deux.
2. Pelez l'**oignon** et coupez-le en cubes.
3. Insérez la cuve dans le robot. **Sélectionnez le menu manuel, mode cuisson classique, fonction dorer.**
4. Faites blondir l'**ail** et l'**oignon** avec l'**huile**, cuve ouverte, pendant le temps du préchauffage.
5. Nettoyez et coupez les **champignons** en deux.
6. Ajoutez-les dans la cuve avec le **cube de bouillon** dilué dans l'eau.
7. Salez et poivrez.
8. **Passez en mode cuisson sous pression, programmez la minuterie à 00 : 06, départ immédiat.** Fermez et verrouillez la cuve.
9. Lorsque le voyant rouge est éteint, ouvrez, ajoutez la crème et mixez à l'aide d'un mixeur plongeant jusqu'à obtenir une texture lisse (veillez à ce que le mixeur soit équipé d'une paroi de protection autour de l'hélice pour ne pas endommager la cuve).
10. Servez sans attendre.

RIZ AUX LÉGUMES À L'INDIENNE

Ingrédients :
Carottes (50 g)
Petits pois (50 g)
Haricots verts (50 g)
Oignon (1)
Huile de tournesol (1 c. à soupe)
Riz (200 g)
Bouillon de légumes (1 cube)
Eau (45 cl)
Curry en poudre (2 c. à café)
Poivre

Pour 4 personnes
Préparation 20 min
Cuisson 11 min
Très facile
Coût €

1. Pelez les **carottes**, coupez-les en cubes.
2. Écossez les **petits pois**.
3. Équeutez les **haricots** et coupez-les en tronçons.
4. Pelez l'**oignon** et coupez-le en gros cubes.
5. Insérez la cuve dans le robot. **Sélectionnez le menu manuel, mode cuisson classique, fonction dorer.**
6. Mettez l'**huile** et l'**oignon** à chauffer pendant la durée du préchauffage.

20
SEPTEMBRE
St Davy

7. Ajoutez le **riz**, les **carottes**, les **petits pois** et les **haricots**. Mélangez.

8. Délayez le **cube de bouillon** dans l'**eau**, ajoutez-le, ainsi que le **curry**. Poivrez et mélangez.

9. **Sélectionnez le menu manuel, mode cuisson sous pression, puis programmez la minuterie à 00 : 08, départ immédiat.** Fermez et verrouillez la cuve.

10. Lorsque le voyant rouge est éteint, ouvrez, mélangez et servez sans attendre.

FLANS AUX PATATES DOUCES ET LAIT DE COCO

Ingrédients :
Patates douces (450 g)
Eau (40 cl)
Crème liquide (10 cl)
Œufs (2)
Lait de coco (10 cl)
Piment en poudre
Sel, poivre

Pour 4 personnes
Préparation 15 min
Cuisson 24 min
Facile
Coût €

1. Épluchez les **patates douces**, coupez-les en morceaux.
2. Insérez la cuve dans le robot. Ajoutez 20 cl d'**eau**. Placez les **cubes de patate douce** dans le panier vapeur à l'intérieur de la cuve.
3. **Sélectionnez le menu ingrédients, patates douces, morceaux et lancez la cuisson.**
4. Lorsque le voyant rouge est éteint, ouvrez, égouttez les **patates douces**, réservez-les. Lavez la cuve.

5. Dans un saladier, mixez les **patates douces** avec la **crème**, les **œufs**, le **lait de coco** et le **piment**. Salez et poivrez.

6. Versez la préparation dans quatre ramequins. Placez-les dans le panier vapeur à l'intérieur de la cuve.

7. **Ajoutez l'eau et sélectionnez le menu manuel, mode cuisson sous pression, puis programmez la minuterie à 00 : 09, départ immédiat.** Fermez et verrouillez.

8. Lorsque le voyant rouge est éteint, ouvrez et laissez tiédir avant de déguster.

LAPIN À LA MOUTARDE

Ingrédients :
Lapin (1)
Huile d'olive (2 c. à soupe)
Moutarde forte (2 c. à soupe)
Moutarde à l'ancienne (3 c. à soupe)
Laurier (3 feuilles)
Bouillon de volaille (1 cube)
Eau (25 cl)
Crème fraîche (25 cl)
Sel, poivre

Pour 4 personnes
Préparation 10 min
Cuisson 43 min
Facile
Coût €

22 SEPTEMBRE
St Maurice

1. Coupez le **lapin** en 4 morceaux.
2. Insérez la cuve dans le robot. **Sélectionnez le menu manuel, mode cuisson classique, fonction dorer.**
3. Faites chauffer l'**huile** pendant la durée du préchauffage, puis mettez le **lapin** à dorer sur toutes ses faces pendant 10 minutes. Salez et poivrez.
4. Ajoutez les deux **moutardes**, le **laurier** et le **cube de bouillon** délayé dans l'**eau**.
5. **Sélectionnez le mode cuisson sous pression et programmez la minuterie à 00 : 15, départ immédiat.** Fermez et verrouillez.
6. Lorsque le voyant rouge est éteint, ouvrez et réservez la **viande**.
7. **Sélectionnez le menu manuel, mode cuisson classique, fonction dorer.**
8. Délayez la **crème** dans la **sauce** et faites réduire pendant environ 5 minutes.
9. Remettez les **morceaux de lapin** et passez en mode maintien au chaud pour 10 minutes.
10. Servez chaud avec des **pommes de terre à l'eau** ou du **riz**.

SOUPE DE FRUITS DE MER

Ingrédients :
Oignon (1)
Ail (2 gousses)
Moules (500 g)
Palourdes (500 g)
Vin blanc (12 cl)
Thym (2 c. à café)
Allumettes de lardons (100 g)
Lait de coco (25 cl)
Noix de pétoncles (250 g)
Sel, poivre

Pour 4 personnes
Préparation 10 min
Cuisson 10 min
Très facile
Coût €€

1. Épluchez et émincez l'**oignon** et l'**ail**.
2. Insérez la cuve dans le robot. Mettez-y les **coquillages** avec le **vin** et le **thym**.
3. **Sélectionnez le menu manuel, mode cuisson sous pression, et programmez la minuterie à 00 : 03, départ immédiat.** Fermez et verrouillez la cuve.
4. Lorsque le voyant rouge est éteint, ouvrez, réservez les **coquillages** cuits dans un saladier et filtrez le **jus** dans un bol.

5 Nettoyez la cuve.

6 Insérez la cuve dans le robot. **Sélectionnez le menu manuel, mode cuisson classique, fonction dorer.**

7 Faites dorer les **lardons** pendant la durée du préchauffage.

8 Ajoutez l'**oignon** et l'**ail**, et faites-les revenir pendant 5 minutes.

9 Ajoutez le **jus de coquillages** filtré, le **lait de coco** et les **noix de pétoncles**.

10 **Sélectionnez le menu manuel, mode cuisson classique, fonction mijoter,** et laissez cuire le tout 2 minutes supplémentaires.

11 Rectifier l'assaisonnement si nécessaire et servez bien chaud.

FRICASSÉE DE POULET

Ingrédients :
Oignon (1)
Ail (3 gousses)
Céleri (1 branche)
Pilons de poulet (12)
Thym (3 branches)
Sauce soja (6 c. à soupe)
Huile de tournesol (4 c. à soupe)
Sauce pimentée (1 c. à soupe)
Eau (15 cl)
Sel, poivre

Pour 4 personnes
Préparation 10 min
Marinade 4 h
Cuisson 30 min
Facile
Coût €

1. Pelez l'**oignon** et l'**ail**. Émincez-les finement.
2. Coupez le **céleri** en tronçons.
3. Dans un saladier, mélangez le **poulet**, le **céleri**, l'**oignon**, l'**ail**, le **thym**, la **sauce soja** et l'**huile**. Salez, poivrez et mélangez.
4. Laissez mariner au moins 4 heures.

5. Insérez la cuve dans le robot. **Sélectionnez le menu manuel, mode cuisson classique, fonction dorer.**

6. Attendez la fin du préchauffage, versez le contenu de la **marinade** et faites caraméliser en remuant pendant 5 minutes environ.

7. Ajoutez la **sauce pimentée** et l'**eau**.

8. **Passez le robot en mode sous pression, puis programmez la minuterie à 00 : 25, départ immédiat.** Fermez et verrouillez la cuve.

9. Lorsque le voyant rouge est éteint, ouvrez, rectifiez l'assaisonnement si nécessaire, mélangez et servez sans attendre.

FLANS À LA NOIX DE COCO

Ingrédients :
Œufs (4)
Lait de coco (40 cl)
Noix de coco râpée (100 g)
Lait concentré sucré (40 cl)
Beurre (10 g)
Eau (30 cl)

Pour 4 personnes
Préparation 5 min
Cuisson 35 min
Facile
Coût €

1. Dans un saladier, mélangez les **œufs**, le **lait**, la **noix de coco** et le **lait concentré**.
2. Versez le tout dans 4 moules individuels de 9 cm de diamètre préalablement beurrés.
3. Filmez les moules soigneusement avec du film alimentaire spécial cuisson.
4. Insérez la cuve dans le robot. Ajoutez l'**eau**.
5. Placez le panier vapeur dans la cuve avec les moules filmés à l'intérieur.
6. **Sélectionnez le menu manuel, mode cuisson sous pression, puis programmez la minuterie à 00 : 35, départ immédiat.** Fermez et verrouillez.
7. Lorsque le voyant rouge est éteint, ouvrez, laissez bien refroidir avant de démouler.
8. Mettez au frais jusqu'au moment de servir.

TERRINE DE LAPIN À L'ANCIENNE

Ingrédients :
Foies de Lapin (250 g)
Thym (1 branche)
Laurier (2 feuilles)
Cognac (10 cl)
Lapin désossé (500 g)
Oignon (1)
Ail (1 gousse)
Chair à saucisse (500 g)
Piment d'Espelette
Noisettes concassées (1 poignée)
Herbes de Provence (1 c. à café)
Eau (30 cl)
Sel, poivre

Pour 4 personnes
Préparation 10 min
Cuisson 48 min
Réfrigération 12 h
Facile
Coût €

1. Insérez la cuve dans l'appareil. **Sélectionnez le menu manuel, mode cuisson classique, fonction dorer.**
2. Sans attendre la fin du préchauffage, faites revenir les **foies** avec le **thym** et le **laurier** pendant 3 minutes. Salez et poivrez.

26
SEPTEMBRE
Sts Côme & Damien

3. Ajoutez le **cognac**, fermez le couvercle et laissez macérer pendant 5 minutes.
4. Pendant ce temps, hachez grossièrement le **lapin** dans un saladier.
5. Épluchez et émincez finement l'**oignon**, ajoutez-le.
6. Ajoutez la **chair à saucisse**, le **piment** et les **noisettes**.
7. Coupez les **foies** en petits morceaux, ajoutez-les.
8. Malaxez bien le tout, jusqu'à obtenir un mélange homogène.
9. Versez le mélange dans un moule de 18 cm de diamètre. Ajoutez les **herbes de Provence**. Filmez.
10. **Sélectionnez le menu manuel, mode cuisson sous pression, ajoutez l'eau, puis programmez la minuterie à 00 : 40, départ immédiat.** Fermez et verrouillez.
11. Lorsque le voyant rouge est éteint, ouvrez et sortez le moule encore chaud. Ôtez l'excédent de liquide.
12. Laissez refroidir 12 heures au frais avant de démouler et de déguster.

ENCORNETS FARCIS

Ingrédients :
Encornets entiers (4)
Oignon (1)
Huile d'olive (1 c. à soupe)
Pignons (50 g)
Pain de mie (3 tranches)
Lait (30 cl)
Persil haché (4 c. à soupe)
Tomates pelées en conserve (200 g)
Piment d'Espelette (1 c. à café)

Pour 4 personnes
Préparation 15 min
Cuisson 18 min
Facile
Coût €

1. Détaillez les **encornets** en morceaux.
2. Pelez l'**oignon** et ciselez-le.
3. Insérez la cuve dans le robot. **Sélectionnez le menu manuel, mode cuisson classique, fonction dorer.**
4. Laissez chauffer l'**huile** le temps du préchauffage et faites-y revenir les tentacules de l'**encornet** et l'**oignon** pendant 3 minutes
5. Coupez les **tentacules** en petits dés.

6. Mélangez-les avec les **pignons**, le **pain de mie** trempé dans le **lait** et le **persil**.
7. Farcissez les **encornets** avec ce mélange, fermez-les avec un cure-dent.
8. Concassez les **tomates pelées**.
9. Placez les **encornets** farcis dans la cuve du robot. Saupoudrez-les de **piment d'Espelette** et de **tomates concassées**.
10. **Sélectionnez le menu manuel, mode cuisson sous pression, puis programmez la minuterie à 00 : 12, départ immédiat.** Fermez et verrouillez.
11. Lorsque le voyant rouge est éteint, ouvrez, rectifiez l'assaisonnement si nécessaire et servez bien chaud avec du riz blanc.

RIZ CANTONAIS

Ingrédients :
Ciboules (3)
Jambon (1 tranche épaisse)
Eau (50 cl)
Petits pois surgelés (100 g)
Huile d'olive (2 c. à soupe)
Œufs (2)
Sauce soja (1 c. à soupe)
Riz parfumé (200 g)
Crevettes rose cuites décortiquées (100 g)

Pour 4 personnes
Préparation 10 min
Cuisson 17 min
Très facile
Coût €

28
SEPTEMBRE
St Venceslas

1. Émincez les **ciboules**. Coupez le **jambon** en petits dés.
2. Insérez la cuve dans le robot. Versez-y 20 cl d'eau. Ajoutez les **petits pois**.
3. **Sélectionnez le menu manuel, mode cuisson sous pression, puis programmez la minuterie à 00 : 05, départ immédiat.** Fermez et verrouillez la cuve.
4. Lorsque le voyant rouge est éteint, ouvrez et réservez les **petits pois**.
5. **Passez en mode cuisson classique, fonction dorer.** Le temps du préchauffage, faites chauffer la moitié de l'**huile**.
6. Dans un récipient, fouettez les **œufs** avec la **sauce soja**. Versez le mélange dans la cuve et laissez cuire 3 minutes.
7. Déposez l'**omelette** obtenue dans une assiette et détaillez-la en petits dés. Réservez.
8. Nettoyez la cuve. Versez-y le riz avec le reste d'eau. **Mettez le robot en mode cuisson sous pression et programmez la minuterie à 00 : 09, départ immédiat.** Fermez et verrouillez la cuve.
9. Lorsque le voyant rouge est éteint, ouvrez, ajoutez les **morceaux d'omelette**, les **petits pois**, les **crevettes**, la **ciboule**, les **cubes de jambon** et l'**huile** restante. Servez aussitôt.

SOUPE DE FRUITS THÉ AU JASMIN

Ingrédients :
Fruits exotiques :ananas, mangue, banane... (600 g)
Eau (40 cl)
Sucre (60 g)
Thé au jasmin (4 sachets)

Pour 4 personnes
Préparation 10 min
Cuisson 10 min
Réfrigération 1 h
Très facile
Coût €

1. Coupez les **fruits** choisis en dés.
2. Insérez la cuve dans le robot et versez-y l'eau.
3. **Sélectionnez le menu manuel, mode cuisson classique, fonction dorer.** Ajoutez le **sucre** et les **sachets de thé**.
4. Mélangez et laissez infuser pendant quelques minutes selon votre goût. Retirez les **sachets**.
5. Ajoutez les dés de **fruits**.

6. **Toujours sur le menu manuel, passez en mode cuisson sous pression, puis programmez la minuterie à 00 : 10, départ immédiat.** Fermez et verrouillez.
7. Lorsque le voyant rouge est éteint, ouvrez l'appareil. Laissez refroidir, puis placez au frais pendant 1 heure.
8. Servez très frais, avec une boule de glace.

DÉS DE CABILLAUD À L'ANDALOUSE

Ingrédients :
Poivrons (3)
Gousses d'ail (2)
Dos de cabillaud (600 g)
Huile d'olive (1 c. à soupe)
Chorizo (8 tranches)
Épices à paella (2 c. à soupe)
Tomates pelées en conserve (400 g)
Sel, poivre

Pour 4 personnes
Préparation 15 min
Cuisson 16 min
Facile
Coût €

1. Coupez les **poivrons** en lamelles, en retirant les graines et la peau blanche.
2. Pelez et écrasez l'**ail**.
3. Détaillez le **cabillaud** en dés.
4. Insérez la cuve dans le robot. **Sélectionnez le menu manuel, mode cuisson classique, fonction dorer.**

5. Laissez chauffer l'**huile** le temps du préchauffage et faites revenir pendant 3 minutes les **poivrons**, le **chorizo**, l'**ail** et le **cabillaud**.
6. Salez, poivrez, saupoudrez d'**épices**.
7. Ajoutez les **tomates pelées**.
8. **Toujours en menu manuel, passez au mode cuisson sous pression, puis programmez la minuterie à 00 : 07, départ immédiat.** Fermez et verrouillez la cuve.
9. Lorsque le voyant rouge est éteint, ouvrez et dégustez sans attendre.

MI-CUIT AU CHOCOLAT

Ingrédients :
Chocolat pâtissier (70 g)
Œufs (2)
Sucre glace (60 g)
Farine (2 c. à soupe)
Beurre doux (70 g)
Eau (20 cl)

Pour 4 personnes
Préparation 10 min
Cuisson 5 min
Très facile
Coût €

1er
OCTOBRE
Ste Thérèse de Lisieux

1. Faites fondre le **chocolat** au bain-marie.
2. Séparez les jaunes des blancs d'**œufs.**
3. Dans un saladier, mélangez le **chocolat** et les **jaunes d'œufs.**
4. Ajoutez le **sucre glace** et la **farine,** mélangez.
5. Montez les **blancs** en neige et ajoutez-les. Mélangez délicatement.
6. **Beurrez** un moule de 18 cm de diamètre. Versez-y la préparation. Filmez soigneusement avec du film alimentaire spécial cuisson.
7. Placez le moule dans le panier vapeur à l'intérieur de la cuve.
8. Insérez la cuve dans le robot. Ajoutez l'**eau**. **Sélectionnez le menu manuel, mode cuisson sous pression, puis programmez la minuterie à 00 : 05, départ immédiat.** Fermez et verrouillez la cuve.
9. Lorsque le voyant rouge est éteint, ouvrez, sortez le moule, ôtez le film et servez tiède, avec de la crème anglaise.

DIM SUM AU PORC

Ingrédients :
Champignons noirs (3 gros)
Ail (1 gousse)
Gingembre (1 racine de 2 cm)
Porc haché (350 g)
Sauce soja (2 c. à café)
Xérès (2 c. à café)
Huile de sésame (1 c. à café)
Œuf (1)
Carrés de pâte à wonton (30)
Eau (20 cl)
Sel, poivre

Pour 4 personnes
Préparation 15 min
Cuisson 15 min
Facile
Coût €

1. Hachez les **champignons.**
2. Pelez et ciselez finement la **gousse d'ail** et le **gingembre.**
3. Dans un saladier, mélangez le **porc haché** avec les **champignons,** l'**ail** et le **gingembre.**
4. Ajoutez la **sauce soja,** le **xérès** et l'**huile.** Salez et poivrez. Ajoutez l'**œuf.** Mélangez bien.

5. Étalez les **carrés de pâte à wonton.**

6. Déposez 1/2 c. à soupe de **farce** au milieu de chaque carré. Repliez en aumônières.

7. Chemisez le panier vapeur avec du papier sulfurisé. Placez-le dans la cuve avec les **dim sum** à l'intérieur. Ajoutez l'**eau.**

8. Insérez la cuve dans le robot. **Sélectionnez le menu manuel, mode cuisson sous pression, puis programmez la minuterie à 00 : 15, départ immédiat.** Fermez et verrouillez la cuve.

9. Lorsque le voyant rouge est éteint, ouvrez et dégustez sans attendre avec du riz et de la sauce soja.

MIJOTÉ DE LÉGUMES

Ingrédients :
Échalote (1)
Beurre (20 g)
Poireau (1)
Salsifis (1)
Brocoli (1 pied)
Navet (1)
Bouillon de légumes (1 cube)
Eau (20 cl)
Sel, poivre

Pour 4 personnes
Préparation 12 min
Cuisson 14 min
Très facile
Coût €

1. Pelez l'**échalote,** émincez-la.
2. Insérez la cuve dans le robot. **Sélectionnez le menu manuel, mode cuisson classique, fonction dorer.**
3. À la fin du préchauffage, faites fondre le **beurre** et faites-y blondir l'**échalote** pendant environ 2 minutes.
4. Coupez le **poireau** et le **salsifis** en tronçons. Ajoutez-les.
5. Détaillez le **brocoli** en fleurettes et le **navet** en dés. Ajoutez-les.

6. Délayez le **cube de bouillon** dans l'**eau.** Ajoutez-le. Salez et poivrez.

7. **Sélectionnez le menu manuel, mode cuisson classique, fonction mijoter.**

8. Faites cuire les légumes pendant 12 minutes, jusqu'à ce qu'ils soient fondants. Servez sans attendre.

EFFILOCHÉ DE PORC

Ingrédients :
Oignon (1)
Ail (1 gousse)
Huile d'olive (1 c. à soupe)
Ketchup (5 c. à soupe)
Moutarde forte (1 c. à soupe)
Sauce Worcestershire (1 c. à soupe)
Vinaigre de cidre (1 c. à soupe)
Poudre de chili (1 c. à café)
Eau (20 cl)
Palette de porc (2 kg)
Maïzena (1 c. à soupe)
Sel, poivre

Pour 4 personnes
Préparation 10 min
Cuisson 2 h
Très facile
Coût €

1. Pelez l'**oignon** et l'**ail,** émincez-les.
2. Dans un saladier, mélangez l'**huile d'olive,** le **Ketchup,** la **moutarde,** la **sauce Worcestershire** et le **vinaigre de cidre.**
3. Ajoutez la **poudre de chili,** l'**oignon** et l'**ail.** Salez et poivrez. Mélangez.
4. Détaillez le **porc** en beaux morceaux et ajoutez-les. Mélangez bien, pour les enrober uniformément.

5. Insérez la cuve dans le robot. Déposez-y les **morceaux de porc**. Ajoutez l'**eau**.

6. **Sélectionnez le menu manuel, mode cuisson sous pression, puis programmez la minuterie à 01 : 50, départ immédiat.** Fermez et verrouillez.

7. Réservez la **viande.** Ajoutez la **Maïzena** dans la cuve, mélangez.

8. **Passez en mode cuisson classique, fonction dorer,** pendant 10 minutes.

9. Pendant ce temps, effilochez la **viande** à l'aide de deux fourchettes. Remettez-la dans la cuve.

10. **Passez en mode maintien au chaud** jusqu'au moment de servir, accompagné d'une salade de chou ou dans un pain à burgers.

SOUFFLÉ AU FROMAGE

Ingrédients :
Œufs (8)
Beurre (100 g)
Farine (120 g)
Lait (1 l)
Gruyère râpé (200 g)
Noix muscade râpée (2 pincées)
Eau (20 cl)
Sel, poivre

Pour 6 personnes
Préparation 10 min
Cuisson 35 min
Facile
Coût €

1. Séparez les **blancs** des **jaunes d'œufs.**
2. Faites fondre le **beurre** à la casserole.
3. Ajoutez la **farine,** tout en fouettant vigoureusement.
4. Ajoutez le **lait** petit à petit, jusqu'à obtenir une consistance épaisse mais pas trop. Remuez au fouet quelques minutes, enlevez du feu.
5. Hors du feu, ajoutez les **jaunes d'œufs** un à un, en mélangeant sans arrêt.

6
OCTOBRE
St Bruno

6. Ajoutez le **gruyère** et la **noix muscade.** Salez et poivrez.

7. Incorporez les **blancs en neige,** en mélangeant délicatement.

8. Versez la préparation dans un moule de 18 cm de diamètre jusqu'aux trois quarts de la hauteur.

9. Filmez avec du film alimentaire spécial cuisson et placez-le dans le panier vapeur à l'intérieur de la cuve.

10. Ajoutez l'**eau. Sélectionnez le menu manuel, mode cuisson sous pression, et programmez la minuterie à 00 : 30, départ immédiat.** Fermez et verrouillez.

11. Lorsque le voyant rouge est éteint, ouvrez, ôtez le film et dégustez aussitôt.

PURÉE DE POMMES DE TERRE

Ingrédients :
Pommes de terre (500 g)
Eau (20 cl)
Lait (30 cl)
Beurre (1 noisette)
Jaune d'œuf (1)
Noix muscade (1 pincée)
Ciboulette (quelques brins)
Sel, poivre

Pour 4 personnes
Préparation 10 min
Cuisson 20 min
Très facile
Coût €

7
OCTOBRE
St Serge

1. Insérez la cuve dans le robot et placez les **pommes de terre** dans le panier vapeur à l'intérieur.
2. Ajoutez l'**eau.**
3. **Sélectionnez le menu ingrédients, pommes de terre, entier,** et lancez la cuisson.
4. Mixez grossièrement les **pommes de terre** à l'aide d'un mixeur plongeant (veillez à ce qu'il soit équipé d'une paroi de protection autour de l'hélice pour ne pas endommager la cuve).
5. **Passez en mode cuisson classique, fonction cuisson douce.**
6. Ajoutez le **lait** petit à petit, sans cesser de mélanger pendant 5 minutes.
7. Ajoutez le **beurre,** le **jaune d'œuf** et la **noix muscade.** Salez, poivrez et mélangez.
8. Servez parsemé de **ciboulette ciselée.**

POULET AU POTIMARRON

Ingrédients :
Blancs de poulet (4)
Tomates (300 g)
Potimarron (300 g)
Oignon (1)
Huile d'olive (1 c. à soupe)
Curry (2 c. à soupe)
Eau (20 cl)
Sel, poivre

Pour 4 personnes
Préparation 10 min
Cuisson 10 min
Très facile
Coût €

1. Coupez le **poulet,** les **tomates** et le **potimarron** en cubes.
2. Épluchez et émincez l'**oignon.**
3. Insérez la cuve dans le robot. **Sélectionnez le menu manuel, mode cuisson classique, fonction dorer.**
4. À la fin du préchauffage, faites blondir l'**oignon** dans l'**huile** pendant 1 minute.
5. Ajoutez le **poulet** et laissez-le dorer 1 minute, en remuant.
6. Ajoutez les **tomates,** le **potimarron** et le **curry,** remuez.

8 OCTOBRE
Ste Pélagie

7. Versez l'**eau** et **passez en mode cuisson sous pression, puis programmez la minuterie à 00:08, départ immédiat.** Fermez et verrouillez.
8. Lorsque le voyant rouge est éteint, ouvrez l'appareil, rectifiez l'assaisonnement si nécessaire et dégustez sans attendre.

SOUPE CRESSON-POMMES DE TERRE

Ingrédients :
Cresson (1 botte)
Échalote (1)
Pommes de terre (4)
Beurre (30 g)
Bouillon de volaille (1 cube)
Eau (1 l)
Sel, poivre

Pour 4 personnes
Préparation 5 min
Cuisson 12 min
Facile
Coût €

1. Effeuillez et nettoyez le **cresson.**
2. Épluchez l'**échalote** et émincez-la.
3. Pelez et coupez les **pommes de terre** en petits morceaux.
4. Insérez la cuve dans le robot. **Sélectionnez le menu manuel, mode cuisson classique, fonction dorer.**
5. Sans attendre la fin du préchauffage, faites revenir l'**échalote** dans le **beurre** pendant 2 minutes.

6. Ajoutez les **morceaux de pomme de terre** et le **cresson.**
7. Délayez le **cube de bouillon** dans l'**eau.**
8. Insérez la cuve dans le robot. Versez-y le **bouillon.**
9. **Passez en mode cuisson sous pression et programmez la minuterie à 00 : 10, départ immédiat.** Fermez et verrouillez.
10. Lorsque le voyant rouge est éteint, ouvrez, rectifiez l'assaisonnement si nécessaire.
11. Mixez à l'aide d'un mixeur plongeant (veillez à ce qu'il soit équipé d'une paroi de protection autour de l'hélice pour ne pas endommager la cuve).
12. Dégustez bien chaud.

PLATS

MAGRETS DE CANARD POIVRÉS

Ingrédients :
Magrets de canard
avec la peau (2 beaux)
Fond de veau (3 c. à soupe)
Eau (20 cl)
Poivre vert moulu
(1 c. à soupe)
Poivre noir moulu
(1 c. à soupe)
Thym (1 branche)
Sel

Pour 4 personnes
Préparation 5 min
Cuisson 9 min
Très facile
Coût €€

10
OCTOBRE
St Ghislain

1. Quadrillez les **magrets** côté peau.
2. Insérez la cuve dans le robot. **Sélectionnez le menu manuel, mode cuisson classique, fonction dorer.**
3. Faites revenir les **magrets** de chaque côté environ 6 minutes. Réservez.
4. Ôtez l'excédent de gras de la cuve.
5. Ajoutez le **fond de veau,** l'**eau** et la **branche de thym**, salez et mélangez quelques minutes jusqu'à épaississement.
6. Quand la sauce a épaissi, remettez-y les **magrets.**
7. **Passez en mode maintien au chaud** pendant 3 minutes et saupoudrez des **poivres** fraîchement moulus.
8. Servez bien chaud avec une compotée de mangues au basilic.

SOUPE DE GAMBAS

Ingrédients :
Oignons (2)
Champignons de Paris (60 g)
Carottes (4)
Lardons fumés (75 g)
Maïs (175 g)
Fond de volaille prêt à l'emploi (80 cl)
Sauce soja (1 c à soupe)
Sucre (1 c à café)
Gambas entières crues (8)
Coriandre hachée (1 c à soupe)
Poivre

Pour 4 personnes
Préparation 12 min
Cuisson 6 min
Très facile
Coût €€

1. Pelez et émincez les **oignons.**
2. Nettoyez et émincez les **champignons.**
3. Pelez les **carottes,** détaillez-les en morceaux.
4. Insérez la cuve dans le robot. **Sélectionnez le menu manuel, mode cuisson classique, fonction dorer.**
5. Sans attendre la fin du préchauffage, faites revenir les **oignons** avec les **lardons** pendant 3 minutes.

6. Ajoutez les **champignons,** les **carottes** et le **maïs.** Poivrez.
7. Ajoutez le **fond de volaille**.
8. Ajoutez la **sauce soja,** le **sucre** et enfin les **gambas.**
9. **Passez en mode cuisson sous pression et programmez la minuterie à 00 : 03, départ immédiat.** Fermez et verrouillez.
10. Lorsque le voyant rouge est éteint, ouvrez l'appareil, rectifiez l'assaisonnement si nécessaire.
11. Dégustez chaud, parsemé de **coriandre hachée.**

FLAN AUX POMMES ET RAISINS SECS

Ingrédients :
Pommes (4)
Rhum (2 c. à soupe)
Eau (1 c. à soupe + 20 cl)
Raisins secs (40 g)
Beurre (30 g)
Caramel liquide
Lait concentré sucré (1 boîte)
Lait (30 cl)
Œufs (3)

Pour 6 personnes
Préparation 10 min
Cuisson 28 min
Réfrigération 2 h
Très facile
Coût €€

1. Épluchez les **pommes,** coupez-les en dés.
2. Dans un bol, versez le **rhum** avec 1 c. à soupe d'**eau.** Mettez-y les **raisins** à gonfler.
3. Insérez la cuve dans le robot. **Sélectionnez le menu manuel, mode cuisson classique, fonction dorer,** et faites revenir les **pommes** dans le **beurre** pendant 5 minutes, sans attendre la fin du préchauffage.
4. Ajoutez les **raisins** et laissez cuire jusqu'à évaporation du jus.

12
OCTOBRE
St Wilfried

5. Nappez le fond d'un moule de 18 cm de diamètre de **caramel liquide.** Versez dessus la **compotée de fruits.**

6. Dans un saladier, mélangez le **lait concentré** et les **œufs.** Ajoutez le **lait,** mélangez.

7. Versez ce mélange sur les **fruits**. Filmez soigneusement avec du film alimentaire spécial cuisson.

8. **Passez le robot en mode cuisson sous pression,** ajoutez l'**eau,** placez-y le panier vapeur avec le moule à l'intérieur, puis **programmez la minuterie à 00 : 13, départ immédiat.** Fermez et verrouillez la cuve.

9. Lorsque le voyant rouge est éteint, ouvrez et **passez en mode maintien au chaud pour une dizaine de minutes.**

10. Sortez le moule, ôtez le film et laissez refroidir. Placez au moins 2 heures au réfrigérateur avant de déguster.

APÉROS

VERRINES TOUT CARAMEL

Ingrédients :
Caramel au beurre salé (4 c. à soupe)
Caramel liquide (6 cl)
Lait (14 cl)
Crème fraîche (4 cl)
Œufs (2)
Eau (20 cl)
Pop-corn au caramel (4 c. à soupe)

Pour 4 personnes
Préparation 15 min
Cuisson 8 min
Facile
Coût €

13
OCTOBRE
St Géraud

1. Versez le **caramel salé** au fond de quatre verrines.
2. Dans un récipient, mélangez le **caramel liquide** avec le **lait,** la **crème fraîche** et les **œufs.**
3. Répartissez le mélange dans les verrines.
4. Fermez-les soigneusement avec du film alimentaire spécial cuisson.
5. Insérez la cuve dans le robot. Ajoutez l'**eau.** Placez dans la cuve le panier vapeur avec les verrines à l'intérieur.
6. **Sélectionnez le menu manuel, mode cuisson sous pression, puis programmez la minuterie à 00 : 08, départ immédiat.** Fermez et verrouillez.
7. Lorsque le voyant rouge est éteint, ouvrez et laissez refroidir. Placez ensuite 1 nuit au frais avant de déguster.
8. Au moment de servir, parsemez de **pop-corn au caramel.** Dégustez.

TAJINE D'AGNEAU AUX FRUITS SECS

Ingrédients :
Oignons (2)
Huile d'olive (1 c. à soupe)
Agneau (800 g)
Abricots secs (4)
Raisins secs (1 c. à soupe)
Ras el-hanout (1 c. à soupe)
Bouillon de volaille (1 cube)
Eau (20 cl)
Feuilles de laurier (2)
Pois chiches (400 g)
Sel, poivre

Pour 4 personnes
Préparation 5 min
Cuisson 26 min
Très facile
Coût €

1. Épluchez les **oignons** et coupez-les en quartiers.
2. Insérez la cuve dans le robot. Versez-y l'**huile** et les **oignons.**
3. **Sélectionnez le menu manuel, mode cuisson classique, fonction dorer.**
4. Remuez avec une cuillère en bois pendant le temps du préchauffage.

5. Coupez l'**agneau** en gros cubes. Faites-les revenir pendant 3 minutes, tout en remuant régulièrement.
6. Incorporez les **abricots,** les **raisins secs,** le **ras el-hanout** et le **cube de bouillon** délayé dans l'**eau.**
7. Ajoutez le **laurier**, salez et poivrez.
8. **Passez en mode cuisson sous pression, puis programmez la minuterie à 00 : 15, départ immédiat.** Fermez et verrouillez.
9. Lorsque le voyant rouge est éteint, ouvrez l'appareil et ajoutez les **pois chiches**.
10. **Sélectionnez le mode maintien au chaud.** Laissez chauffer 5 minutes et servez avec de la semoule de couscous.

CHOU ROMANESCO À LA NOISETTE

Ingrédients :
Chou romanesco (300 g)
Noisettes (1 c. à soupe)
Olives vertes (10)
Purée de noisettes (30 g)
Lait de noisettes (20 g)
Vinaigre de cidre (10 g)
Eau (20 cl)
Sel, poivre

Pour 4 personnes
Préparation 5 min
Cuisson 3 min
Très facile
Coût €

1. Détaillez le **chou romanesco** en bouquets.
2. Hachez les **noisettes** finement, faites-les colorer à sec.
3. Dénoyautez les **olives** et émincez-les.
4. Dans un bol, mélangez la **purée** et le **lait de noisettes** avec le **vinaigre de cidre.** Salez et poivrez.
5. Insérez la cuve dans le robot et versez-y l'**eau**. Placez le panier vapeur dans la cuve et mettez-y le **chou** et les **olives.**

6. **Sélectionnez le menu manuel, mode cuisson sous pression, puis programmez la minuterie à 00 : 03, départ immédiat.** Fermez et verrouillez la cuve.

7. Lorsque le voyant rouge est éteint, ouvrez, parsemez de **noisettes grillées** et dégustez aussitôt avec la **vinaigrette.**

RISOTTO AUX ARTICHAUTS

Ingrédients :
Cœurs d'artichaut marinés (200 g)
Oignons (2)
Ail (2 gousses)
Vin blanc (6 cl)
Bouillon de légumes (1 cube)
Eau (40 cl)
Pesto rosso (40 g)
Riz Carnaroli (200 g)
Crème liquide (40 g)
Parmesan râpé (2 c. à soupe)
Sel, poivre

Pour 4 personnes
Préparation 15 min
Cuisson 9 min
Facile
Coût €

1. Égouttez les **artichauts** marinés, coupez-les en quatre. Réservez la marinade.
2. Épluchez et ciselez les **oignons** et l'**ail.**
3. Insérez la cuve dans l'appareil. **Sélectionnez le menu manuel, mode cuisson classique, fonction dorer.**
4. Sans attendre la fin du préchauffage, faites revenir les **oignons** et l'**ail** 3 minutes avec 1 c. à soupe de la **marinade des artichauts.**

5. Ajoutez le **vin blanc** et laissez cuire jusqu'à évaporation.
6. Délayez le **cube de bouillon** dans l'**eau** et ajoutez-le, ainsi que le **pesto** et le **riz.** Salez et poivrez.
7. **Sélectionnez le menu manuel, mode cuisson sous pression, puis programmez la minuterie à 00 : 06, départ immédiat.** Fermez et verrouillez.
8. Lorsque le voyant rouge est éteint, ouvrez, ajoutez la **crème** et les **artichauts.**
9. Servez avec du **parmesan.**

SOUPE DE CREVETTES COCO-CAROTTES

Ingrédients :
Carottes (500 g)
Tomates (2)
Oignons (2)
Huile d'olive (2 c. à soupe)
Crevettes (20 belles)
Lait de coco (40 cl)
Eau (20 cl)
Curry (1 c. à café)
Coriandre (quelques feuilles)
Ciboulette (quelques brins)
Graines de sésame
Sel, poivre

Pour 4 personnes
Préparation 10 min
Cuisson 11 min
Facile
Coût €€

1. Épluchez les **carottes,** coupez-les en rondelles.
2. Coupez les **tomates** en petits dés.
3. Pelez et ciselez les **oignons.**
4. Insérez la cuve dans le robot. **Sélectionnez le menu manuel, mode cuisson classique, fonction dorer.**

18
OCTOBRE
St Luc

5. Faites chauffer l'**huile** pendant la durée du préchauffage.
6. Ajoutez les **crevettes** et les **tomates,** faites-les revenir pendant 3 minutes.
7. Ajoutez les **oignons,** faites-les colorer 2 minutes.
8. Ajoutez les **dés de carottes,** le **lait de coco** et l'**eau.** Salez et poivrez.
9. Ajoutez le **curry.**
10. **Sélectionnez le menu manuel, mode cuisson sous pression, et programmez la minuterie à 00 : 03, départ immédiat.** Fermez et verrouillez la cuve.
11. Ciselez finement la **coriandre** et la **ciboulette.**
12. Lorsque le voyant rouge est éteint, ouvrez la cuve, parsemez d'**herbes ciselées** et de **graines de sésame.**

BEURRE DE COURGE AUX ÉPICES

Ingrédients :
Chair de courge, potiron ou butternut (500 g)
Eau (20 cl)
Quatre-épices (2 c. à café)
Jus de pomme (20 cl)
Jus de citron (1 c. à café)
Sirop d'érable (2 c. à soupe)

Pour 1 pot
Préparation 5 min
Cuisson 57 min
Très facile
Coût €

19
OCTOBRE
St René

1. Coupez la **courge** en dés.
2. Insérez la cuve dans le robot et placez-y les **dés de courge.**
3. **Sélectionnez le menu manuel, mode cuisson sous pression, puis programmez la minuterie à 00 : 07, départ immédiat.** Fermez et verrouillez.
4. Lorsque le voyant rouge est éteint, ouvrez et réduisez la **chair de courge** en purée à l'aide d'un mixeur plongeant (veillez à ce qu'il soit équipé d'une paroi de protection autour de l'hélice pour ne pas endommager la cuve).
5. Ajoutez le **quatre-épices,** le **jus de pomme,** le **jus de citron** et le **sirop d'érable.**
6. **Toujours en menu manuel, passez au mode cuisson classique, fonction mijoter.**
7. Laissez cuire ainsi pendant 50 minutes, couvercle ouvert afin que l'eau s'évapore.
8. Versez le **beurre de courge aux quatre-épices** dans un pot.
9. Fermez hermétiquement, conservez jusqu'à 3 semaines au réfrigérateur ou servez avec du pain frais.

WONTON CREVETTES-GINGEMBRE

Ingrédients :
Bouillon de légumes (1 cube)
Eau (1 l)
Échalote (1)
Ail (2 gousses)
Piment d'Espelette (1/2 c. à café)
Citronnelle (2 tiges)
Sauce nuoc-mâm (1 c. à soupe)
Gingembre frais (20 g)
Crevettes cuites (500 g)
Coriandre fraîche (20 g)
Œuf (1)
Sauce soja (2 c. à soupe)
Pâtes à raviolis chinois (24)
Sel, poivre

Pour 4 personnes
Préparation 10 min
Cuisson 8 min
Très facile
Coût €

1. Délayez le **cube de bouillon** dans l'**eau.**
2. Pelez et émincez finement l'**échalote** et l'**ail.**
3. Insérez la cuve dans le robot. Versez-y le **bouillon,** l'**échalote,** l'**ail** et le **piment d'Espelette.**

4 **Sélectionnez le menu manuel, mode cuisson sous pression, et programmez la minuterie à 00 :05, départ immédiat.** Fermez et verrouillez la cuve.

5 Ciselez la **citronnelle.**

6 Lorsque le voyant rouge est éteint, ouvrez, ajoutez la **sauce nuoc-mâm** et rectifiez l'assaisonnement si nécessaire.

7 Hachez le **gingembre,** les **crevettes** et la **coriandre.**

8 Dans un saladier, mélangez les **crevettes,** la moitié de la **coriandre,** le **gingembre,** l'**œuf** et la **sauce soja.** Salez et poivrez.

9 Étalez les **carrés de pâte.**

10 Déposez 1/2 c. à soupe de **farce** au milieu de **chaque carré.** Repliez-les en aumônières.

11 Ajoutez les **wonton** dans le **bouillon.**

12 **Sélectionnez le menu manuel, mode cuisson classique, fonction cuisson douce.**

13 Quand les wonton remontent à la surface, ils sont cuits. Dégustez sans attendre dans du bouillon.

SOUPE AU CHOU

Ingrédients :
Chou vert frisé (1 petit)
Pommes de terre (6)
Carottes (5)
Poireau (1)
Huile (1 c. à soupe)
Lard (250 g)
Vermicelle (200 g)
Eau (20 cl)
Sel, poivre

Pour 4 personnes
Préparation 15 min
Cuisson 20 min
Très facile
Coût €

1. Effeuillez le **chou.**
2. Pelez les **pommes de terre** et les **carottes.** Coupez-les en cubes.
3. Émincez finement le **poireau.**
4. Insérez la cuve dans le robot. **Sélectionnez le menu manuel, mode cuisson classique, fonction dorer.**
5. Faites chauffer l'**huile** pendant le temps du préchauffage, puis faites-y revenir le **poireau,** les **carottes** et le **chou** pendant 5 minutes.

6. Ajoutez les **pommes de terre,** le **lard** et le **vermicelle.** Salez, poivrez et ajoutez l'**eau.**

7. **Passez en mode cuisson sous pression, programmez la minuterie à 00 : 15, départ immédiat.** Fermez et verrouillez la cuve.

8. Lorsque le voyant rouge est éteint, ouvrez la cuve, mélangez et dégustez sans attendre.

CASSOULET

Ingrédients :
Oignon (1)
Ail (2 gousses)
Saucisse de Morteau (1)
Saucisses fumées à cuire (2)
Lard fumé (4 tranches)
Eau (50 cl)
Fond de veau (2 c. à soupe)
Cuisses de canard confites (2)
Haricots blancs en conserve (500 g)
Sel, poivre

Pour 4 personnes
Préparation 5 min
Cuisson 23 min
Facile
Coût €

22
OCTOBRE
Ste Salomé

1. Épluchez et émincez l'**oignon** et l'**ail.**
2. Coupez la **saucisse de Morteau** et les **saucisses fumées** en rondelles épaisses.
3. Coupez les **tranches de lard** en dés.
4. Insérez la cuve dans le robot. **Sélectionnez le menu manuel, mode cuisson classique, fonction dorer.**
5. Sans attendre la fin du préchauffage, faites revenir les **dés de lard,** les **rondelles de Morteau,** l'**oignon** et l'**ail** 3 minutes.
6. Ajoutez les **saucisses fumées,** l'**eau,** le **fond de veau**, salez et poivrez.
7. Ajoutez les **cuisses de canard confites**, **passez en mode cuisson sous pression et programmez la minuterie à 00:15, départ immédiat.** Fermez et verrouillez.
8. Lorsque le voyant rouge est éteint, ajoutez les **haricots blancs,** puis relancez pour 5 minutes la **cuisson sous pression**.
9. Lorsque le voyant rouge est éteint, rectifiez l'assaisonnement si nécessaire, mélangez et servez chaud.

DÉS DE PORC AUX ABRICOTS

Ingrédients :
Porc (800 g)
Oignons (3)
Huile d'olive (1 c. à soupe)
Cumin (1 c. à soupe)
Paprika (1 c. à soupe)
Bouillon de volaille (1 cube)
Eau (20 cl)
Abricots secs (250 g)
Sel, poivre

Pour 4 personnes
Préparation 10 min
Cuisson 21 min
Très facile
Coût €

1. Détaillez le **porc** en gros dés.
2. Pelez et émincez les **oignons.**
3. Insérez la cuve dans le robot.
   Sélectionnez le menu manuel, mode cuisson classique, fonction dorer.
4. Faites chauffer l'**huile** pendant la durée du préchauffage, puis faites revenir les **oignons** pendant 3 minutes.
5. Ajoutez les **dés de porc,** faites-les dorer 3 minutes sur toutes les faces. Salez, poivrez et saupoudrez de **cumin** et de **paprika.**

6. Délayez le **cube de bouillon** dans l'**eau.**
7. Versez-le dans la cuve. Ajoutez les **abricots.**
8. **Passez en mode cuisson sous pression et programmez la minuterie à 00 : 15, départ immédiat.** Fermez et verrouillez.
9. Lorsque le voyant rouge est éteint, rectifiez l'assaisonnement si nécessaire, mélangez et servez bien chaud.

SAUTÉ DE CREVETTES AU WHISKY

Ingrédients :
Crevettes cuites (24)
Ail (2 gousses)
Huile d'olive (1 c. à café)
Whisky (20 cl)
Ketchup (4 c. à soupe)
Tabasco (quelques gouttes)
Aneth (quelques brins)
Sel, poivre

Pour 4 personnes
Préparation 5 min
Cuisson 9 min
Facile
Coût €€

1. Décortiquez les **crevettes.**
2. Pelez et émincez les **gousses d'ail.**
3. Insérez la cuve dans le robot. **Sélectionnez le menu manuel, mode cuisson classique, fonction dorer.**
4. Faites chauffer l'**huile** pendant la durée du préchauffage, puis faites-y revenir l'**ail** pendant 3 minutes.
5. Ajoutez les **crevettes.** Salez, poivrez et mélangez.

6. Ajoutez le **whisky,** le **Ketchup,** le **Tabasco** et quelques feuilles d'**aneth.**

7. **Passez en mode cuisson sous pression et programmez la minuterie à 00:03, départ immédiat.** Fermez et verrouillez.

8. Lorsque le voyant rouge est éteint, ajoutez le reste des **feuilles d'aneth,** mélangez et dégustez.

POMMES FONDANTES

Ingrédients :
Pommes (4)
Beurre (4 noisettes)
Miel liquide (4 c. à soupe)
Orange (zestes d'1)
Eau (20 cl)

Pour 4 personnes
Préparation 5 min
Cuisson 10 min
Très facile
Coût €

25
OCTOBRE
St Crépin

1. Dans un bol, mélangez le **beurre,** le **miel** et les **zestes d'orange.**
2. Insérez la cuve dans le robot. Ajoutez l'**eau.**
3. Placez le panier vapeur dans la cuve avec les **pommes** à l'intérieur.
4. **Sélectionnez le menu manuel, mode cuisson sous pression, puis programmez la minuterie à 00 : 10, départ immédiat.** Fermez et verrouillez.
5. Lorsque le voyant rouge est éteint, ouvrez et dégustez sans attendre.

ESCARGOTS À LA BOURGUIGNONNE

Ingrédients :
Champignons de Paris (80 g)
Échalotes (40 g)
Lardons (80 g)
Vin rouge (20 cl)
Beurre demi-sel (80 g)
Sucre en morceaux (2)
Escargots de Bourgogne (48 gros)
Persil haché (3 c. à soupe)
Tartines de pain grillées (4)
Sel, poivre

Pour 4 personnes
Préparation 5 min
Cuisson 4-6 min
Très facile
Coût €€

1. Émincez les **champignons.**
2. Épluchez et ciselez les **échalotes** très finement.
3. Insérez la cuve dans le robot. **Sélectionnez le menu manuel, mode cuisson classique, fonction dorer.**
4. Faites colorer les **lardons,** les **échalotes** et les **champignons** 3 à 5 minutes.
5. Ajoutez le **vin** et le **beurre,** mélangez.

26 OCTOBRE
St Dimitri

6. Salez et poivrez selon votre goût.
7. Ajoutez le **sucre** et les **escargots,** mélangez.
8. **Passez en mode cuisson sous pression, programmez la minuterie à 00 : 01, départ immédiat.** Fermez et verrouillez la cuve.
9. Lorsque le voyant rouge est éteint, ouvrez et ajoutez le **persil**.
10. Servez sans attendre sur des **tartines grillées.**

MAGRETS DE CANARD CARAMÉLISÉS AU MIEL

Ingrédients :
Magrets de canard (2)
Oignon (1)
Miel (6 c. à soupe)
Vinaigre balsamique (6 c. à soupe)
Sauce soja (6 c. à soupe)
Fond de volaille (4 c. à soupe)

Pour 4 personnes
Préparation 5 min
Cuisson 12 min
Facile
Coût €€

1. Détaillez les **magrets** en tranches.
2. Épluchez et émincez l'**oignon.**
3. Insérez la cuve dans le robot. **Sélectionnez le menu manuel, mode cuisson classique, fonction dorer.**
4. Sans attendre la fin du préchauffage, faites revenir l'**oignon** et les tranches de **magret** pendant 6 minutes.
5. Ajoutez le **miel,** le **vinaigre balsamique,** la **sauce soja,** le **fond de volaille,** puis mélangez.

6. Poursuivez la cuisson pendant 2 minutes.
7. **Sélectionnez le menu manuel, mode cuisson sous pression, puis programmez la minuterie à 00 : 04, départ immédiat.** Fermez et verrouillez la cuve.
8. Lorsque le voyant rouge est éteint, ouvrez, mélangez et servez sans attendre.

VELOUTÉ DE CITROUILLE SUCRÉ

Ingrédients :
Citrouille (1 kg)
Eau (20 cl)
Lait entier (1 l)
Sucre (100 g)
Tapioca (8 c. à soupe)
Graines de grenade (quelques)

Pour 4 personnes
Préparation 10 min
Cuisson 10 min
Très facile
Coût €

28
OCTOBRE
Sts Simon & Jude

1. Prélevez la chair de la **citrouille,** puis détaillez-la en morceaux.
2. Insérez la cuve dans le robot. Placez les **morceaux de citrouille** dans le panier vapeur à l'intérieur de la cuve.
3. Ajoutez l'**eau.** Salez et poivrez.
4. **Sélectionnez le menu manuel, mode cuisson sous pression, et programmez la minuterie à 00 : 10, départ immédiat.** Fermez et verrouillez.
5. Lorsque le voyant rouge est éteint, ouvrez, mixez à l'aide d'un mixeur plongeant en ajoutant le **lait** petit à petit (veillez à ce que le mixeur soit équipé d'une paroi de protection autour de l'hélice pour ne pas endommager la cuve).
6. Ajoutez le **sucre** et mélangez.
7. **Passez en mode cuisson classique, fonction dorer.** Faites bouillir, puis versez le **tapioca.** Laissez-le gonfler.
8. Servez dans des verrines, décoré de **graines de grenade**.

PORC À LA MEXICAINE

Ingrédients :
Porc (1 kg)
Ail (1 gousse)
Échalotes (2)
Huile d'olive (2 c. à soupe)
Cumin en poudre (1 c. à soupe)
Tomates concassées en conserve (1 grosse boîte)
Pommes de terre (800 g)
Bouillon de bœuf (1 cube)
Eau (25 cl)
Épices à chili (1 c. à soupe)
Haricots rouges en conserve (1 petite boiter)
Maïs en conserve (1/2 petite boîte)
Sel, poivre

Pour 4 personnes
Préparation 15 min
Cuisson 23 min
Très facile
Coût €

1. Découpez la **viande** en morceaux.
2. Épluchez et ciselez l'**ail** et les **échalotes.**
3. Insérez la cuve dans le robot. **Réglez sur le menu manuel, mode cuisson classique, fonction dorer.**

4. À la fin du préchauffage, faites revenir la **viande** dans l'**huile** pendant environ 3 minutes.
5. Ajoutez l'**ail,** les **échalotes,** puis le **cumin** et les **tomates.**
6. Épluchez les **pommes de terre,** coupez-les en cubes et ajoutez-les.
7. Délayez le **cube de bouillon** dans l'**eau.** Ajoutez-le. Salez, poivrez et saupoudrez d'**épices à chili.**
8. **Passez en mode cuisson sous pression et programmez la minuterie à 00 : 15, départ immédiat.** Fermez et verrouillez.
9. Lorsque le voyant rouge est éteint, ajoutez les **haricots rouges** égouttés et bien rincés, ainsi que le **maïs.**
10. **Passez en mode cuisson classique, fonction mijoter,** et poursuivez la cuisson 5 minutes.
11. Servez bien chaud.

CRUMBLE POMMES, BANANES & CHOCOLAT

Ingrédients :
Pommes type boskoop (4)
Bananes (4)
Beurre doux ramolli (100 g + 15 g pour les ramequins)
Citron (le jus de 1/2)
Chocolat noir (100 g)
Sucre en poudre (100 g)
Farine (110 g)
Eau (20 cl)

Pour 4 personnes
Préparation 15 min
Cuisson 10 min
Très facile
Coût €

1. Épluchez les **fruits** et coupez-les en dés.
2. Déposez-les dans quatre ramequins préalablement **beurrés.**
3. Ajoutez le **jus de citron** et le **chocolat noir** coupé en morceaux.
4. Préparez la pâte à crumble en mélangeant à la main le **sucre,** la **farine** et le **beurre,** jusqu'à obtenir une préparation sableuse.
5. Répartissez-la sur les **fruits** dans chaque ramequin.
6. Filmez ceux-ci soigneusement et déposez-les dans le panier vapeur.

7 Versez l'**eau** dans la cuve du robot et placez-y le panier avec les ramequins.

8 **Sélectionnez le menu manuel, mode cuisson sous pression puis programmez la minuterie à 00 : 10, départ immédiat.** Fermez et verrouillez.

9 Lorsque le voyant rouge est éteint, ouvrez, laissez tiédir, puis servez accompagné d'une boule de glace à la vanille.

PLATS

RISOTTO À LA BUTTERNUT

Ingrédients :
Oignon blanc (1)
Courge butternut (500 g)
Beurre (40 g)
Riz Arborio (400 g)
Lait (200 ml)
Bouillon de légumes (1 l)
Curry en poudre (1 c. à café)
Chèvre frais (100 g)
Parmesan (au goût)
Sel, poivre

Pour 4 personnes
Préparation 10 min
Cuisson 14 min
Facile
Coût €

31
OCTOBRE
St Quentin

1. Pelez et émincez l'**oignon.**
2. Épluchez, épépinez et découpez la **courge** en cubes.
3. Insérez la cuve dans l'appareil. **Sélectionnez le menu manuel, mode cuisson classique, fonction dorer**.
4. À la fin du préchauffage, faites revenir l'**oignon** et la **courge** dans le **beurre,** pendant 3 minutes.
5. Ajoutez le **riz** et laissez dorer 3 minutes supplémentaires.
6. Incorporez le **lait,** le **bouillon** et le **curry.** Salez et poivrez.
7. **Passez au mode cuisson sous pression et programmez la minuterie à 00 : 05, départ immédiat.** Fermez et verrouillez.
8. En fin de cuisson, incorporez le **chèvre** et le **parmesan.**
9. **Mettez en mode maintien au chaud** pendant 3 minutes, puis servez sans attendre.

TERRINE DE SANGLIER

Ingrédients :
Viande de sanglier (1 kg)
Oignon (1)
Clous de girofle (2)
Ail (1 gousse)
Pain de mie (2 tranches)
Vin rouge (30 cl)
Bouquet garni (1)
Lardons fumés (300 g)
Œuf (1)
Eau (20 cl)
Poivre (5 g)

Pour 4 personnes
Préparation 20 min
Cuisson 40 min
Marinade 24 h
Repos 48 h
Moyen
Coût €€

1. Détaillez le **sanglier** en morceaux.
2. Épluchez l'**oignon**, coupez-le en quatre et piquez-le de **clous de girofle**.
3. Épluchez et émincez l'**ail**.
4. Coupez le **pain de mie** en morceaux.
5. Dans un saladier, mélangez le **vin rouge**, l'**oignon**, l'**ail**, le **bouquet garni** et le **pain de mie**. Poivrez.
6. Ajoutez les morceaux de **sanglier** et laissez mariner 24 heures.

7. Le lendemain, hachez la **viande** avec la **marinade** et les **lardons.**
8. Ajoutez l'**œuf**, mélangez.
9. Versez le tout dans une terrine de 18 cm de diamètre. Filmez soigneusement avec du papier alimentaire spécial cuisson.
10. Laissez ensuite reposer 24 heures.
11. Insérez la cuve dans le robot. Ajoutez l'**eau**. Placez le moule dans le panier vapeur à l'intérieur de la cuve.
12. **Sélectionnez le menu manuel, mode cuisson sous pression, puis programmez la minuterie à 00 : 40, départ immédiat.** Fermez et verrouillez.
13. Lorsque le voyant rouge est éteint, ouvrez, ôtez le film et laissez reposer 24 heures avant de servir.
14. Dégustez sur du pain de campagne frais.

CHORBA

Ingrédients :
Oignon (1)
Ail (2 gousses)
Courgettes (2)
Coriandre (1/2 bouquet)
Menthe (1/2 bouquet)
Agneau (300 g)
Huile d'olive (2 c. à café)
Pois chiches cuits (200 g)
Vermicelle (150 g)
Pulpe de tomates (400 g)
Ras el-hanout (1 c. à café)
Gingembre moulu (1/2 c. à café)
Eau (20 cl)
Sel, poivre

Pour 4 personnes
Préparation 15 min
Cuisson 18 min
Très facile
Coût €

1. Pelez et émincez finement l'**oignon** et l'**ail**.
2. Hachez les **courgettes**.
3. Lavez et ciselez la **coriandre** et la **menthe**.
4. Coupez l'**agneau** en cubes.
5. Insérez la cuve dans le robot.
Sélectionnez le menu manuel, mode cuisson classique, fonction dorer.

6. Faites chauffer l'**huile** le temps du préchauffage.
7. Ajoutez l'**oignon**, l'**ail** et l'**agneau,** et faites-les revenir pendant 5 minutes.
8. Ajoutez les **pois chiches**, mélangez.
9. Ajoutez le **vermicelle**, la **pulpe de tomates**, le hachis de **courgettes**, le **ras-el hanout** et le **gingembre.** Salez et poivrez.
10. Ajoutez l'**eau**.
11. **Passez en mode cuisson sous pression, puis programmez la minuterie à 00 : 10, départ immédiat.** Fermez et verrouillez la cuve.
12. Lorsque le voyant rouge est éteint, ouvrez, rectifiez l'assaisonnement si nécessaire, mélangez et servez sans attendre.

COMPOTE DE POIRES AUX MARRONS

Ingrédients :
Poires (600 g)
Marrons cuits (200 g)
Eau (20 cl)
Crème de marrons (100 g)
Jus de citron (2 c. à café)
Miel (2 c. à soupe)
Éclats de marrons (au goût)
Crème chantilly

Pour 4 personnes
Préparation 15 min
Cuisson 3 min
Réfrigération 3 h
Très facile
Coût €

1. Pelez les **poires** et coupez-les en dés.
2. Émiettez les **marrons**.
3. Insérez la cuve dans le robot. Ajoutez l'**eau**. **Sélectionnez le menu manuel, mode cuisson sous pression, puis programmez la minuterie à 00 : 03, départ immédiat.** Fermez et verrouillez la cuve.
4. Lorsque le voyant rouge est éteint, ouvrez, ajoutez la **crème de marrons**, le **jus de citron** et le **miel**.

5. Mixez à l'aide d'un mixeur plongeant jusqu'à obtenir une texture bien lisse (veillez à ce que le mixeur soit équipé d'une paroi de protection autour de l'hélice pour ne pas endommager la cuve).

6. Versez la **compote** dans des verrines et placez au moins 3 heures au réfrigérateur avant de servir très frais, parsemé d'**éclats de marrons** et de **chantilly**.

GNOCCHIS À LA FOURME D'AMBERT

Ingrédients :
Fourme d'Ambert (100 g)
Gnocchis de pomme de terre (600 g)
Crème liquide entière (20 cl)
Eau (20 cl)
Sel, poivre

Pour 4 personnes
Préparation 3 min
Cuisson 3 min
Très facile
Coût €

6
NOVEMBRE
Ste Bertille

1. Ôtez la croûte de la **fourme d'Ambert** et détaillez-la en gros dés.
2. Insérez la cuve dans le robot et placez-y les **gnocchis**, la **crème**, l'**eau** et les dés de **fourme**. Salez et poivrez.
3. Mélangez bien. **Sélectionnez le menu manuel, mode cuisson sous pression, puis programmez la minuterie à 00 : 03, départ immédiat.** Fermez et verrouillez.
4. Lorsque le voyant rouge est éteint, ouvrez l'appareil et servez aussitôt.

MAGRETS DE CANARD, SAUCE AU POIVRE

Ingrédients :
Magrets de canard (2)
Crème liquide (60cl)
Poivre moulu (2 c. à soupe)
Fond de veau (2 c. à soupe)
Sel

Pour 4 personnes
Préparation 6 min
Cuisson 7 min
Facile
Coût €€

1. Quadrillez les **magrets** côté peau.
2. Insérez la cuve dans le robot. **Sélectionnez le menu manuel, mode cuisson classique, fonction dorer.**
3. À la fin du préchauffage, faites colorer les **magrets** de chaque côté, d'abord côté peau (2 minutes), puis côté chair (1 minute).
4. Réservez-les et ôtez le surplus de graisse de la cuve.
5. Sans nettoyer la cuve, ajoutez la **crème liquide**, le **poivre** et le **fond de veau**. Salez.

6 Mélangez jusqu'à obtenir une sauce homogène.

7 Replacez les **magrets** dans la cuve. **Passez en menu manuel, mode cuisson sous pression, puis programmez la minuterie à 00 : 04, départ immédiat** pour obtenir une viande rosée. Fermez et verrouillez.

8 Lorsque le voyant rouge est éteint, ouvrez et dégustez aussitôt avec des **tagliatelles** fraîches.

MOULES AU CURRY

Ingrédients :
Vin blanc (15 cl)
Moules nettoyées (1,5 kg)
Crème fraîche épaisse (200 g)
(3 c. à soupe)
Curry en poudre (2 c. à soupe)
Vin blanc (20 cl)
Sel, poivre

Pour 4 personnes
Préparation 5 min
Cuisson 10 min
Très facile
Coût €

1. Insérez la cuve dans le robot. **Sélectionnez le menu manuel, mode cuisson classique, fonction dorer.**
2. Ajoutez le **vin blanc**, puis les **moules** dans le panier vapeur. Laissez-les chauffer pendant une dizaine de minutes.
3. Dès qu'elles s'ouvrent, réservez-les.
4. Gardez 1/3 du jus de cuisson, ajoutez la **crème fraîche** et le **curry**, mélangez bien.
5. Rajoutez les **moules**, salez et poivrez. Mélangez.

6 **Passez en mode cuisson sous pression et programmez la minuterie à 00 : 01, départ immédiat.** Fermez et verrouillez.

7 Lorsque le voyant rouge est éteint, ouvrez l'appareil, rectifiez l'assaisonnement si nécessaire et dégustez sans attendre.

RILLETTES DE CABILLAUD AUX OLIVES

Ingrédients :
Cabillaud (300 g)
Pommes de terre (250 g)
Olives vertes (60 g)
Eau (20 cl)
Paprika (1/2 c. à café)
Huile d'olive (1 c. à soupe)
Vinaigre de cidre (1 c. à soupe)
Sel, poivre

Pour 4 personnes
Préparation 20 min
Cuisson 10 min
Réfrigération 3 h
Très facile
Coût €

9
NOVEMBRE
St Théodore

1. Coupez le **cabillaud** en gros cubes.
2. Épluchez les **pommes de terre** et coupez-les en petits dés.
3. Hachez finement les **olives**.
4. Insérez la cuve dans le robot. Ajoutez l'**eau.** Placez dans la cuve le panier vapeur avec le **cabillaud** et les **pommes de terre**.
5. **Sélectionnez le menu manuel, mode cuisson sous pression, puis programmez la minuterie à 00 : 10, départ immédiat.** Fermez et verrouillez.
6. Lorsque le voyant rouge est éteint, ouvrez et laissez refroidir.
7. Ajoutez les **olives**, le **paprika**, l'**huile** et le **vinaigre**. Salez et poivrez. Mixez grossièrement à l'aide d'un mixeur plongeant (veillez à ce qu'il soit équipé d'une paroi de protection autour de l'hélice pour ne pas endommager la cuve).
8. Versez le mélange dans une terrine, placez au frais pour au moins 3 heures. Dégustez sur du pain frais avec une olive.

SOUPE AU CHOU ROMANESCO & SAUMON FUMÉ

Ingrédients :
Chou romanesco (300 g)
Pomme de terre (1 grosse)
Ciboulette (Quelques brins)
Lait (30 cl)
Crème liquide (10 cl)
Cheddar râpé (100 g)
Dés de saumon fumé (180 g)
Sel, poivre

Pour 4 personnes
Préparation 6 min
Cuisson 15 min
Très facile
Coût €

1. Détaillez le **chou** en fleurettes.
2. Coupez la **pomme de terre** en petits dés.
3. Ciselez la **ciboulette**.
4. Insérez la cuve dans le robot. Placez-y le **chou**, la **pomme de terre** et le **lait**.
5. Ajoutez l'**eau**. Salez et poivrez.
6. **Sélectionnez le menu manuel, mode cuisson sous pression, et programmez la minuterie à 00 : 15, départ immédiat.** Fermez et verrouillez.

7 Lorsque le voyant rouge est éteint, ouvrez, ajoutez la **crème** et la moitié du **fromage**, et mixez à l'aide d'un mixeur plongeant (veillez à ce que le mixeur soit équipé d'une paroi de protection autour de l'hélice pour ne pas endommager la cuve).

8 Servez bien chaud, parsemé de **dés de saumon**, de **ciboulette** et du **fromage restant**.

SOUPE À L'OIGNON GRATINÉE

Ingrédients :
Oignons (4 gros)
Beurre (30 g)
Bouillon de viande (1 cube)
Eau (50 cl)
Farine (1 c. à soupe)
Croûtons de pain de campagne
Gruyère râpé (100 g)
Sel, poivre

Pour 4 personnes
Préparation 10 min
Cuisson 35 min
Très facile
Coût €

12
NOVEMBRE
St Christian

1. Épluchez et émincez les **oignons**.
2. Insérez la cuve dans le robot. **Sélectionnez le menu manuel, mode cuisson classique, fonction mijoter.**
3. Sans attendre la fin du préchauffage, faites fondre le **beurre**, puis ajoutez les **oignons**. Laissez cuire 30 minutes.
4. Diluez le **cube de bouillon** dans l'**eau** et ajoutez-le. Salez et poivrez.
5. **Passez en mode cuisson sous pression et programmez la minuterie à 00 : 05, départ immédiat.** Fermez et verrouillez la cuve.
6. Lorsque le voyant rouge est éteint, ouvrez et mélangez. Versez la soupe dans des bols.
7. Parsemez de **croûtons de pain**, puis de **gruyère râpé**. Faites gratiner sous le gril du four pendant quelques minutes et servez sans attendre.

CHOU BRAISÉ SAUCE AIGRE-DOUCE

Ingrédients :
Carotte (1)
Chou blanc (1/2)
Huile d'olive (1 c. à soupe)
Vinaigre de cidre (15 cl)
Cassonade (1 c. à soupe)
Piment d'Espelette (1 c. à café)
Fécule de maïs (1 c. à café)
Sel, poivre

Pour 4 personnes
Préparation 10 min
Cuisson 16 min
Très facile
Coût €

1. Épluchez et coupez la **carotte** en petits tronçons.
2. Coupez le **chou** en quartiers.
3. Insérez la cuve dans le robot. **Sélectionnez le menu manuel, mode cuisson classique, fonction dorer.**
4. Faites chauffer l'**huile** pendant la durée du préchauffage. Faites-y revenir les tronçons de **carotte** et le **chou** pendant 3 minutes.

5 Dans un bol, mélangez le **vinaigre de cidre**, la **cassonade**, la **fécule de maïs** et le **piment d'Espelette**. Versez ce mélange dans la cuve.

6 **Passez en mode cuisson sous pression, puis programmez la minuterie à 00 : 10, départ immédiat.** Fermez et verrouillez.

7 Lorsque le voyant rouge est éteint, ouvrez l'appareil, rectifiez l'assaisonnement si nécessaire et dégustez sans attendre.

ROULÉS DE DINDE AU JAMBON

Ingrédients :
Escalopes de dinde (4)
Jambon sec (4 fines tranches)
Cheddar (4 tranches)
Échalotes (2)
Huile d'olive (1 filet)
Bouillon de volaille (1 cube)
Eau (15 cl)
Crème fraîche (2 c. à soupe)
Parmesan (1 c. à soupe)
Sel, poivre

Pour 4 personnes
Préparation 15 min
Cuisson 12 min
Très facile
Coût €

1. Étalez les **escalopes** et posez sur chacune une tranche de **jambon sec** et une tranche de **fromage**.
2. Roulez le tout bien serré et fermez avec des cure-dents.
3. Insérez la cuve dans le robot. **Sélectionnez le menu manuel, mode cuisson classique, fonction dorer.**

4. À la fin du préchauffage, faites blondir les **échalotes** dans l'**huile** pendant 2 minutes.
5. Ajoutez les **roulés** et laissez-les dorer sur toutes les faces pendant 2 minutes, en remuant. Salez et poivrez.
6. Délayez le **cube de bouillon** dans l'**eau**, ajoutez-le dans la cuve.
7. **Passez en mode cuisson sous pression, puis programmez la minuterie à 00 : 08, départ immédiat.** Fermez et verrouillez.
8. Lorsque le voyant rouge est éteint, ouvrez l'appareil, ajoutez la **crème** et le **parmesan**, mélangez. Rectifiez l'assaisonnement si nécessaire et dégustez sans attendre.

POMMES FARCIES SPÉCULOOS-RAISINS

Ingrédients :
Pommes (4)
Spéculoos (8)
Cannelle (1 bâton)
Beurre demi-sel mou (40 g)
Raisins de Corinthe (50 g)
Eau (20 cl)

Pour 4 personnes
Préparation 10 min
Cuisson 05 min
Réfrigération 2 h
Très facile
Coût €

1. Lavez les **pommes**, piquez-les avec une fourchette. Évidez-les à l'aide d'un vide-pomme.
2. Mixez les **spéculoos** avec la **chair de pomme** évidée.
3. Ajoutez le **beurre** au mélange précédent.
4. Ajoutez les **raisins**, mélangez.
5. Garnissez les **pommes** avec ce mélange, ajoutez la **cannelle**.
6. Insérez la cuve dans le robot. Chemisez le panier vapeur avec du papier sulfurisé percé.
7. Placez les **pommes** dans le panier vapeur à l'intérieur de la cuve.
8. **Sélectionnez le mode cuisson sous pression,** ajoutez l'**eau,** puis **programmez la minuterie à 00 : 05, départ immédiat.** Fermez et verrouillez la cuve.
9. Lorsque le voyant rouge est éteint, sortez le moule, ôtez le film et laissez refroidir. Placez au moins 2 heures au réfrigérateur avant de déguster.

POULET AUX POIS GOURMANDS EN PAPILLOTES

Ingrédients :
Cerfeuil (5 brins)
Escalopes de poulet (4)
Pois gourmands (500 g)
Eau (20 cl)
Sel, poivre

Pour 4 personnes
Préparation 5 min
Cuisson 8 min
Facile
Coût €

1. Ciselez le **cerfeuil** finement.
2. Détaillez les **escalopes de poulet** en lanières.
3. Coupez 4 carrés de papier sulfurisé de 30 cm de côté.
4. Répartissez les **pois gourmands** à parts égales sur chaque carré.
5. Ajoutez les **lanières de poulet**.
6. Salez et parsemez de **cerfeuil**.
7. Fermez les papillotes à l'aide d'une ficelle.
8. Déposez les papillotes dans le panier vapeur à l'intérieur de la cuve.

9 Insérez la cuve dans le robot. Versez l'**eau** et **passez en mode cuisson sous pression, puis programmez la minuterie à 00:08, départ immédiat.** Fermez et verrouillez.

10 Lorsque le voyant rouge est éteint, ouvrez l'appareil, rectifiez l'assaisonnement si nécessaire et dégustez sans attendre.

GNOCCHIS AUX LARDONS

Ingrédients :
Lardons (250 g)
Oignon émincé (1)
Gruyère (100 g)
Crème fraîche (25 cl)
Gnocchis (500 g)
Eau (15 cl)
Sel, poivre

Pour 4 personnes
Préparation 5 min
Cuisson 5 min
Très facile
Coût €

1. Insérez la cuve dans le robot. **Sélectionnez le menu manuel, mode cuisson classique, fonction dorer.**
2. À la fin du préchauffage, faites dorer les **lardons** et l'**oignon** environ 5 minutes.
3. Ajoutez le **gruyère** et la **crème fraîche**. Salez et poivrez.
4. Versez l'**eau** et ajoutez les **gnocchis**. **Passez en mode cuisson sous pression et programmez la minuterie à 00 : 05, départ immédiat.** Fermez et verrouillez.

5 Lorsque le voyant rouge est éteint, ouvrez l'appareil, rectifiez l'assaisonnement si nécessaire et dégustez sans attendre.

ENDIVES BRAISÉES

Ingrédients :
Endives (1 kg)
Beurre (50 g)
Lardons (100 g)
Eau (5 cl)
Thym (1 branche)
Sucre (1 c. à soupe)
Sel, poivre

Pour 4 personnes
Préparation 5 min
Cuisson 11 min
Très facile
Coût €

18
NOVEMBRE
Ste Aude

1. Supprimez les feuilles extérieures des **endives** si elles sont abîmées et coupez-en la base. Retirez un cône à l'intérieur de la base avec un petit couteau.
2. Insérez la cuve dans le robot. **Sélectionnez le menu manuel, mode cuisson classique, fonction dorer.**
3. Faites revenir les **lardons** dans le **beurre** pendant la durée du préchauffage.
4. Ajoutez les **endives** et remuez-les délicatement avec une cuillère en bois pour les enrober de **beurre**.
5. Dès qu'elles commencent à colorer, ajoutez l'**eau**. Salez et poivrez, ajoutez le **thym**.
6. **Sélectionnez le menu manuel, mode cuisson sous pression, et programmez la minuterie à 00 : 08, départ immédiat.** Fermez et verrouillez la cuve.
7. Lorsque le voyant rouge est éteint, ouvrez la cuve, videz l'**eau** rendue par les **endives**.
8. **Repassez en mode dorer** et saupoudrez les **endives** avec le **sucre**. Laissez caraméliser, en remuant de temps en temps avec précaution, et arrêtez la cuisson dès que les **endives** sont bien dorées.

SAUTÉ DE DINDE AUX PRUNEAUX

Ingrédients :
Carottes (600 g)
Huile d'olive (2 c. à soupe)
Sauté de dinde (800 g)
Quatre-épices (1 c. à café)
Oignons grelots (100 g)
Pruneaux (12)
Jus d'orange (15 cl)
Eau (10 cl)
Sel, poivre

Pour 4 personnes
Préparation 10 min
Cuisson 16 min
Facile
Coût €

1. Épluchez et coupez les **carottes** en rondelles.
2. Insérez la cuve dans le robot. **Sélectionnez le menu manuel, mode cuisson classique, fonction dorer.**
3. Faites chauffer l'**huile** pendant la durée du préchauffage, puis faites-y revenir la **dinde** pendant 3 minutes.
4. Ajoutez le **quatre-épices**, salez, poivrez et mélangez.

5. Ajoutez les **carottes**, les **oignons grelots**, les **pruneaux**, le **jus d'orange** et l'**eau**.

6. **Passez en mode cuisson sous pression, puis programmez la minuterie à 00 : 10, départ immédiat.** Fermez et verrouillez.

7. Lorsque le voyant rouge est éteint, ouvrez l'appareil, rectifiez l'assaisonnement si nécessaire et dégustez sans attendre.

FLANS AU JAMBON ET À LA MOUTARDE

Ingrédients :
Jambon (70 g)
Œuf (1)
Crème fraîche épaisse (5 cl)
Moutarde à l'ancienne (25 g)
Gruyère râpé (25 g)
Eau (20 cl)
Sel, poivre

Pour 4 personnes
Préparation 10 min
Cuisson 15 min
Très facile
Coût €

1. Hachez le **jambon**.
2. Dans un saladier, mélangez le **jambon** avec l'**œuf** et la **crème fraîche**.
3. Ajoutez la **moutarde** et le **gruyère**, salez, poivrez et mélangez.
4. Versez le mélange dans des ramequins. Filmez-les soigneusement avec du film alimentaire spécial cuisson.
5. Insérez la cuve dans le robot. Ajoutez l'**eau**. Placez les ramequins dans le panier cuisson à l'intérieur de la cuve.

6. **Sélectionnez le menu manuel, mode cuisson sous pression, et programmez la minuterie à 00 : 15, départ immédiat.** Fermez et verrouillez la cuve.

7. Lorsque le voyant rouge est éteint, ouvrez la cuve, retirez le film et laissez tiédir avant de déguster.

BOUCHÉES AU BŒUF

Ingrédients :
Bœuf (400 g)
Sauce Worcestershire (1 c. à soupe)
Sauce barbecue (1 c. à soupe)
Paprika (1 c. à café)
Curry en poudre (1 pincée)
Chapelure (2 c. à soupe)
Huile (2 c. à soupe)
Sel, poivre

Pour 4 personnes
Préparation 10 min
Cuisson 5-10 min
Très facile
Coût €

21
NOVEMBRE
St Gélase

1. Hachez la **viande**.
2. Dans un saladier, mélangez la **viande** avec la **sauce Worcestershire** et la **sauce barbecue**.
3. Ajoutez le **paprika** et le **curry**, salez et poivrez. Mélangez bien.
4. Formez de petites **boulettes** de la taille d'une cuillère à café.
5. Roulez les **boulettes** dans la **chapelure**.
6. Insérez la cuve dans le robot. **Sélectionnez le menu manuel, mode cuisson classique, fonction dorer.**
7. Faites chauffer l'**huile** pendant la durée du préchauffage, puis faites-y colorer les **boulettes**, en les mélangeant très doucement, pendant 5 à 10 minutes suivant la cuisson désirée.
8. Servez sur des pics en bois et dégustez en trempant dans la sauce de votre choix.

SOUPE D'AUTOMNE

Ingrédients :
Pommes de terre (3)
Carottes (3 belles)
Navet (1)
Poireau (1)
Oignons (2)
Champignons (250 g)
Huile (2 c. à soupe)
Jarret de porc demi-sel (800 g)
Lardons allumettes (250 g)
Vin rouge (50 cl)
Laurier (2 feuilles)
Eau (50 cl)
Crème entière liquide (20 cl)
Sel, poivre

Pour 4 personnes
Préparation 15 min
Cuisson 55 min
Moyen
Coût €

1. Épluchez et coupez les **pommes de terre**, les **carottes**, le **navet** et le **poireau** en dés.
2. Épluchez les **oignons**. Coupez-en un en deux, émincez l'autre finement.
3. Nettoyez et coupez les **champignons** en deux.

4. Insérez la cuve dans le robot. **Sélectionnez le menu manuel, mode cuisson classique, fonction dorer.**

5. Faites chauffer l'**huile** pendant le temps du préchauffage, puis faites dorer le **jarret** sur chaque face pendant 5 minutes.

6. Ajoutez les **lardons** et l'**oignon émincé**. Poursuivez la cuisson pendant 2 minutes.

7. Ajoutez le **vin**, le **poivre** et le **laurier**, portez à ébullition.

8. **Passez en mode cuisson classique, fonction mijoter, et laissez cuire quatre fois 30 minutes.**

9. Ajoutez l'**eau**, le **sel** et les **légumes**.

10. **Passez en mode cuisson sous pression et programmez la minuterie à 00 : 15, départ immédiat.** Fermez et verrouillez.

11. Lorsque le voyant rouge est éteint, ouvrez l'appareil, ajoutez la **crème liquide**, rectifiez l'assaisonnement si nécessaire et dégustez sans attendre.

PUDDING À LA BRIOCHE PERDUE

Ingrédients :
Brioche (200 g)
Œufs (2)
Sucre roux (60 g)
Crème fraîche (100 g)
Lait (30 cl)
Fruits confits (70 g)
Eau (20 cl)

Pour 4 personnes
Préparation 15 min
Cuisson 20 min
Facile
Coût €

1. Émiettez la **brioche**.
2. Dans un saladier, mélangez les **œufs**, le **sucre**, la **crème fraîche** et le **lait**.
3. Ajoutez la **brioche**, mélangez.
4. Ajoutez les **fruits confits**.
5. Versez le mélange dans un moule de 18 cm de diamètre. Filmez-le soigneusement avec du film alimentaire spécial cuisson.
6. Insérez la cuve dans le robot. Ajoutez l'**eau**.

23
NOVEMBRE
St Clément

7. Placez le panier vapeur dans la cuve avec le moule à l'intérieur.
8. **Sélectionnez le menu manuel, mode cuisson sous pression, puis programmez la minuterie à 00 : 20, départ immédiat.** Fermez et verrouillez.
9. Lorsque le voyant rouge est éteint, ouvrez, ôtez le film et dégustez tiède ou froid.

SOUPE DE CAROTTES À L'ORANGE

Ingrédients :
Carottes (600 g)
Oignon (1 petit)
Orange (le jus et le zeste d'1)
Bouillon de légumes (1 cube)
Eau (20 cl)
Crème liquide (10 cl)

Pour 4 personnes
Préparation 10 min
Cuisson 10 min
Très facile
Coût €

1. Épluchez les **carottes** et l'**oignon**.
2. Coupez les **carottes** en rondelles et émincez l'**oignon**.
3. Déposez le tout dans la cuve du robot, ajoutez le **jus de l'orange** et le **cube de bouillon.**
4. Recouvrez d'**eau**.
5. Insérez la cuve dans le robot. **Sélectionnez le menu manuel, mode cuisson sous pression puis programmez la minuterie à 00 : 10, départ immédiat.** Fermez et verrouillez.

25 NOVEMBRE
Ste Catherine

6. Lorsque le voyant rouge est éteint, ouvrez et mixez à l'aide d'un mixeur plongeant (veillez à ce qu'il soit équipé d'une paroi de protection autour de l'hélice pour ne pas endommager la cuve).

7. Ajoutez la **crème liquide**. Mélangez de nouveau, puis servez sans attendre, décoré de **zeste d'orange**.

PETITES CRÈMES À LA CLÉMENTINE

Ingrédients :
Clémentines (8 + 1)
Œuf (1)
Lait entier (50 cl)
Sucre (75 g)
Maïzena (20 g)

Pour 4 personnes
Préparation 5 min
Cuisson 6 min
Réfrigération 3 h
Très facile
Coût €

1. Épluchez et mixez 8 **clémentines**.
2. Détaillez la **dernière** en suprêmes.
3. Battez l'**œuf**.
4. Insérez la cuve dans le robot. **Sélectionnez le menu manuel, mode cuisson classique, fonction dorer.**
5. Versez le **lait**, l'**œuf battu**, le **sucre** et la **Maïzena**. Mélangez.
6. Mélangez avec une cuillère en bois le temps du préchauffage.
7. Ajoutez les **clémentines** mixées et mélangez **pendant 3 minutes** jusqu'à ce que le mélange épaississe.

26
NOVEMBRE
Ste Delphine

8. Versez la préparation dans des ramequins et laissez reposer au réfrigérateur pendant au moins 3 heures.
9. Servez bien frais, décoré des **suprêmes de clémentine**.

GRATIN DE CHOU-FLEUR

Ingrédients :
Chou-fleur (1)
Eau (20 cl)
Béchamel (20 cl)
Crème liquide (20 cl)
Maïzena (1 c. à soupe)
Noix muscade (1 pincée)
Gruyère râpé (50 g)
Sel, poivre

Pour 4 personnes
Préparation 10 min
Cuisson 15 min
Très facile
Coût €

27
NOVEMBRE
St Séverin

1. Détaillez le **chou-fleur** en fleurettes.
2. Insérez la cuve dans le robot et placez le **chou-fleur** dans le panier vapeur à l'intérieur.
3. Ajoutez l'**eau** et **sélectionnez le menu manuel, mode cuisson sous pression, puis programmez la minuterie à 00:05, départ immédiat.** Fermez et verrouillez.
4. Lorsque le voyant rouge est éteint, ouvrez l'appareil, sortez le panier, égouttez le **chou-fleur** et placez-le dans un plat à gratin.
5. Dans un bol, mélangez la **béchamel** et la **crème liquide**. Salez, poivrez, puis ajoutez la **Maïzena** et la **noix muscade**.
6. Versez le mélange dans le plat à gratin.
7. Saupoudrez de **gruyère râpé** et passez sous le gril du four pendant 10 minutes. Servez bien chaud.

FRUITS DE MER AU COULIS DE TOMATE

Ingrédients :
Ail (1 gousse)
Oignons (2)
Échalote (1)
Carottes (2)
Huile d'olive (1 c. à soupe)
Fruits de mer surgelés (500 g)
Riz (250 g)
Coulis de tomate (40 cl)
Eau (20 cl)
Sel, poivre

Pour 4 personnes
Préparation 10 min
Cuisson 12 min
Très facile
Coût €

1. Épluchez et émincez l'**ail**, les **oignons** et l'**échalote**.
2. Épluchez les **carottes**, coupez-les en petits dés.
3. Insérez la cuve dans le robot. **Sélectionnez le menu manuel, mode cuisson classique, fonction dorer.**
4. À la fin du préchauffage, faites revenir dans l'**huile** les **fruits de mer**, l'**ail**, les **oignons** et l'**échalote** pendant 4 minutes, en remuant avec une cuillère en bois.

28
NOVEMBRE
St Jacques de la Marche

5. Ajoutez le **riz**, le **coulis de tomates** et les **carottes**. Salez et poivrez, et mélangez.

6. Versez l'**eau** et **passez en mode cuisson sous pression, puis programmez la minuterie à 00:08, départ immédiat.** Fermez et verrouillez.

7. Lorsque le voyant rouge est éteint, ouvrez l'appareil, rectifiez l'assaisonnement si nécessaire et dégustez sans attendre.

AILES DE POULET AU PAPRIKA

Ingrédients :
Oignon (1)
Poivrons (2)
Huile d'olive (1 c. à soupe)
Ailes de poulet (4)
Paprika (1 c. à soupe)
Bouillon de volaille (1 cube)
Riz (120 g)
Eau (20 cl)
Sel et poivre

Pour 4 personnes
Préparation 10 min
Cuisson 20 min
Très facile
Coût €

1. Épluchez et émincez l'**oignon**.
2. Coupez les **poivrons** en deux. Ôtez-en les graines et la membrane blanche. Coupez-les en fines lanières.
3. Insérez la cuve dans le robot. **Sélectionnez le menu manuel, mode cuisson classique, fonction dorer.**
4. À la fin du préchauffage, faites blondir l'**oignon** dans l'**huile** pendant 2 minutes.

5. Ajoutez les **ailes de poulet** et faites-les dorer sur toutes les faces pendant 5 minutes environ.
6. Ajoutez le **paprika** et mélangez.
7. Ajoutez les **poivrons** et laissez cuire pendant 3 minutes. Salez et poivrez.
8. Délayez le **cube de bouillon** dans l'**eau** et ajoutez-le, avec le **riz**.
9. **Passez en mode cuisson sous pression, puis programmez la minuterie à 00 : 10, départ immédiat.** Fermez et verrouillez.
10. Lorsque le voyant rouge est éteint, ouvrez l'appareil, rectifiez l'assaisonnement si nécessaire et dégustez sans attendre.

CAKE AU SAUMON

Ingrédients :
Courgette (1)
Poireau (1)
Saumon (1 pavé)
Huile d'olive (4 c. à soupe)
Œufs (3)
Crème liquide (20 cl)
Farine (190 g)
Levure chimique (1 sachet)
Gruyère râpé (80 g)
Eau (25 cl)

Pour 4 personnes
Préparation 15 min
Cuisson 30 min
Facile
Coût €

30
NOVEMBRE
Ste Fr.-Xavière

1. Épluchez et émincez la **courgette** et le **poireau**.
2. Émiettez le **pavé de saumon**.
3. Dans un saladier, mélangez l'**huile**, les **œufs** et la **crème liquide**.
4. Ajoutez la **farine** et la **levure**. Mélangez jusqu'à obtenir une pâte homogène.
5. Ajoutez le **poireau**, le **saumon**, le **gruyère** et la **courgette**. Mélangez de nouveau.
6. Versez la pâte dans un moule à cake. Filmez-le soigneusement avec du film alimentaire spécial cuisson.
7. Placez le moule dans le panier vapeur à l'intérieur de la cuve.
8. Versez l'**eau**. Sélectionnez le menu **manuel, mode cuisson sous pression, puis programmez la minuterie à 00 : 30, départ immédiat.** Fermez et verrouillez.
9. Lorsque le voyant rouge est éteint, ouvrez l'appareil, ôtez le film, coupez en tranches et dégustez.

TIMBALE DE FRUITS DE MER

Ingrédients :
Saumon (1 pavé)
Cabillaud (1 pavé)
Oignon (1)
Échalotes (2)
Champignons frais (80 g)
Carottes (2)
Blanc de poireau (1)
Huile d'olive (2 c. à soupe)
Noix de saint-jacques (12)
Moules (16)
Crevettes décortiquées (16)
Fumet de poisson (1 cube)
Eau (10 cl)
Vin blanc (20 cl)
Curry (1 c. à café)
Safran (1 pincée)
Crème fraîche (2 c. à soupe)
Gruyère râpé
Sel, poivre

Pour 4 personnes
Préparation 15 min
Cuisson 15 min
Facile
Coût €€

1. Coupez les **pavés de poisson** en dés.
2. Épluchez et ciselez finement l'**oignon** et les **échalotes**.
3. Émincez les **champignons**.

1er DÉCEMBRE
Ste Florence

4. Épluchez les **carottes** et coupez-les en rondelles, ainsi que le **blanc de poireau**.
5. Insérez la cuve dans le robot. **Sélectionnez le menu manuel, mode cuisson classique, fonction dorer.**
6. Faites chauffer l'**huile** le temps du préchauffage et faites-y revenir les **échalotes** pendant 2 minutes.
7. Ajoutez les **champignons**, le **blanc de poireau** et les **carottes**. Salez, poivrez, mélangez.
8. Ajoutez les **dés de poisson,** les **noix de saint-jacques**, les **moules** et les **crevettes**. Mélangez.
9. Délayez le **fumet** dans l'**eau**, ajoutez-le ainsi que le **vin blanc**. Mélangez.
10. Ajoutez le **curry** et le **safran**. Mélangez.
11. **Passez en mode cuisson sous pression et programmez la minuterie à 00 : 10, départ immédiat.** Fermez et verrouillez.
12. Lorsque le voyant rouge est éteint, ouvrez, ajoutez la **crème fraîche** et mélangez.
13. Versez dans un plat allant au four, parsemez de **gruyère** râpé et faites gratiner sous le gril du four pendant 5 minutes.
14. Servez bien chaud.

BOUILLON DE LÉGUMES

Ingrédients :
Oignon (1)
Carottes (2)
Courgette (1)
Céleri (1 branche)
Tomates (3)
Chou (200 g)
Bouillon de bœuf (1 cube)
Eau (75 cl)
Ail (2 gousses)
Épices cajuns (1 c. à café)
Basilic ciselé (1 c. à café)
Sel, poivre

Pour 4 personnes
Préparation 10 min
Cuisson 10 min
Très facile
Coût €

1. Épluchez et émincez l'**oignon**.
2. Épluchez les **carottes** et la **courgette**, coupez-les en rondelles.
3. Coupez le **céleri** en morceaux.
4. Mondez les **tomates** et coupez-les en dés.
5. Hachez grossièrement les feuilles de **chou**.
6. Délayez le **cube de bouillon** dans l'**eau**. Versez dans la cuve.
7. Ajoutez tous les **légumes**, salez et poivrez.

8. Ajoutez l'**ail** et les **épices**.

9. Insérez la cuve dans le robot. **Sélectionnez le menu manuel, mode cuisson sous pression, puis programmez la minuterie à 00 : 10, départ immédiat.** Fermez et verrouillez la cuve.

10. Lorsque le voyant rouge est éteint, ouvrez la cuve, parsemez de **basilic** et servez bien chaud.

POIRES BELLE-HÉLÈNE

Ingrédients :
Poires (4)
Sucre roux (30 g)
Cannelle (1 c. à café)
Café en poudre (1 c. à café)
Vanille (1 gousse)
Eau (1 l)
Chocolat noir (1 tablette)

Pour 4 personnes
Préparation 5 min
Cuisson 4 min
Très facile
Coût €

3
DÉCEMBRE
St François-Xavier

1. Épluchez les **poires** sans ôter la queue.
2. Mettez le **sucre** dans la cuve du robot avec la **cannelle**, le **café** et la **gousse de vanille** fendue en deux.
3. Insérez la cuve dans le robot. Versez-y l'**eau.** Placez le panier vapeur avec les **poires** à l'intérieur.
4. **Sélectionnez le menu manuel, mode cuisson sous pression, puis programmez la minuterie à 00 : 04, départ immédiat.** Fermez et verrouillez la cuve.
5. Lorsque le voyant rouge est éteint, ouvrez et réservez les **poires**.
6. Coupez le **chocolat** en carrés.
7. Videz une partie du jus de cuisson, **passez en mode cuisson classique, fonction mijoter**, et mettez le **chocolat** à fondre dans ce qu'il reste de jus.
8. Dressez les **poires** sur des assiettes, versez dessus le **chocolat** bien chaud et dégustez sans attendre avec une boule de glace à la vanille.

LOTTE À LA BOURGUIGNONNE

Ingrédients :
Lotte (600 g)
Farine (3 c. à soupe)
Carottes (120 g)
Champignons de Paris (300 g)
Oignons grelots (100 g)
Lardons fumés (60 g)
Vin rouge (30 cl)
Miel liquide (1 c.à café)
Bouquet garni (1)
Estragon ciselé (1 c. à soupe)
Sel, poivre

Pour 4 personnes
Préparation 10 min
Cuisson 9 min
Très facile
Coût €€

1. Coupez la **lotte** en cubes de 3 cm de côté, farinez-les.
2. Pelez les **carottes**, coupez-les en rondelles.
3. Nettoyez les **champignons de Paris**, pelez les **oignons grelots**. Coupez-les en quatre.
4. Insérez la cuve dans le robot.
Sélectionnez le menu manuel, mode cuisson classique, fonction dorer.

4
DÉCEMBRE
Ste Barbara

5. Faites colorer les **lardons** le temps du préchauffage, en remuant à l'aide d'une cuillère en bois.
6. Ajoutez les morceaux de **lotte** et laissez-les colorer pendant 3 minutes.
7. Ajoutez les **carottes**, les **champignons** et les **oignons grelots**.
8. Ajoutez le **vin rouge**, le **miel** et le **bouquet garni**. Salez et poivrez.
9. **Passez en mode cuisson sous pression et programmez la minuterie à 00 : 06, départ immédiat.** Fermez et verrouillez la cuve.
10. Lorsque le voyant rouge est éteint, ouvrez l'appareil et parsemez d'**estragon**. Servez sans attendre, avec du riz blanc ou des tagliatelles fraîches.

BLANQUETTE DE DINDE AUX POIREAUX

Ingrédients :
Blancs de dinde (800 g)
Oignons (3)
Carottes (4)
Blancs de poireaux (4)
Huile d'olive (2 c. à soupe)
Bouillon de volaille (1 cube)
Eau (75 cl)
Crème fraîche (5 c. à soupe)
Maïzena (4 c. à soupe)
Sel, poivre

Pour 4 personnes
Préparation 10 min
Cuisson 17 min
Très facile
Coût €

1. Coupez la **dinde** en gros cubes.
2. Épluchez et émincez les **oignons**.
3. Épluchez les **carottes**, coupez-les en rondelles ainsi que les **poireaux**.
4. Insérez la cuve dans le robot. **Sélectionnez le menu manuel, mode cuisson classique, fonction dorer.**
5. Versez l'**huile**, laissez-la chauffer le temps du préchauffage et faites revenir les **oignons** et la **dinde** 3 minutes. Salez et poivrez.

5
DÉCEMBRE
St Gérald

6. Ajoutez les **carottes** et les **poireaux**. Laissez dorer 3 minutes.

7. Délayez le **cube de bouillon** dans l'**eau**, ajoutez-le.

8. **Passez le robot en mode sous pression et programmez la minuterie à 00 : 08, départ immédiat.** Fermez et verrouillez la cuve.

9. Lorsque le voyant rouge est éteint, ouvrez, ajoutez la **crème fraîche**, puis rectifiez l'assaisonnement si nécessaire et mélangez.

10. Si la sauce est trop liquide, ajoutez la **Maïzena**, **passez en mode cuisson classique, fonction mijoter,** et laissez épaissir quelques minutes, en remuant régulièrement avec une cuillère en bois.

11. Servez bien chaud.

FOIE GRAS AU SAUTERNES

Ingrédients :
Foie gras de canard déveiné (1)
Sauternes (20 cl)
Piment d'Espelette (1 pincée)
Eau (20 cl)
Sel, poivre

Pour 4 personnes
Préparation 25 min
Cuisson 17 min
Marinade 4 h
Repos 48 h
Facile
Coût €€€

6
DÉCEMBRE
St Nicolas

1. Faites mariner le **foie** dans le **sauternes** avec du **sel**, du **poivre** et le **piment** pendant au moins 4 heures (plus vous attendrez, meilleur il sera).
2. Égouttez-le foie et roulez-le en ballotin dans du film alimentaire spécial cuisson.
3. Insérez la cuve dans le robot. Versez-y l'**eau**. Placez le ballotin de **foie gras** dans le panier vapeur à l'intérieur de la cuve.
4. **Sélectionnez le menu manuel, mode cuisson sous pression, puis programmez la minuterie à 00 : 17, départ immédiat.** Fermez et verrouillez.
5. Lorsque le voyant rouge est éteint, ouvrez et plongez le **foie gras** dans un saladier d'eau glacé.
6. Une fois qu'il a bien refroidi, mettez le **foie gras** au moins 48 heures au frais. Retirez le surplus de gras et dégustez, saupoudré de fleur de sel, avec du pain grillé.

PAIN DE POISSON

Ingrédients :
Filets de cabillaud (600 g)
Citron jaune (1)
Œufs (7)
Crème liquide (10 cl)
Concentré de tomates (70 g)
Eau (20 cl)
Sel, poivre

Pour 4 personnes
Préparation 20 min
Cuisson 30 min
Repos 2 h
Facile
Coût €

1. Rincez les **filets de cabillaud**.
2. Pressez le **citron** et prélevez-en le zeste. Réservez.
3. Insérez la cuve dans l'appareil. **Sélectionnez le menu manuel, mode cuisson classique, fonction mijoter.**
4. Faites cuire les **filets de cabillaud** avec le **jus de citron** pendant 10 minutes. Salez et poivrez. Rincez les **filets** à l'eau froide et réservez-les.
5. Nettoyez la cuve du robot.
6. Dans un saladier, battez les **œufs**. Salez, poivrez.

7. Ajoutez le zeste de **citron**, la **crème liquide** et le **concentré de tomates**. Mélangez bien.

8. Versez le mélange **œufs-crème** dans un moule de 18 cm de diamètre. Ajoutez les **filets de poisson**, l'**eau**, poivrez.

9. **Toujours en menu manuel, passez au mode cuisson sous pression, puis programmez la minuterie à 00 : 20, départ immédiat.** Fermez et verrouillez.

10. Lorsque le voyant rouge est éteint, ouvrez l'appareil et laissez refroidir. Placez au frais au moins 2 heures avant de servir.

ENCORNETS MÉDITERRANÉENS

Ingrédients :
Encornets (600 g)
Aubergines (600 g)
Oignon (1)
Huile d'olive (1 c. à soupe)
Citron (le jus d'1)
Romarin (1 branche)
Olives noires dénoyautées (100 g)
Sucre (1 c. à café)
Sel, poivre

Pour 4 personnes
Préparation 15 min
Cuisson 9 min
Très facile
Coût €

1. Préchauffez le four à 180 °C (th. 6).
2. **Beurrez un moule à cake.**
3. Lavez les **encornets**, coupez-les en rondelles.
4. Taillez les **aubergines** en dés.
5. Épluchez et émincez l'**oignon**.
6. Insérez la cuve dans le robot. **Sélectionnez le menu manuel, mode cuisson classique, fonction dorer.**

7. Versez l'**huile**, laissez-la chauffer le temps du préchauffage et faites-y revenir l'**oignon** et les **aubergines** pendant 5 minutes.
8. Ajoutez les **encornets**, le **jus de citron**, le **romarin**, les **olives noires** et le **sucre**. Salez et poivrez. Mélangez.
9. **Passez en mode cuisson sous pression et programmez la minuterie à 00 : 01, départ immédiat.** Fermez et verrouillez la cuve.
10. Lorsque le voyant rouge est éteint, ouvrez, rectifiez l'assaisonnement si nécessaire et mélangez.
11. Servez sans attendre.

CALDO VERDE

Ingrédients :
Pommes de terre (500 g)
Oignon (1 gros)
Chou vert (300 g)
Chorizo (1)
Eau (1,5 l)
Huile d'olive (2 c. à soupe)
Sel, poivre

Pour 4 personnes
Préparation 10 min
Cuisson 20 min
Facile
Coût €

1. Épluchez les **pommes de terre**, coupez-les en dés.
2. Épluchez et émincez l'**oignon**.
3. Coupez le **chou** en julienne.
4. Coupez le **chorizo** en rondelles.
5. Insérez la cuve dans le robot. Placez-y les **pommes de terre**. Salez et poivrez.
6. Ajoutez l'**eau**. **Sélectionnez le menu manuel, mode cuisson sous pression, puis programmez la minuterie à 00 : 10, départ immédiat.** Fermez et verrouillez la cuve.

7. Lorsque le voyant rouge est éteint, ouvrez et mixez à l'aide d'un mixeur plongeant jusqu'à obtenir une crème bien lisse (veillez à ce que le mixeur soit équipé d'une paroi de protection autour de l'hélice pour ne pas endommager la cuve).

8. Ajoutez le **chou** et l'**huile d'olive**.

9. **Relancez le menu manuel, mode cuisson sous pression, puis programmez la minuterie à 00 : 05, départ immédiat.** Fermez et verrouillez la cuve.

10. Lorsque le voyant rouge est éteint, ouvrez, ajoutez les **rondelles de chorizo** et passez en mode **maintien au chaud** pendant 5 minutes avant de servir.

RÔTI DE BŒUF SAUCE MADÈRE

Ingrédients :
Échalotes (2)
Huile d'Olive (1 filet)
Bœuf (1 rôti de 800 g)
Bouillon de bœuf (1 cube)
Eau (10 cl)
Sauce madère (20 cl)
Sel, poivre

Pour 4 personnes
Préparation 10 min
Cuisson 21 min
Très facile
Coût €€

12
DÉCEMBRE
Ste J.-F. de Chantal

1. Épluchez et émincez les **échalotes**.
2. Insérez la cuve dans le robot. **Sélectionnez le menu manuel, mode cuisson classique, fonction dorer.**
3. Faites chauffer l'**huile** le temps du préchauffage et faites-y revenir les **échalotes** 3 minutes.
4. Ajoutez le **rôti de bœuf** et faites-le colorer sur toutes ses faces pendant 5 minutes Salez et poivrez.
5. Délayez le **bouillon** dans l'**eau**. Ajoutez-le.
6. **Passez en mode cuisson sous pression et programmez la minuterie à 00 : 08, départ immédiat.** Fermez et verrouillez la cuve.
7. Lorsque le voyant rouge est éteint, ouvrez, ajoutez la **sauce madère**. **Passez en mode cuisson classique, fonction mijoter**, pendant 2 minutes.
8. Découpez le rôti et servez sans attendre avec une cassolette de pâtes par exemple.

DÉS DE CAROTTES AU MIEL

Ingrédients :
Carottes (8)
Lardons (200 g)
Miel (4 c. à soupe)
Bouillon de légumes (1 cube)
Eau (20 cl)
Sel, poivre

Pour 4 personnes
Préparation 10 min
Cuisson 28 min
Facile
Coût €

1. Épluchez les **carottes** et coupez-les en petits dés réguliers.
2. Insérez la cuve dans le robot. **Sélectionnez le menu manuel, mode cuisson classique, fonction dorer.**
3. Faites revenir les **lardons** 3 minutes et ajoutez le **miel**, mélangez bien.
4. Ajoutez les dés de **carottes** et mélangez délicatement pour qu'ils s'imprègnent bien de la sauce.
5. Délayez le **bouillon de légumes** dans l'**eau**. Ajoutez-le. Salez et poivrez.

6. **Passez en mode cuisson sous pression et programmez la minuterie à 00 : 25, départ immédiat.** Fermez et verrouillez la cuve.
7. Lorsque le voyant rouge est éteint, ouvrez, rectifiez l'assaisonnement si nécessaire et mélangez.
8. Servez sans attendre dans des verrines et dégustez.

CRÈME CARAMEL

Ingrédients :
Lait (50 cl)
Vanille (1 gousse)
Œufs (2 +3 jaunes)
Sucre (70 g)
Huile (1 filet)
Caramel liquide (30 g)
Eau (20 cl)

Pour 4 personnes
Préparation 10 min
Cuisson 30 min
Infusion 15 min
Facile
Coût €

1. Insérez la cuve dans le robot. **Sélectionnez le menu manuel, mode cuisson classique, fonction dorer.**
2. Versez le **lait** et la **gousse de vanille** fendue en deux. Portez à ébullition.
3. Lorsque le point d'ébullition est atteint, arrêtez le robot, fermez le couvercle et laissez infuser 15 minutes.
4. Dans un saladier, fouettez les **œufs** avec les **jaunes** et le **sucre**.
5. Versez dessus le **lait à la vanille**, tout en continuant à mélanger. Ôtez la **gousse de vanille**.

6. Nettoyez la cuve.
7. **Huilez** un moule de 18 cm de diamètre. Nappez le fond de **caramel liquide**.
8. Ajoutez le **contenu du saladier**, filmez soigneusement.
9. Placez le panier vapeur dans la cuve avec le moule filmé à l'intérieur.
10. Ajoutez l'**eau**. **Sélectionnez le menu manuel, mode cuisson sous pression, puis programmez la minuterie à 00 : 15, départ immédiat.** Fermez et verrouillez.
11. Lorsque le voyant rouge est éteint, ouvrez, **passez en mode maintien au chaud** et prolongez la cuisson de 10 minutes.
12. Laissez bien refroidir avant de placer au réfrigérateur jusqu'au moment de servir. Dégustez frais.

POT-AU-FEU

Ingrédients :
Plat de côtes de bœuf (700 g)
Macreuse de bœuf (700 g)
Gîte de bœuf (700 g)
Oignons (2)
Clous de Girofle (4)
Carottes (8)
Navets (4)
Blancs de poireaux (6)
Bouquet garni (1)
Eau (80 cl)
Sel, poivre

Pour 6 personnes
Préparation 15 min
Cuisson 45 min
Très facile
Coût €

15
DÉCEMBRE
Ste Ninon

1. Découpez les **viandes** en morceaux.
2. Épluchez les **oignons** et piquez-les des **clous de girofle**.
3. Épluchez les **carottes** et les **navets**, coupez-les en quatre.
4. Coupez les **poireaux** en tronçons.
5. Insérez la cuve dans le robot.
6. Placez dedans les **morceaux de viande**, les **oignons**, les **carottes**, les **navets** et les **poireaux**. Salez et poivrez. Ajoutez le **bouquet garni**.
7. Ajoutez l'**eau**. **Sélectionnez le menu manuel, mode cuisson sous pression, et programmez la minuterie à 00 : 45, départ immédiat**. Fermez et verrouillez la cuve.
8. Lorsque le voyant rouge est éteint, ouvrez, rectifiez l'assaisonnement si nécessaire et mélangez.
9. Servez sans attendre, avec des pommes de terre à l'eau.

HACHIS PARMENTIER

Ingrédients :
Oignon (1)
Ail (2 gousses)
Pommes de terre (8)
Huile d'olive (1 c. à soupe)
Bœuf haché (600 g)
Beurre (25 g)
Bouquet garni (1)
Eau (8 cl)
Noix muscade
Gruyère
Sel, poivre

Pour 4 personnes
Préparation 15 min
Cuisson 20 min
Facile
Coût €

1. Épluchez et émincez l'**oignon** et l'**ail**.
2. Coupez les **pommes de terre** en cubes.
3. Insérez la cuve dans le robot.
   Sélectionnez le menu manuel, mode cuisson classique, fonction dorer.
4. Versez l'**huile**, laissez-la chauffer le temps du préchauffage et faites-y revenir les **oignons** 2 minutes.
5. Ajoutez la **viande** et laissez cuire 5 minutes. Salez et poivrez. Mettez dans un plat à gratin.

6. Versez dans la cuve les **pommes de terre**, le **beurre**, l'**ail** et le **bouquet garni**.
7. Ajoutez l'eau. **Passez en mode cuisson sous pression et programmez la minuterie à 00 : 10, départ immédiat.** Fermez et verrouillez la cuve.
8. Lorsque le voyant rouge est éteint, ouvrez, rectifiez l'assaisonnement si nécessaire, puis ajoutez de la **noix muscade** et mélangez.
9. Retirez le **bouquet garni** de la cuve et mixez à l'aide d'un mixeur plongeant (veillez à ce qu'il soit équipé d'une paroi de protection autour de l'hélice pour ne pas endommager la cuve).
10. Répartissez la **purée** obtenue sur la **viande**, recouvrez de **gruyère râpé** et mettez quelques minutes à gratiner sous le gril du four.

SOUPE LANDAISE

Ingrédients :
Pommes de terre (4)
Navets (2)
Carottes (6)
Oignon (1)
Chou vert (1/2)
Poireaux (2 blancs)
Eau
Piment d'Espelette (2 pincées)
Clous de girofle (2)
Cuisse de canard confites (4)
Sel, poivre

Pour 4 personnes
Préparation 20 min
Cuisson 25 min
Très facile
Coût €

1. Pelez les **pommes de terre**, les **navets**, les **carottes** et l'**oignon**.
2. Lavez les **feuilles de chou** et le **poireau** en lanières. Coupez en deux les **pommes de terre**, en quatre l'**oignon** et le **navet**.
3. Découpez les **carottes** et le **poireau** en petites rondelles, les **feuilles de chou** en fines lamelles.

4. Insérez la cuve dans le robot. **Sélectionnez le menu manuel, mode cuisson classique, fonction dorer.**
5. Attendez la fin du préchauffage et faites dorer le **canard** côté peau pendant 5 minutes. Réservez.
6. Dans la graisse rendue, faites revenir les **carottes**, les **navets** et l'**oignon** pendant 2 minutes
7. Ajoutez le **poireau**, le **chou**, remuez et laissez cuire 3 minutes
8. Couvrez d'**eau** à hauteur, salez et poivrez.
9. Ajoutez les **pommes de terre**, le **piment d'Espelette** et les **clous de girofle**.
10. **Passez en mode cuisson sous pression et programmez la minuterie à 00 : 15, départ immédiat.** Fermez et verrouillez.
11. Pendant ce temps, effilochez le **canard**.
12. Lorsque le voyant rouge est éteint, ouvrez l'appareil, ajoutez le **canard** effiloché. Poivrez et servez bien chaud.

PLATS

TACOS AU BŒUF

Ingrédients :
Oignons (2)
Huile (2 c. à soupe)
Bœuf haché (500 g)
Tomates pelées en conserve (400 g)
Cumin (1 c. à café)
Eau (10 cl)
Tortillas pour tacos (4)
Roquette (quelques feuilles)
Cheddar râpé (80 g)
Sauce salsa (50 g)
Sel, poivre

Pour 4 personnes
Préparation 8 min
Cuisson 13 min
Facile
Coût €€

18
DÉCEMBRE
St Gatien

1. Épluchez et émincez les **oignons**.
2. Insérez la cuve dans le robot. **Sélectionnez le menu manuel, mode cuisson classique, fonction dorer.**
3. Versez l'**huile**, laissez-la chauffer le temps du préchauffage et faites-y revenir les **oignons** et la **viande** pendant 3 minutes en remuant régulièrement.
4. Concassez les **tomates pelées**, ajoutez-les avec **leur jus**. Salez, poivrez, ajoutez le **cumin** et mélangez.
5. Poursuivez la cuisson pendant 2 minutes puis ajoutez l'**eau**.
6. **Passez en mode cuisson sous pression et programmez la minuterie à 00 : 05, départ immédiat.** Fermez et verrouillez la cuve.
7. Lorsque le voyant rouge est éteint, ouvrez, rectifiez l'assaisonnement si nécessaire et mélangez.
8. Garnissez les **tortillas**, ajoutez la **roquette** et du **cheddar râpé**. Servez sans attendre avec de la **sauce salsa**.

VERRINES DE FOIE GRAS, POMMES & PAIN D'ÉPICES

Ingrédients :
Pommes (2)
Pain d'épices (2 tranches)
Foie gras frais déveiné (300 g)
Sel, poivre

Pour 4 personnes
Préparation 15 min
Cuisson 5 min
Réfrigération 12 h
Très facile
Coût €€€

1. Coupez les **pommes** et le **pain d'épices** en dés.
2. Salez et poivrez le **foie gras**. Détaillez-le en gros dés.
3. Insérez la cuve dans le robot.
4. Dans un saladier, mélangez délicatement les **dés de foie gras**, de **pommes** et de **pain d'épices**.
5. Répartissez le **mélange** dans quatre verrines. Filmez-les soigneusement avec du film alimentaire spécial cuisson.
6. Placez les verrines dans le panier vapeur à l'intérieur de la cuve.

7. **Sélectionnez le menu manuel, mode cuisson sous pression, puis programmez la minuterie à 00 : 05, départ immédiat.** Fermez et verrouillez.
8. Lorsque le voyant rouge est éteint, ouvrez et laissez les verrines refroidir. Placez-les ensuite au congélateur pendant 30 minutes, puis au réfrigérateur pendant 12 heures minimum.
9. Servez frais.

CIVET DE MARCASSIN

Ingrédients :
Oignons (2)
Carottes (8)
Champignons (800 g)
Beurre (40 g)
Civet de marcassin (1,8 kg)
Vin rouge (25 cl)
Sauge (3 brins)
Romarin (3 brins)
Crème fraîche (4 c. à soupe)
Maïzena (2 c. à soupe)
Sel, poivre

Pour 6 personnes
Préparation 15 min
Cuisson 50 min
Facile
Coût €€

1. Épluchez et émincez les **oignons**.
2. Épluchez les **carottes**, coupez-les en rondelles.
3. Coupez les **champignons** en quatre.
4. Insérez la cuve dans le robot. **Sélectionnez le menu manuel, mode cuisson classique, fonction dorer.**
5. Sans attendre la fin du préchauffage, laissez fondre le **beurre** et faites-y revenir les **oignons** pendant 3 minutes.

6. Ajoutez le **civet**, salez et poivrez, puis faites dorer sur tous les côtés pendant 7 minutes.
7. Ajoutez le **vin**, les **légumes** et les **herbes**, mélangez.
8. **Passez en mode cuisson sous pression et programmez la minuterie à 00 : 35, départ immédiat.** Fermez et verrouillez la cuve.
9. Lorsque le voyant rouge est éteint, ouvrez, ajoutez la **crème fraîche**, puis rectifiez l'assaisonnement si nécessaire et mélangez.
10. Si la sauce est trop liquide, ajoutez la **Maïzena** et **passez en mode cuisson classique, fonction mijoter,** pendant 5 minutes.

GÂTEAU MARBRÉ

Ingrédients :
Œufs (2)
Yaourt nature (1 pot)
Farine (2 pots)
Sucre en poudre (1 pot)
Huile d'arachide (1/2 pot)
Levure chimique (1 sachet)
Cacao en poudre (3 c. à soupe)
Sucre vanillé (1 sachet)
Beurre (15 g)
Eau (25 cl)

Pour 6 personnes
Préparation 10 min
Cuisson 30 min
Repos 10 min
Facile
Coût €

21
DÉCEMBRE
St Pierre

1. Dans un saladier, battez au fouet les **œufs** et le **yaourt**.
2. Ajoutez la **farine**, le **sucre**, l'**huile** et la **levure**. Fouettez jusqu'à ce que le mélange soit bien homogène.
3. Versez un tiers de la préparation dans un autre saladier. Ajoutez-y le **cacao** et mélangez.
4. Versez le **sucre vanillé** dans le premier saladier, mélangez.
5. Beurrez un moule de 18 cm de diamètre. Versez-y une couche de préparation à la **vanille**, puis une couche de mélange au **cacao**. Répétez l'opération jusqu'à vider les deux saladiers.
6. Filmez soigneusement le moule avec du papier alimentaire spécial cuisson.
7. Insérez la cuve dans le robot.
8. Placez le panier vapeur dans la cuve avec le moule filmé à l'intérieur.
9. Ajoutez l'**eau. Sélectionnez le menu manuel, mode cuisson sous pression, puis programmez la minuterie à 00 : 30, départ immédiat.** Fermez et verrouillez.
10. Lorsque le voyant rouge est éteint, ouvrez et laissez refroidir 10 minutes avant de démouler. Dégustez.

AMUSE-BOUCHE COURGETTES-SAUMON FUMÉ

Ingrédients :
Courgettes (2)
Huile d'olive
Fromage frais (200 g)
Aneth (quelques brins)
Saumon fumé (10 tranches)
Sel, poivre

Pour 4 personnes
Préparation 15 min
Cuisson 1-2 min
Réfrigération 2 h
Facile
Coût €

1. Lavez les **courgettes** et coupez-en les extrémités.
2. À l'aide d'une mandoline, coupez-les en tranches fines dans le sens de la longueur.
3. Badigeonnez-les d'**huile d'olive** sur les deux faces.
4. Insérez la cuve dans le robot. **Sélectionnez le menu manuel, mode cuisson classique, fonction dorer.**
5. Mettez l'**huile** à chauffer le temps du préchauffage.
6. Quand l'**huile** est bien chaude, faites revenir les tranches de **courgette** d'un côté puis de l'autre pendant 1 à 2 minutes selon l'épaisseur.

7. Réservez-les bien à plat sur une feuille de papier sulfurisé et laissez-les refroidir complètement.
8. Dans un bol, mélangez le **fromage frais** avec l'**aneth** ciselé, salez et poivrez.
9. Lorsque les tranches de **courgette** grillées sont froides, étalez 1 c. à soupe de **fromage frais** sur chaque tranche.
10. Coupez les tranches de **saumon fumé** en lanières de la même largeur que les **courgettes**. Déposez les lanières de **saumon fumé** sur les tranches de **courgette** grillées au **fromage frais**.
11. Roulez les **courgettes** sur elles-mêmes et maintenez-les avec des piques en bois.
12. Réservez les **roulés de courgette** au moins 2 heures au réfrigérateur avant de servir.

GAMBAS À LA VANILLE

Ingrédients :

Gambas crues entières (800 g)
Échalote (1)
Coriandre (6 brins)
Huile de tournesol (1 c. à soupe)
Eau (30 cl)
Crème fraîche (20 cl)
Vanille (1 gousse)
Sel, poivre

Pour 4 personnes
Préparation 15 min
Cuisson 29 min
Très facile
Coût €€

1. Décortiquez les **gambas**.
2. Insérez la cuve dans l'appareil. **Sélectionnez le menu manuel, mode cuisson classique, fonction dorer.**
3. Attendez la fin du préchauffage et faites revenir l'**échalote** avec les carapaces, la **coriandre** et l'**huile** pendant 5 minutes.
4. Ajoutez l'**eau**, salez et poivrez.
5. **Passez sur la fonction mijoter** et poursuivez la cuisson 15 minutes.

6. **Revenez à la fonction dorer** et faites réduire 5 minutes. Filtrez et réservez.
7. Remettez la sauce à cuire pendant 2 minutes avec la **crème fraîche** et les **graines de vanille en mode cuisson classique, fonction mijoter.** Réservez.
8. **Passez à la fonction dorer** et faites revenir les gambas 2 minutes sur chaque face.
9. Servez aussitôt, avec la **sauce à la vanille**.

MOULES AU VIN BLANC

Ingrédients :
Moules (2 l)
Échalotes (3)
Beurre (40 g)
Ras el-hanout (1 c. à soupe)
Vin blanc (20 cl)
Crème fraîche (2 c. à soupe)
Ciboulette (quelques brins)

Pour 4 personnes
Préparation 8 min
Cuisson 6-7 min
Très facile
Coût €

24
DÉCEMBRE
St Adèle

1. Nettoyez les **moules**.
2. Pelez et émincez les **échalotes**.
3. Insérez la cuve dans l'appareil. **Sélectionnez le menu manuel, mode cuisson classique, fonction dorer.**
4. Attendez la fin du préchauffage et faites revenir les **échalotes** dans le **beurre** pendant 2 à 3 minutes.
5. Ajoutez les **épices**, remuez pendant 1 minute. Ajoutez le **vin blanc**, puis les **moules**.
6. **Passez en mode cuisson sous pression, puis programmez la minuterie à 00 : 03, départ immédiat.** Fermez et verrouillez.
7. Lorsque le voyant rouge est éteint, ouvrez l'appareil, ajoutez la **crème fraîche** et servez aussitôt parsemé de **ciboulette** que vous aurez préalablement ciselée.

PETITS CHEESECAKE GLACÉS ORANGE-CANNELLE

Ingrédients :
Fromage blanc (350 g)
Sucre (80 g)
Farine (3 c. à soupe)
Crème fraîche épaisse (2 c. à soupe)
Œufs (2 + 2 jaunes)
Orange (1 zeste râpé)
Vanille (2 gousses)
Eau (20 cl)
Cannelle en poudre (2 pincées)

Pour 4 personnes
Préparation 12 min
Cuisson 13 min
Congélation 2 h
Facile
Coût €

1. Dans un saladier, mélangez le **fromage blanc**, le **sucre**, la **farine**, la **crème fraîche**, avec les **jaunes d'œufs** et les **œufs entiers**. Vous devez obtenir une pâte homogène.
2. Ajoutez le **zeste d'orange** et les **graines des gousses de vanille**. Mélangez bien.
3. Répartissez l'appareil dans des ramequins. Filmez-les soigneusement.

4. Placez les ramequins dans le panier vapeur du robot à l'intérieur de la cuve. Ajoutez l'**eau**.
5. **Sélectionnez le menu manuel, mode cuisson sous pression, puis programmez la minuterie à 00 : 13, départ immédiat.** Fermez et verrouillez.
6. Lorsque le voyant rouge est éteint, ouvrez l'appareil et laissez refroidir.
7. Placez au congélateur au moins 2 heures avant de déguster.
8. Au moment de servir, saupoudrez de **cannelle**.

BORTSCH DE VEAU AUX PRUNEAUX

Ingrédients :
Pruneaux (10)
Carotte (1)
Betterave (1)
Veau (500 g)
Oignon (1)
Poivron rouge (1/2)
Pommes de terre (3)
Chou vert (200 g)
Ail (2 gousses)
Huile végétale (3 c. à soupe)
Purée de tomates (1 c. à soupe)
Vinaigre (3 c. à soupe)
Sucre (1 c. à café)
Eau (2 l)
Laurier (1 feuille)
Sel, poivre

Pour 4 personnes
Préparation 15 min
Cuisson 1 h 10
Facile
Coût €€

1. Faites tremper les **pruneaux** pendant 30 minutes. Hachez-les et réservez-les.
2. Râper grossièrement la **carotte** et la **betterave**.
3. Coupez le **veau** en cubes.
4. Coupez l'**oignon** et le **poivron** en julienne.

5. Coupez les **pommes de terre** et le **chou** en fines tranches.
6. Épluchez et hachez finement l'**ail**.
7. Insérez la cuve dans le robot et **mettez-y** l'**huile**, l'**oignon**, la **carotte**, le **veau**, la **betterave**, la **purée de tomates**, le **poivron**, le **vinaigre** et le **sucre**. Salez et poivrez.
8. **Sélectionnez le menu manuel, mode cuisson classique, fonction dorer,** et laissez cuire le tout 10 minutes, en remuant régulièrement à l'aide d'une cuillère en bois.
9. Ajoutez le **chou** et les **pommes de terre**, et recouvrez d'**eau**. **Passez en mode cuisson sous pression et programmez la minuterie à 01 : 00, départ immédiat.** Fermez et verrouillez la cuve.
10. Lorsque le voyant rouge est éteint, ouvrez l'appareil, ajoutez l'**ail haché**, les **pruneaux** et la **feuille de laurier**. Mélangez et servez bien chaud.

BŒUF BOURGUIGNON

Ingrédients :
Bœuf (1 kg)
Farine (1 c. à soupe)
Oignons (2)
Huile de tournesol (3 c. à soupe)
Lardons (150 g)
Champignons de Paris (250 g)
Vin rouge (30 cl)
Bouquet garni (1)
Bouillon de bœuf (1 cube)
Eau (20 cl)
Poivre

Pour 4 personnes
Préparation 10 min
Cuisson 43 min
Facile
Coût €€

27
DÉCEMBRE
St Jean l'Apôtre

1. Détaillez la **viande** en cubes. Roulez-la dans la **farine** pour l'enrober.
2. Pelez et hachez les **oignons**.
3. Insérez la cuve dans le robot. **Sélectionnez le menu manuel, mode cuisson classique, fonction dorer.**
4. Mettez l'**huile** à chauffer pendant la durée du préchauffage.
5. Ajoutez la **viande** et les **lardons**, et faites-les dorer sur toutes les faces pendant 5 minutes environ. Poivrez.
6. Ajoutez les **oignons**, les **champignons**, le **vin**, le **bouquet garni** et le **cube de bouillon** délayé dans l'**eau**. Mélangez.
7. **Passez en mode cuisson sous pression et programmez la minuterie à 00 : 35, départ immédiat.** Fermez et verrouillez la cuve.
8. Lorsque le voyant rouge est éteint, ouvrez l'appareil, rectifiez l'assaisonnement si nécessaire, mélangez et servez sans attendre.

CRÈME ANGLAISE

Ingrédients :
Œufs (6 jaunes)
Sucre en poudre (70 g)
Lait entier (65 cl)
Vanille (1 gousse)

Pour 4 personnes
Préparation 10 min
Cuisson 13 min
Facile
Coût €

1. Dans un saladier, fouettez les **jaunes d'œufs** avec le **sucre** jusqu'à ce que le mélange blanchisse.
2. Ajoutez le **lait** et la **gousse de vanille** fendue en deux et grattée.
3. Insérez la cuve dans le robot. Versez-y la **préparation**.
4. **Sélectionnez le menu manuel, mode cuisson classique, fonction dorer.**
5. Laissez cuire sans atteindre le point d'ébullition, en mélangeant sans cesse avec une cuillère en bois, jusqu'à ce que la crème épaississe.

6. Quand la **crème** nappe la cuillère, sortez la cuve du robot pour stopper la cuisson.
7. Ôtez la **gousse de vanille**, mélangez, versez dans un récipient et laissez reposer jusqu'à complet refroidissement

POTÉE À L'ANCIENNE

Ingrédients :
Chou frisé (1/2)
Pommes de terre (6)
Carottes (4)
Oignon (1)
Clous de girofle (2)
Lard (1 beau morceau)
Saucisse de Morteau (1)
Eau (40 cl)
Laurier (1 feuille)
Sel, poivre

Pour 4 personnes
Préparation 15 min
Cuisson 1h
Très facile
Coût €

1. Effeuillez le **chou**.
2. Épluchez les **pommes de terre** et coupez-les en quatre.
3. Épluchez les **carottes** et coupez-les en tronçons.
4. Pelez l'**oignon**, coupez-le en deux et piquez-le de **clous de girofle**.
5. Insérez la cuve dans le robot. **Sélectionnez le menu manuel, mode cuisson classique, fonction dorer.**

6. Mettez-y les **viandes** et faites-les revenir sur toutes les faces pendant 5 minutes.
7. Ajoutez l'**eau**. Salez et poivrez, mélangez.
8. **Passez en mode cuisson sous pression et programmez la minuterie à 00 : 20, départ immédiat.** Fermez et verrouillez la cuve.
9. Lorsque le voyant rouge est éteint, ouvrez l'appareil, réservez la **viande** et mettez les **légumes** à la place, avec le **laurier**.
10. **Restez en mode cuisson sous pression et programmez la minuterie à 00 : 15, départ immédiat.** Fermez et verrouillez la cuve.
11. Lorsque le voyant rouge est éteint, ouvrez l'appareil, réservez les **légumes** et remettez la **viande**.
12. **Toujours en mode cuisson sous pression, programmez la minuterie à 00 : 20, départ immédiat.** Fermez et verrouillez la cuve.
13. Lorsque le voyant rouge est éteint, ouvrez l'appareil, ajoutez les **légumes**, mélangez et servez bien chaud.

MINESTRONE AU CHOU

Ingrédients :
Oignon (1)
Ail (2 gousses)
Panais (1)
Carotte (1)
Chou vert (200 g)
Tomates séchées (10)
Concentré de tomates (1 c. à soupe)
Eau (60 cl)
Sel, poivre

Pour 4 personnes
Préparation 10 min
Cuisson 8 min
Très facile
Coût €

30
DÉCEMBRE
St Roger

1. Pelez et émincez finement l'**oignon** et l'**ail**.
2. Épluchez le **panais** et la **carotte**, coupez-les en petits dés.
3. Rincez le **chou**, effeuillez-le et ôtez-en la nervure centrale. Hachez finement les feuilles.
4. Hachez les **tomates séchées**.
5. Insérez la cuve dans le robot. Placez-y tous les **ingrédients**.
6. Ajoutez l'**eau**, salez et poivrez.
7. **Sélectionnez le menu manuel, mode cuisson sous pression, puis programmez la minuterie à 00 : 08, départ immédiat.** Fermez et verrouillez la cuve.
8. Lorsque le voyant rouge est éteint, ouvrez, rectifiez l'assaisonnement si nécessaire et gardez en mode maintien au chaud jusqu'au service.
9. Dégustez bien chaud.

COQ AU VIN ROUGE

Ingrédients :
Coq (environ 2 kg)
Champignons de Paris (500 g)
Oignons (2)
Carottes (6)
Huile d'olive (1 c. à soupe)
Farine (3 c. à soupe)
Lardons (200 g)
Vin rouge (20 cl)
Eau (10 cl)
Laurier (2 feuilles)
Sel, poivre

Pour 4 personnes
Préparation 10 min
Cuisson 30 min
Facile
Coût €€

1. Coupez le **coq** en morceaux.
2. Rincez rapidement les **champignons** et essuyez-les.
3. Épluchez et émincez les **oignons**.
4. Épluchez et coupez les **carottes** en rondelles.
5. Insérez la cuve dans le robot. Placez-y l'**huile d'olive**, les morceaux de **coq** et les **oignons**.

6. **Sélectionnez le menu manuel, mode cuisson classique, fonction dorer.** Laissez revenir pendant 10 minutes, en remuant de temps en temps.
7. Saupoudrez de **farine** et mélangez.
8. Ajoutez les **lardons**, les **champignons**, les **carottes**, le **vin rouge**, l'**eau**, le **laurier**, salez et poivrez.
9. **Passez en mode cuisson sous pression, programmez la minuterie à 00 : 20, départ immédiat.** Fermez et verrouillez la cuve.
10. Lorsque le voyant rouge est éteint, ouvrez la cuve, rectifiez l'assaisonnement si nécessaire et servez aussitôt.

365 jours d'humour, de jeux, de culture générale ou d'énigmes pour passer une année à BLOC !

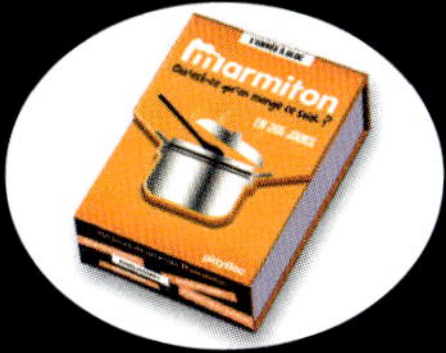

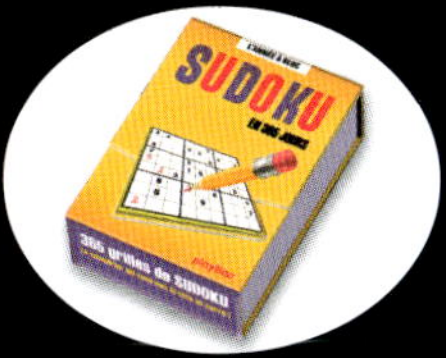

Crédits photographiques :

Getty images :

Annabelle Breakey : 4 janvier ; Fischer Food Design : 7 janvier ; Annabelle Breakey : 10 janvier ; Westen61 : 13 janvier ; annick vanderschelden photograpy : 16 janvier ; Diana Miller : 22 janvier ; Brett Stevens : 28 janvier ; Krug Studios : 31 janvier ; Hall, Jean-Blaise : 3 février ; cislander : 6 févirer ; Foodcollection : 9 février ; milroman6 : 12 février ; ondacaracola photography : 18 février ; kajakiki : 2 mars ; Foodcollection : 5 mars ; Burcu Atalay Tankut : 11 mars ; StockFood : 14 mars ; EyeEm : 23 mars ; magnez2 : 29 mars ; TheCrimsonMonkey : 19 avril ; Viel, Pierre Louis : 22 avril ; Westend61 : 4 mai ; The Picture Pantry : 16 mai ; Diana Miller : 3 juin ; Riou, Jean-Christophe : 12 juin ; Clément, Denis : 27 juin ; zia_shusha : 15 juillet ; EyeEm : 27 juillet ; Shruthi Venkatasubramanian : 17 août ; steveH : 23 août ; Westend61 : 16 septembre ; The Picture Pantry : 19 septembre ; Bagros, Yves : 22 septembre ; RistoArnaudov : 31 octobre ; Morris, Robert : 27 novembre ; Riou Jean-Christophe : 15 décembre ; Hall, Jean-Blaise : 27 décembre.

Adobe Stock :

Iuliia : 1er janvier ; qwartm : 19 janvier ; inerika : 25 janvier ; ALF photo : 15 février ; PhotoKD : 21 février ; NLPhotos : 27 février ; M.studio : 17 mars ; Patryssia : 1er avril ; seagull_L : 10 avril ; Patryssia : 28 avril ; feuilledechoux : 1er mai ; Richard Villalon : 10 mai ; Par ruidoblanco : 19 mai ; Sph : 28 mai ; la_vanda : 31 mai ; ld1976 : 6 juin ; StockphotoVideo : 9 juin ; Michael Nivelet : 24 juin ; elenak78 : 30 juin ; MarinaParshina : 3 juillet ; Joshua Resnick : 24 juillet ; olyina : 30 juillet ; DIA : 2 août ; Patryssia : 8 août ; teleginatania : 14 août ; kenmind : 26 août ; nblxer : 29 août ; Fabien R.C. : 1er septembre ; zoryanchik : 4 septembre ; Richard Villalon : 25 septembre ; PhotoKD : 28 septembre ; M.studio : 1er octobre ; Brent Hofacker : 7 octobre ; Visionsi : 10 octobre ; tbralnina : 19 octobre ; rdnzl : 25 octobre ; cook_inspire : 3 novembre ; deniskarpenkov :

12 novembre ; ALF photo : 18 novembre ; M.studio : 30 novembre ; Barbara Pheby : 3 décembre ; FOOD-micro : 6 décembre ; lcrribeiro33@gmail : 12 décembre ; robootb : 18 décembre ; IngridHS : 21 décembre ; Paul Binet : 24 décembre ; vpardi : 30 décembre.

Shutterstock :

Margouillat photo : 24 février ; Fanfo : 8 mars ; Danielle Bonardelle : 20 mars ; mariontxa : 26 mars ; Pinkcandy : 4 avril ; Elena Shashkina : 7 avril ; Slawomir Fajer : 13 avril ; Margouillat photo : 16 avril ; marco mayer : 25 avril ; AS Food studio : 7 mai ; Ahanov Michael : 13 mai ; DronG : 22 mai ; hlphoto : 25 mai ; Oksana Mizina : 15 juin ; Barbara Dudzinska : 18 juin ; paulista : 21 juin ; De iuliia_n : 6 juillet ; Inga Nielsen : 9 juillet ; A_Lein : 18 juillet ; Natalya Chumak 21 juillet ; Ezume Images : 5 août ; Natasha Breen : 11 août ; Ildi Papp : 20 août ; Tatiana Bralnina : 7 septembre ; Wiktory : 10 septembre ; Goskova Tatiana 13 septembre ; danazipp : 4 octobre ; stoica ionela : 13 octobre ; valeriiaarnaud : 16 octobre ; Martin Turzak : 22 octobre ; Ramon grosso dolarea : 6 novembre ; Dalaifood : 9 novembre ; margouillat photo 15 novembre ; ltummy : 21 novembre ; hlphoto : 24 novembre ; Daniel Heighton : 9 décembre.

Nous tenons à remercier pour leur contribution à cet ouvrage :
Maud Boulin, Jean Louis Broust, Laurence Godec, Damien Hervé, Karine Marigliano, Gwenola de Metz, Marjorie Seger, et Quat'Coul pour la photogravure.

Gestion éditoriale : Agence AllRight
Illustration de couverture : Matthieu Roussel

© Éditions Play Bac
Éditions Play Bac
14 bis, rue des Minimes
75003 Paris
www.playbac.fr

ISBN : 9782809663792
Dépôt légal : octobre 2018
Imprimé en Chine

Toute représentation ou reproduction intégrale ou partielle faite sans le consentement de l'auteur ou de ses ayants droit ou ayants cause est illicite (article L.122-4 du Code de la propriété intellectuelle). Cette représentation ou reproduction, par quelque procédé que ce soit, constituerait une contrefaçon sanctionnée par les articles L.335-2 et suivants du Code de la propriété intellectuelle.